U0818621

“逆全球化”背景下国际农业知识产权风险测度与反制策略研究

基于产业安全视角

张 艳◎著

NI QUANQIUHUA
BEIJING XIA GUOJI NONGYE ZHISHI CHANQUAN FENGXIAN CEDU
YU FANZHI CELUE YANJIU

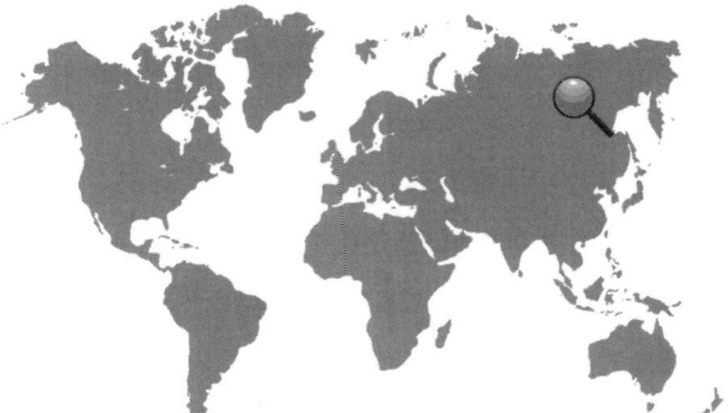

长江出版传媒 湖北科学技术出版社

图书在版编目（CIP）数据

“逆全球化”背景下国际农业知识产权风险测度与反制策略研究 / 张艳著. — 武汉：湖北科学技术出版社，2022.3
ISBN 978-7-5706-1884-2

Ⅰ. ①逆… Ⅱ. ①张… Ⅲ. ①农业—知识产权—研究—世界 Ⅳ. ① D913.404

中国版本图书馆 CIP 数据核字（2022）第 032310 号

“逆全球化”背景下国际农业知识产权风险测度与反制策略研究
NI QUANQIUHUA BEIJING XIA GUOJI NONGYE ZHISHI CHANQUAN FENGXIAN CEDU YU FANZHI CELUE YANJIU

责任编辑：曾紫风
装帧设计：胡　博　　督印：刘春尧

出版发行：湖北科学技术出版社　　电话：027-87679447
地　　址：武汉市雄楚大街 268 号（湖北出版文化城 B 座 13~14 层）　　邮编：430070
网　　址：http：//www.hbstp.com.cn

印　　刷：湖北新华印务有限公司　　邮编：430035

710 毫米 ×1000 毫米　16 开　13.5 印张　220 千字
2022 年 3 月第 1 版　　2022 年 3 月第 1 次印刷
定价：48.00 元

本书如有印装质量问题　可找本社市场部更换

本书受教育部规划基金项目“逆全球化”背景下国际农业知识产权风险测度与反制策略研究——基于产业安全视角（编号：19A10490020）项目以及湖北省学生工作精品项目/高校实践育人特色项目一般资助项目（编号：2019SJJPA3002）支持。

作者介绍：张艳，女，1978年3月出生，武汉工程大学法商学院副教授，华中农业大学公共管理学院博士后。主持教育部项目1项、湖北省社科基金2项、湖北省软科学项目1项、教育厅项目2项、湖北高校省级教学研究项目1项。作为主要成员参与国家自然科学基金重点项目、国家社会科学基金重点项目、教育部人文社会科学研究规划基金项目等国家级项目多项。发表农产品供应链管理、知识产权管理方向论文10余篇，出版专著1部，主编教材1部。

CONTENTS 目　录

第 1 章　绪　　论

1.1 研究背景及研究意义

习总书记提出了“坚持质量兴农、绿色兴农”，并强调以农业供给侧结构性改革为主线，加快构建现代农业体系，提高其整体竞争力、创新力和全要素生产率。农业是综合性的产业。农业知识产权是指涉农涉牧知识产权，涵盖了所有的知识产权类型，具体包括涉农（牧）的商标、版权、专利、农林植物新品种、地理标志、农业商业秘密、生物多样性、农业遗传资源和传统知识、历史遗存、自然遗产和非物质文化遗产等广义概念。农业知识产权是农村和农民的宝贵财富（张术麟，2020），对保障农业持续健康发展、维护粮食安全和生态安全意义重大。

2020 年全球贸易遭受新冠肺炎疫情、单边主义、保护主义干扰与冲击，出现 20 世纪 30 年代大萧条以来最大幅度的萎缩，全球经济秩序也因此陷入严重危机，全球兴起“逆全球化”浪潮，贸易保护主义重新抬头。我国作为农产品贸易大国，近年来农产品贸易总额和出口规模保持逐年增长，巨额的农产品贸易逆差已经成为我国农业发展不可忽视的一大问题。要想有效地缓解农产品贸易逆差局面，提高农产品出口竞争力是关键一步。一直以来发达国家都高度重视农业知识产权保护，利用其在国际贸易规则制定中的话语权，以保护农业知识产权为工具垄断技术和资源，构筑国际农业知识产权壁垒，从产业链和利益链上对发展中国家的农业进行全程控制（陆福兴，2016）。缺乏核心自主的农业知识产权及相关战略是我国农业供给侧结构性改革动力机制最薄弱的环节，直接影响到我国农业的国内控制力和国际竞争力，威胁到我国农业产业安全。

农业产业安全事关大局，是中国经济社会在复杂多变国际形势之下健康可持续发展的坚实基础（张红宇，2020）。中国农业发展必须抓住新一轮农业科技革命机遇，着力提高农业对外开放水平（李国祥，2018）。在经济全球化、全球市场一体化的背景下，在国际农业市场竞争中，随着各种政策性贸易壁垒逐步被弱化，获取市场份额的竞争力，主要依靠知识产权实力。加强知识产权保护和运用，进行全球性知识产权布局，都是目前我国农业参与国际竞争的必由之路。未来，加快知识产权强国建设，对于发展现代农业、提升农业竞争力而言，都是重要的基础和前提。在此背景下，本研究对反制国际农业知识产权风险，保障国家农业产业安全，提升农业自主创新能力，推动乡村振兴战略实施，具有十分重大的现实意义。

1.1.1 研究背景

产业安全是指一国对国内重要产业的控制能力及该产业抵御外部威胁的能力，其一直是国家经济安全的重要组成部分，是政府制定产业政策、协调经济发展、维护国家利益的重要出发点。不少学者强调（吴汉东，2012）在风险社会，由于技术的负面性和传统社会治理体系的影响，现行的知识产权的法律制度和法律秩序存在着先天缺陷和潜在危机。如从发展中国家的角度来讲，现行的知识产权导致了人类知识的不平等分配，它主要还是有益于资产阶级而不是社会整体，国际知识产权制度加剧了全球知识资本向发达国家单向流动的形势，对发展中国家的产业发展造成了持续的伤害。（Bettig，et al.，2012）。在经济全球化、贸易自由化前提下，知识产权问题甚至影响着国家产业的兴衰存亡，故绝不能对知识产权导致的产业安全问题漫不经心。

本研究的提出主要有以下背景。

第一，发达国家利用农业知识产权优势构筑农业国际市场竞争优势，我国农产品国际贸易频遭国际农业知识产权风险。农业是我国的基础产业，是国民经济运行的支柱产业。近年来，我国农产品贸易规模不断扩大，贸易逆差问题也愈发严重。尤其是当前世界经济增长低迷的态势仍在延续，中美贸易摩擦升级，外部输入性风险上升，我国农产品出口面临更加严峻的国际环境。在国内市场日益饱和的情况下，提高我国农产品出口竞争力、拓展农产品国际市场份额已成为推动我国由农业大国向农业强国转变的关键一步。

随着经济全球化的推进和知识经济的发展，科学技术在现代经济中的作用日益凸显，知识产权与技术标准相结合已成为一股不可阻挡的浪潮，农业知识产权已成为一个国家掌握农业发展主动权的关键。西方发达国家对农业知识产权的研究起步较早，充分利用农业自主知识产权维护自身的农业竞争优势，利用农业知识产权控制发展中国家的农产品出口规模和农业发展速度；包括我国在内的发展中国家农业知识产权工作起步较晚并且发展缓慢，农业知识产权的创造、管理与保护能力较差，缺乏专业人才和相应的政策支持，农业知识产权外溢、侵权与被侵权的情况较多，因此在农产品对外出口的过程中常常遭遇国际农业知识产权风险。

第二，缺乏核心自主的农业知识产权及相关战略是我国农业供给侧结构性改革动力机制最薄弱的环节，直接影响到我国农业的国内控制力和国际竞争力，威胁到我国农业产业安全。随着城镇化建设步伐的加快以及我国工业化的发展，我国的耕地面积曾一度减少到逼近18亿亩红线，而我国又是一个气象条件复杂的国家，气象灾害频繁等，这些因素都将影响着我国的农业产业安全，特别是粮食安全。在全面完成脱贫攻坚目标任务以后，如何实现我国农业农村的高质量发展，将依赖于农业农村的科技创新，依赖于乡村的全面振兴。

站在向第二个百年奋斗目标迈进的历史关口，面对纷繁复杂的国际国内形势，特别是在逆全球化和保护主义蔓延的背景下，要补齐农业农村短板弱项、推动城乡协调发展、畅通城乡经济循环，就必须摆脱农业农村发展中的“卡脖子”问题。只有“坚持创新驱动发展，全面塑造发展新优势”，坚持依靠科技创新，充分发挥科技创新在“三农”建设中的支撑引领作用，才能做好巩固拓展脱贫攻坚成果同乡村振兴的有效衔接，实现产业兴旺、生态宜居、乡风文明、治理有效、生活富裕的总要求，让农业强起来、农村美起来、农民富起来，走出一条有中国特色的创新驱动乡村振兴发展道路。

农业领域“卡脖子”的关键技术是要不来、买不来、讨不来的，既不能靠发达国家的施舍，也不能指望用我们的市场去换技术，只有坚持创新驱动发展，坚持农业科技自立自强，牢牢掌握住自主可控的核心技术，才能在危机四伏的国际政治经济环境中立于不败之地。尤其是进入21世纪以来，新一轮科技革命渐次兴起，新的发展理念不断普及，对现代农业的内涵也有了新的解读，生态农业、智慧农业、健康农业的蓬勃发展，将彻底改变现代农业的生产经营体系和资源开发利用模式，促进农业生产降低成本、提质增效、保护环境，促进农业业态由低端向高端转变，更好地实现可持续发展。

因此，我国农业产业发展的根本出路只能是提高科技对我国农业生产的作用，从而打破农业生产自然资源的重重束缚，以最大限度地推动农业的产业化和现代化，提高单产产量。而在这一过程中，培育和发展新良种起着关键作用。因此，我们要大力推动我国种业的发展，从而提高农业生产效率，确保我国农业产业安全。

由此可见，本项目研究对我国农业产业防御国际农业知识产权风险的威胁，保障我国农业产业发展安全和提升自主创新能力均具有十分重大的现实意义。

1.1.2 研究意义

本研究基于我国农产品出口现状，探索国际农业知识产权风险类型及形成激励，并实证测度国际农业知识产权程度；对“逆全球化”背景下我国农业国际竞争力进行全方位考察；在此基础上剖析国际农业知识产权风险对我国农产品出口竞争力的作用机理；有针对性地提出应对国际农业知识产权风险的对策建议，在理论和应用两个层面都具有重要意义。

1.1.2.1 学术意义

在经济全球化和知识经济背景下，各国之间的经济联系日益紧密，农业知识产权风险不仅是国内发展问题，更是一个国际问题。尤其是在当前“逆全球化”背景下，发达国家高筑国际农业知识产权壁垒，势必会对我国农产品出口竞争力造成严重影响。本研究基于中观产业安全层面和农业产业链的视角，从发达国家和发展中国家在农业产业竞争和农业技术变革过程中矛盾冲突和战略利益出发，科学测度国际农业知识产权风险，提出有效的反制政策考量和策略路径，充实和丰富农业知识产权和知识产权风险测度的研究文献。

对农业知识产权的研究不仅要着眼于国内，还要与国际接轨。本书研究国际农业知识产权风险对农产品出口竞争力的影响，综合运用了西方经济学和国际贸易学等多种学科的理论，属于多学科的交叉研究，拓展了农产品国际贸易及农业知识产权的研究边界，丰富了农产品出口竞争力影响的研究内容。

1.1.2.2 应用意义

在国内经济增速放缓和农业供给侧改革的背景下，我国农业大而不强、多而不优的问题尤为突出。大而不强是指近几年我国农产品进出口贸易额逐年增加，但是巨额的贸易逆差的客观事实表明我国农产品出口竞争力有待提高；多而不优指的是我国地大物博，农产品出口的种类十分丰富，但大多数是农产品原料或一些经过简单加工包装的初级产品。总的来说，出口农产品的附加值低，参与国际市场竞争的能力有待提高。2018 年“中央一号”文件明确指出加强农产品贸易是确保我国粮食安全的关键一环，并对我国的农业知识产权保护工作提出了具体要求。

本研究是基于知识经济和全球农业价值链竞争日趋激烈的背景下，追踪“逆全球化”背景下国际农业知识产权发展趋势，识别国际农业知识产权风险，剖析其对我国农业产业安全影响的传导机制，探讨如何有效地反制国际农业知识产权风险，构筑我国农业产业安全堡垒，这对促进我国农业的创新驱动，维护我国农业产业安全，推动农业供给侧结构性改革以及开创农业现代化建设新局面，进而推动乡村振兴战略具有特别重大的实践意义。

1.2 研究思路与主要研究内容

1.2.1 研究思路

本研究的基本思路如图 1–1 所示。

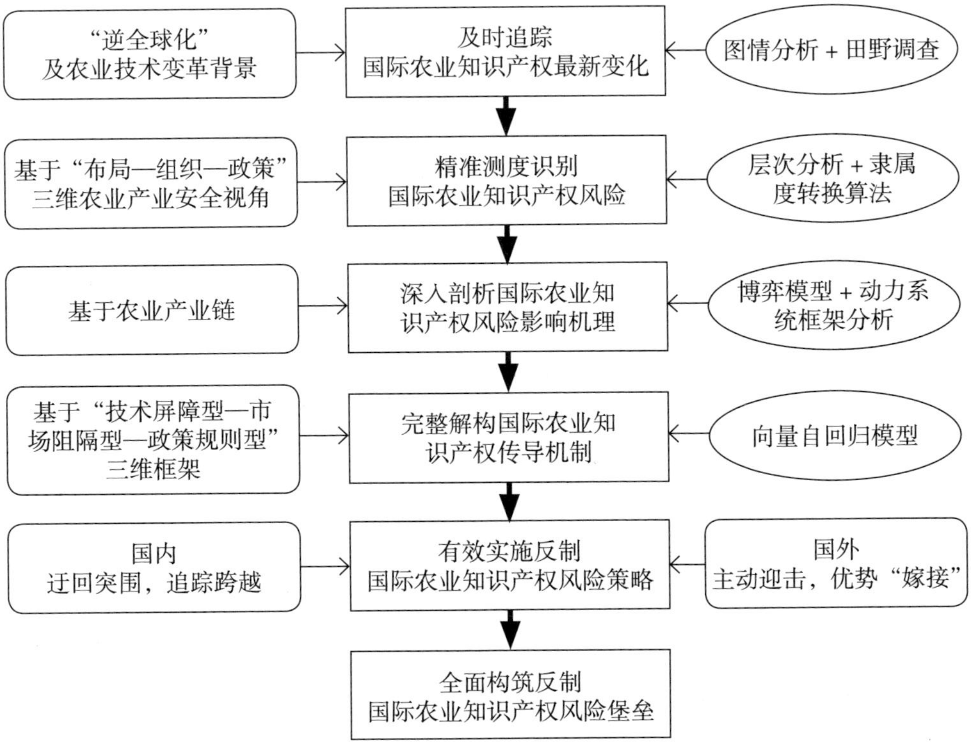

图 1–1 研究思路

1.2.2 主要研究内容

本研究的研究对象界定为：在"逆全球化"背景下，在农业产业化和现代化进程中，农业技术变革使农业知识产权成为决定一国农业核心竞争力关键因素的境遇下，从农业产业链出发，基于农业产业安全视角，测度识别国际农业知识产权风险及其对我国农业产业安全影响的传导机制，提出在我国农业产业安全背景下反制国际农业知识产权风险的对策和建议。以此为对象，本研究拟围绕以下内容展开研究。

1.2.2.1 精准测度识别国际农业知识产权风险

（1）追踪国际农业知识产权最新动态。在"逆全球化"背景下，农产品贸易作为世界贸易的重要组成部分，在新一轮农业科技变革中，发达国家必然会竭尽所能地利用国际农业知识产权阻碍发展中国家的技术追赶，维护和巩固其技术和市场的国际垄断地位。

（2）面对"逆全球化"背景和国际农业知识产权风险加剧的现实，我国采取反制策略的第一步就是要从国际农业知识产权的最新动态中，精准测度识别发达国家及其农业跨国公司知识产权新发展可能给我国农业产业生存和发展构成的威胁，了解其危害程度并确定预警响应级别。本项目拟建立"布局安全—组织安全—政策安全"三维影响的风险评估框架，从战略管理的角度看，这种制度框架安排实际上设定了可视化的国际农业知识产权风险识别时空范围模型，时空范围越大，对我国农业产业安全的威胁越大，对应不同的农业产业安全预警响应级别程度（A：非常危险；B：较危险；C：一般；D：较安全；E：非常安全）越高。

1.2.2.2 国际农业知识产权风险形成机理及模型构造

（1）借助博弈模型，探讨国际农业知识产权风险形成的具体竞争规则，包括利用市场竞争规则赢家通吃、利用植物新品种和涉农专利技术锁定、利用地理标识垄断定价、利用国际规则制定政府介入、利用农业跨国公司影响力政策扶持等。

（2）通过动力系统框架分析，探讨国际农业知识产权风险形成的动力机制，包括动力引擎和外部推力两个部分。动力引擎部分提出农业跨国企业和发达国家基于自身利益推行经济、政治、法律、技术等"四轮驱动"引擎模型；外部推力包括经济全球化驱动力、农业产业技术变革驱动力、规则国际化驱动力等，认为垄断利润和农业产业发展主导权是的主动力。

1.2.2.3 国际知识产权风险对我国农业产业安全影响的传导机制

在农业产业化背景下，农业已然演变为一、二、三产业的融合、综合性行业，因而，农业知识产权涵盖了所有的知识产权类型，除了专利、商标、版权、商业秘密等传统意义上的工业产权外，还包括植物新品种、农产品地理标志、生物遗传资源与传统知识等特殊的知识产权领域。发达国家农业企业在种植环节以植物新品种控制国际种业，在加工、物流环节以涉农专利攫取超额利润，在销售环节以地理标志增加其农产品品牌竞争力。我们选择以植物新品种、涉农专利以及地理标志为重点考察对象，把农业产业国际竞争力作为国际知识产权风险对我国农业产业安全影响的关键中间变量来考察有关传导机制的形成，基于“技术—市场—政策”3 个维度，提出“国际农业知识产权风险—农业产业国际竞争力—国家农业产业安全”的传导框架。

1.2.2.4 面向我国农业产业安全反制国际农业知识产权风险的对策和建议

随着我国农业开放程度的加快，国际农业知识产权风险对我国农业产业安全的影响会越来越大，我国的反制策略既要考虑到与国际接轨，又要基于现实国情。为此，本研究将结合既有研究成果，拟对以下反制策略构想进行论证：鼓励全产业链坚持农业科技创新，利用农业知识产权战略部署实现“迂回突围”和“追踪跨越”，依靠我国丰富的地理标志要素禀赋获取特色农产品国际市场竞争优势；充分利用国际舞台，对发达国家设置国际农业知识产权壁垒，“以其道还治”，主动迎击；政府制定农业政策时，对于农业知识产权创造、运用、保护、管理，给予充分的扶持，以“嫁接”知识产权优势。

1.3 研究重难点与研究目标

1.3.1 研究重难点

本研究的重点是：追踪“逆全球化”背景下国际农业知识产权的最新动态；基于我国农业产业安全的视角，精准测度识别国际知识产权风险；从农业产业链出发，探讨国际农业知识产权风险形成机理并进行模型构造；基于“技术—市场—政策”三维风险评价框架，探寻国际知识产权风险对我国农业产业安全影响的传导机制。

本研究的难点是：能否综合运用国际层面的农业知识产权国际规制、国家层面的我国农业产业状况的宏观数据以及基于实地调研的农户和农业企业的微观数据构建面向我国农业产权安全的国际知识产权风险的测度识别机制；如何科学地运用理论分析与实证分析相结合、产业组织理论和农业知识产权的法经济学分析相结合揭示国际农业知识产权风险形成的机理以及对我国农业产权安全的传导机制。

1.3.2 研究目标

在“逆全球化”背景下，面对全球农业价值链的竞争和贸易保护主义的抬头，追踪国际农业知识产权的最新变化，从理论和实证层面回答如何基于我国农业产业安全的角度精准测度识别风险，其对我国农业产业安全的传导机制是怎样的，以及如何有效反制国际农业知识产权风险，抢占全球农业产业竞争的制高点，构筑我国农业产业安全（而非产业中的个别农业企业）的堡垒。

1.4 研究创新与不足

1.4.1 研究创新

创新 1：现有关于知识产权壁垒的研究主要着眼于企业国际贸易出口领域，缺乏对产业层面，特别是对产业安全方面的关注。本研究认为应当从中观层面以及发展的视角，从发达国家和发展中国家在产业竞争和结构调整过程中矛盾冲突和战略利益出发，深层次分析国际知识产权壁垒形成的机理及其对产业安全产生影响的原因，提出有效的反制政策考量和策略路径。

创新 2：本研究拟系统分析国际知识产权壁垒的表现形式和特性，并提出关于国际知识产权壁垒类型化的新思路。研究将国际知识产权壁垒分为“技术屏障型”壁垒、“市场控制型”壁垒、“政策规制型”壁垒，把产业国际竞争力作为国际知识产权壁垒对我国产业安全影响的关键中间变量来考察有关传导机制的形成，提出“技术—市场—政策”三维传导框架，阐述国际知识产权壁垒对国家产业布局安全、产业组织安全和产业政策安全的影响。

创新 3：本研究拟寻求一种新的国际知识产权壁垒形成机理分析范式，通过博弈论分析和动力系统分析框架，提出一种较为完整的新解释。发达国家和跨国公司高筑知识产权壁垒的行为是其为获取垄断利润和维系产业竞争主导权的博弈策略，博弈主体为壁垒构筑方和突围方，博弈的动力源自全球产业竞争格局下的经济、政治、法律、技术等内外部的多维驱动力。

创新 4：本研究还提出基于国际知识产权壁垒的时空范围三维模型，构建面向产业安全的国际知识产权壁垒风险预警机制，采用规范分析、跨学科研究和行动研究等科学的综合集成的软科学研究方法，提出合理的具有可操作性的国际知识产权壁垒反制策略。

1.4.2 研究不足

由于农产品知识产权风险涉及农产品研发、种植、加工、包装、运输、销售和消费这几个环节，涉及的范围十分广泛，所以本书对国际农业知识产权风险类型的介绍不完整，还可能有其他的形式没有被整理发现。另外，目前现有的统计资料也没有现成的指标来衡量国际农业知识产权风险，用外国在华申请植物新品种数、外国在华申请农产品地理标志以及专利侵权数这 3 个指标来衡量国际农业知识产权风险，具有一定的片面性，且数据难以获取。因此，本书选择换一个角度，引入农业知识产权密集程度，农业知识产权密集程度越高，我国遭受国际农业知识产权风险的可能性越低，出口竞争力就越高，从而对知识产权密集程度对出口竞争力的影响做 VAR 模型分析。

第 2 章　文献综述及理论基础

2.1 文献综述

2.1.1 关于产业安全的文献综述

理论界普遍认为，现代意义上的“产业安全”起源于经济安全，是构成经济安全的重要因素。冷战结束后，国家安全从传统意义上的政治与军事安全转移到现代意义上的经济安全。随着经济全球化以及区域经济一体化的加速发展，经济规则变动快速、金融危机多米诺骨牌效应显著、贸易利益分配的不均，诸多弊端会动摇一国经济稳定性。因此，各国逐渐密切关注以经济为基础的综合国力竞争，各国经济安全和产业安全问题逐渐成为学术界讨论的热点（汤凌霄，2010）。

20 世纪 60 年代后期，美国一些官员和学者，如前国务卿乔治・鲍尔、经济学家罗伯特・B. 莱福特维奇，针对外资在美国的作用及对美国产业发展的影响引起重视，提出要全面关注“国家经济安全问题”。1993 年，克林顿政府将经济安全作为对外政策的主要目标，并上升为国家安全战略的三大目标之一。20 世纪 90 年代后，美法英日俄印等国设专门机构对国家经济安全进行研究，一些国际性组织也加入这一领域的研究，如国际货币基金组织（IMF）、世界银行（WB）以及联合国非洲经济委员会等，产生系列成果。

金成晓、余志刚等（2010）将我国产业安全的研究划分成两个阶段：第一阶段是 20 世纪 90 年代至加入世贸组织前时期，该阶段的研究特点是与国际产业安全理论研究的接轨；第二阶段是 2001 年加入世贸组织之后，此阶段的特点是产业安全理论同我国国情的初步融合与实践。2018 年，由美国挑起中美贸易摩擦，及其在全球范围内正兴起一场“逆全球化”浪潮，贸易保护主义重新抬头的背景下，国内学者更加聚焦于特定时代背景下特定产业安全研究。

2.1.1.1 产业安全的概念和内涵

“产业安全”最初是从生产安全的角度提出来的，指一个产业中生产过程的安全性和事故防范，其实质为技术操作问题，此类表述可见诸日本一些以产业安全为标题的资料。国外并未明确提出“产业安全”的概念，被广为接受和应用“产业安全”的含义，是从国际贸易领域角度提出的，是指在开放的经济体系中，一个国家或地区的特定产业如何在国家竞争中保持独立的产业地位和产业竞争优势。

我国学术界对产业安全的研究始于 20 世纪 90 年代后期，起步较晚，但伴随着我国改革开放及经济的快速发展，外资大量流入中国，严重冲击了一些民族产业，产业安全问题引起国内学者的高度关注。学者们早期的研究主要是承接与梳理了国际产业安全现有研究，主要集中于对产业安全问题的内涵界定与影响范围及程度等方面。梳理关于产业安全的概念，其共同特征是认为外资大量的进入会引起产业权益受损、产业控制力下降、产业竞争力低下等，对一国产业生存发展产生负面影响。主要有以下几种具有代表性的产业安全观点。

（1）强调民族产业的产业安全观。

张立（2002）认为，产业安全是指一国在对外开放的条件下，在国际竞争的发展过程中，具有保持民族产业持续生存和发展的能力，始终保持着本国资本对本国产业主体的控制。赵世洪（1998）提出，国际竞争具有排他性，从这个角度来看，产业安全即国民产业安全，是指“该国国民在得到既有的或潜在的由对外开放带来的产业权益总量所让渡的产业权益份额最小或在让渡一定国民产业权益份额的条件下其由对外开放引致的国民产业权益最大”，也就是在国际竞争中达成国民产业权益总量和其在国内份额的最优组合。在经济全球化和区域经济一体化的背景下，强调产业安全的国民属性，使人们关注独立主权国家的经济独立性，这是对产业安全的质的规定性（张秀岩，2010）。但李孟刚（2010）指出，因为本国让渡的产业权益与所得到的收益是不同质的，难以直接比较，客观上存在难以度量的问题，因而基于国民产业权益的产业安全概念实际可操作性不强。

（2）强调控制权的产业安全观。

这一观点强调外资对产业的控制对产业生存、发展和国民经济带来的不安全。王允贵（1997）强调一国资本对重要经济部门的控制权和国民经济支柱产业具有较强的竞争力。童志军（1996）认为产业安全问题主要源于外商直接投资，外商通过各种技术和管理优势，影响和控制内资企业、产业，直至威胁国家经济安全。杨公仆等（2000）认为，产业安全是指在国际经济交往和竞争中，本国资本能够控制关系国计民生的国内重要经济部门，本国各个层次的利益主体经济利益分配充分，政府产业政策能够在国民经济各行业中彻底贯彻。于新东（2000）从产业生命周期的视角，认为一国如果能够拥有对某一产业的创始、调整和发展3个阶段的控制权，则该产业被视为安全的。何维达和宋胜州（2003）认为，产业安全是在市场开放的条件下，一国影响国民经济全局的重要产业的生存发展以及政府对这些产业的调整权或控制权没有受到威胁的状态。李孟刚（2010）认为片面强调本国资本控制权的产业安全，容易忽视产业安全的动态发展特性，并指出强调控制权要格外重视对产业核心技术的控制权，不掌握核心技术的控制权，是没有竞争力的控制权。

（3）强调产业能力的产业安全观。

这一观点认为本国产业具有生存和发展的能力（李孟刚，2013），对来自国外的不利因素具有足够的抵御和抗衡的能力（夏兴园，2001），这种能力是产业安全的基础。景玉琴（2005）从宏观、中观和微观3个层次系统阐述产业安全的定义。宏观层面的产业安全，是指政府具有较强规制产业的能力，国内相关制度安排能够引致合理的市场结构及市场行为，产业结构合理，国内产业具有活力。中观层面的产业安全，是指在开放竞争中本国的重要产业具有较强竞争力，多数产业能够生存并持续发展。微观层面的产业安全，是指本国国民所控制的企业具有满足生存所需的规模，拥有持续发展和扩大产业的能力，在开放竞争中具有较强的优势。许铭（2005）认为，产业安全是国家安全的重要组成部分，是指一国产业具备抵御外来干扰或威胁，并获得持续发展的状态。他认为产业安全在很大程度上表现为本国产业的主导地位与竞争力，是一国产业综合素质在不同发展阶段的集中反映。李孟刚（2010）认为产业安全应该反映产业主体在一定时间、地点、环境条件下所受到威胁的程度，此外，产业本身属于中观范畴，产业安全问题应该是中观（产业）经济学研究的问题。

杨国亮（2010）认为，产业竞争力是产业安全的基本前提和内在核心，而产业控制力是产业安全的最终归宿和外因保证。一般而言，发达国家基于自身领先优势，推行偏重以竞争力为主目标、控制力为辅目标的产业安全范式，而发展中国家则立足于经济相对落后的现实，推行偏重以控制力为主目标、竞争力为辅目标的产业安全范式（刘莉雪，2015）。

（4）强调状态的产业安全观。

李孟刚（2013）持此观点，他将产业安全定义为：特定行为主体的生存和发展不受威胁，或虽受威胁但能够化解的状态。该定义包含 3 层含义：一是产业安全的主体为特定行为主体的自主产业，产业安全亦为民族产业安全；二是产业安全包含生存安全和发展安全两个方面，产业生存安全被定义为产业的市场或市场份额、利润水平以及产业资本 3 个循环中的任何一个循环不受威胁的状态，产业发展安全被定义为产业价值或市场份额的提高、产业技术创新以及产业的赶超不受威胁的状态；三是判断一国产业是否安全，既可以直接评价其安全度指标，也可以从产业是否受威胁来反推，且后者对于准确把握产业现状，进而对产业安全进行预警，并及时采取应对措施更具有现实意义。

许芳和刘殿国（2010）分析国内学者关于产业安全的概念，认为尽管提法不同，表达上有所差异，但存在一些共同特点：一是对民族产业的关心是国内学者对产业安全研究的核心话题，即民族资本在产业中所占的比例和控制力是产业安全的重要标志；二是产业安全受到威胁的主体应该是“重要产业”，即影响国民经济全局的战略性资源产业、支柱产业、先导性抑或是幼稚性产业；三是在开放经济条件下，产业安全问题很大程度上是由外资进入引发的；四是产业安全的标志是本国资本对产业的控制，这就意味着在利用外资的过程中民族产业可以获得持续生存与发展的能力，产业安全的关键是对有关国家安全的基础性、命脉性或战略性产业的控制，这些产业拥有独立自主发展民族产业的能力。

刘莉雪和郑凯（2015）主张从内部隐患与外部威胁相统一、自身安全与战略安全相统一、表现状态与维护能力相统一的角度全面认识产业安全，以对产业安全的定义进行充实和完善。

付春光和叶泽樱（2018）对马克思的产业安全思想进行了深入研究，认为马克思通过对资产阶级产业革命的深入研究，在借鉴斯密等人思想的基础上，创立了完整、深刻的产业安全思想。他们将马克思的产业安全思想进行了概括：产业协调思想、产业控制思想、产业竞争思想、产业发展思想。

2.1.1.2 产业安全的影响因素

徐辉鸿（2013）认为产业安全应当结合内部因素和外部因素两个方面来把握：从内部看，产业安全应当是国内产业结构合理，产业分布适当，产业技术发展水平较高，具备自我持续发展能力；从外部看，产业安全是指产业的对外依存度低，国内资本具有控制力，同时国内产业在国际市场上具有较强竞争力。本研究借用何维达（2016）的研究，从外部因素、内部因素和政策因素3个方面对影响产业安全的因素展开综述。

（1）影响产业安全的外部因素。

外部因素是指在全球经济一体化和市场开放条件下，来自外国的资本、技术和产品等因素。Martin 和 Susan Tolchin（1988）、联合国贸发会议（UNCATD，2000）指出：跨国并购对东道国发展有双重影响，积极影响是能够带来资本的迅速流动、加快技术转移、提升公司治理结构等，负面影响是会带来东道国产业集中度不断提高、阻碍竞争，甚至会对东道国国内投资产生挤出效应。John N. Ellison、Jeffrey W. Frumkin 和 Timothy W. Stanley（1988）等则从国际贸易角度，认为进口商品的冲击会引起国内产业的不安全。① 外商直接投资威胁中国产业安全。现有关于产业安全影响因素的研究主要依据国际投资理论，侧重于分析外商直接投资对产业安全的影响（曹萍 等，2017）。产业被外资控制程度即产业控制力问题，是产业是否安全的最为重要外在表象（王苏生 等，2008），是实现产业安全的关键性因素（赵元铭，2008）。英国里丁大学的 Dunning 发现发展中国家利用贸易措施保护国内弱势产业，而另一些国家则通过对外直接投资有效绕过这些贸易壁垒；Yothin 对美国跨国公司进行了长期研究，结果发现 FDI 可能引发东道国的宏观经济风险（Yothin，2007）；Lia 和 Liu 认为 FDI 会加大发展中国家与发达国家的技术差距（Li et al.，2005），Solomon 的研究显示 FDI 对东道国的经济发展水平具有显著影响（Solomon，2011），Bassem 等的实证分析结果显示 FDI 和东道国的经济危机之间存在关联（Kahouli et al.，2015）。随着大量外资的进入，20 世纪 90 年代中期中国学者开始研究产业安全问题。国内学者对产业安全影响因素的早期研究也主要关注 FDI 的影响。方芳（1997）以及陈洪涛和潘素昆（2012）认为，外商直接投资利用其资金、技术、管理等优势，通过兼并收购和系列投资等方式控制国内企业并垄断某些重要的产业，由此引发中国产业安全问题。庄惠明和郑剑山（2015）

通过对服务业的研究发现 FDI 同时具有技术溢出效应和竞争排斥效应，其对产业安全的影响与引资规模显著相关。李昶等（2018）的研究发现 FDI 的进入会导致发展中国家本土企业的消亡，投资总量不会增长甚至会减少。汪洋（2011）认为，外资的扩张倾向于控制整个行业，容易造成行业垄断；造成自主品牌流失，挤压本土企业生存空间，不利于企业自主创新，影响产业结构升级优化；造成国有资产和国家重要资源流失严重，破坏生态环境；外资扩张的不平衡不利于国家整体产业布局。吴珊（2011）指出，外资对我国龙头企业控股乃至兼并过程中，采取控制我国优势品牌策略，使得我国原本在市场上占有优势地位的企业品牌逐渐淡出甚至在市场上消失。卜伟（2011）和周新苗（2014）分析了 FDI 对我国产业的市场控制、股权控制和技术控制，并指出产业被外资控制产生的产业安全问题在于外企将某些重要产业的龙头企业控制后，其核心技术、关键技术研发依旧留在母国，作为东道国的我国无法获取，势必影响我国产业结构升级和产业政策的实施。张新民、黄晓蓓等（2012）将外资对我国产业发展的负面影响归结为 7 个方面：外资并购可能形成的垄断、造成我国产业结构失衡、降低我国产业控制力、降低我国企业与产业的自主创新能力、造成国有资产与人才的流失、加大宏观调控难度、造成我国重要资源流失与环境污染。② 经济全球化引发产业安全。经济全球化通过国际贸易、资本流动、技术转移、创新合作为世界经济增长提供了动力，成为当前世界经济发展的趋势（胡振华　等，2019）。Jeffrey Sachs（2012）指出，新全球化下，信息、通信、运输等部门的技术突破将与地缘政治变迁相结合，由此创造一种较以往联系更为紧密的经济状况。左世全（2011）认为在产业全球化背景下，民族产业的生存和发展受到了前所未有的挑战和威胁。郁德强和左世全（2011）关注了国际产业转移对我国产业安全的消极影响：被动地承接国际产业转移，加剧了产业结构的失衡、在国际产业分工中处于从属和依附的地位，我国某些关键行业的资本和技术控制权被跨国公司占据、有些市场被跨国公司控制。何维达、梁智昊（2012）认为，在经济全球化背景下，产生了一些产业安全问题，主要有：跨国并购和金融控制等给发展中国家带来产业安全风险，主要体现在发达国家对发展中国家人才的争夺及对其重要产业的控制，白热化的信息竞争以及以其他方式施加的经济压力；新贸易保护主义下国际贸易摩擦与争端对产业安全带来比较严重的影响；人民币升值和国际化给中国带来的产业安全问题，尤其是对出口导向型产业的影响比较大。此外，低碳经济发展对传统制造业的影响不可低估；在新的形势下，通货膨胀对经济安全的影响日益凸显。韩冲和屈熠（2015）研究了全球价值链体系下的国际分工模式，由以往的产业间分工转变为了产品内分工，跨国公司作为全球价值链的治理者，在全球范围内组织位于价值链链条上不同环节的各企业进行生产。他们进一步指出全球价值链背景下的价值链分工体系，将中国锁定在了价值链分工中最低谷的组装、制造环节，严重阻碍了中国产业结构优化和技术升级。孙宇（2016）关注了“一带一路”倡议对我国产业安全的影响，指出“一带一路”倡议对我国产业安全的正面效应在于化解过剩产能、打造国际能源合作新格局、引导 OFDI、主导区域经贸合作、优化贸易商品结构、推进人民币国际化等，潜在威胁在于战略疑虑、区域不稳定因素较多、区域内外大国签字和战略挤压明显，沿线国家营商环境差、对沿线国家 FDI 严重不均衡、培植潜在竞争者。周灏（2018）认为反倾销和产业升级对产业安全的累积影响主要取决于反倾销的情况，存在 4 种不同影响路径，其中仅一种路径能实现产业安全的提升。为了提升反倾销威胁下的中国业安全水平，需要采取“促进产业升级→抑制反倾销→促进产业安全”的总策略。唐宜红和张鹏杨（2020）指出后疫情时代，兼顾效率、公平与安全的全球化将逐渐取代以效率主导的全球化，区域布局的全球化与数字智能全球化也在加速形成，因此维护贸易公平和国家产业安全将成为后疫情时代贸易保护的重要借口，全球价值链收缩下区域性贸易保护将成为主要形式，而数字智能等领域将成为高发区，贸易保护或将成为常态。③ 知识产权因素。徐辉鸿（2013）认为在各类影响产业安全的风险因素中，知识产权风险需要被重点考虑，应从自主创新水平、知识产权对外依存度、知识产权运行环境 3 个方面全面分析各类知识产权风险因素，并将这些知识产权风险因素纳入整个产业安全的预警指标体系，以便对产业安全度做出更为准确的判断。胡宏雁（2020）基于知识产权的利益考量视角研究了跨国并购中的国家安全审查问题及应对，认为随着知识产权在企业资产与运营中地位的不断提升，跨国并购引发的知识产权层面的国家安全问题受到越来越多的关注。他提出：从跨国并购中知识产权层面的国家安全范畴界定与类型化着手，探究如何规范外资在中国的并购行为、如何促进跨国并购中规避知识产权层面安全审查而获取目标方优质知识产权的路径，从而处理好涉及知识产权的跨国并购国家安全审查问题。

（2）影响产业安全的内部因素。

考察一个产业是否安全，不仅要关注来自外部环境的各种威胁，还要关注产业组织、产业结构、产业布局、产业政策与管理等内部因素是否有问题。从哲学角度上讲，内部因素对产业安全的影响甚至比外部因素的影响更为重要，更起决定性作用（刘莉雪　等，2015）。

内因包括国内产业的生存环境和竞争环境两类。产业国内生存环境决定了产业在国内生存的可能性。竞争环境主要是指过度竞争问题。如果一个国家的企业失去了对合理竞争格局的控制力和影响力，过度竞争必然影响到产业结构的合理调整，进而影响到产业的安全。衡量过度竞争的指标主要有两个：市场集中度和行业规模。错误产业政策给产业安全带来的负面影响主要表现在：一是国内产业政策无法规范盲目的投资行为，可能造成严重生产过剩或需求不足；二是外商投资导向政策无法规范外资的行业进入行为，加剧国内一些产业的竞争压力；三是地方政策干扰导致监督外国直接投资合法经营制度存在许多缺陷，导致对外资企业监管的失控；四是产业制度安排的不合理必然引起产业结构调整刚性，产业竞争力下降，产业利益大量流失，从而造成产业的不安全（何维达　等，2003）。成思危（2007）认为保障产业安全的关键在于着力提高企业的核心能力。

王学人、张立（2005）认为我国产业安全问题的主要根源在于制度非均衡。一方面，在经济全球化背景下，我国内在矛盾刺激产业发展的制度变革需求；另一方面，我国与产业安全发展有密切关联的新制度收效不大，从而形成了产业安全所需制度供求失衡状态。

2.1.1.3 新时期产业安全的研究

史欣向等（2015）认为中国经济已进入“新常态”时期，市场和创新对于经济转型升级的作用空前提升。他们在继承和发展现有理论的基础上指出，产业安全的基石是市场和创新，产业安全的核心是生存和发展。他们以此思想为指导，创新性地重构了产业安全的理论框架，并设计了一个新的产业安全评价体系。该体系以市场和创新为纲、以生存和发展为目标，总计涵盖 42 项三级指标。利用中国高技术产业的数据检验了这个全新的评级体系。

刘如和陈志（2020）认为大国竞争给中国产业安全造成了战略性威胁、系统性威胁、动态性威胁和变革性威胁。他们基于三重螺旋理论，构建了现代产业体系的战略框架，并分析了现代产业体系的发展路径。指出现代产业体系必须基于全球竞争视野和战略性思维，通过产业相关利益人、产业创新政策和产业安全 3 个因素不断互动、实践、演化，螺旋推动，支撑中国经济转向高质量发展。为了符合大国竞争时代特征，现代产业体系构建需要三重螺旋推进："政产学研"在资源共享、优势互补、成果转化、风险共担的基础上，促进突破性创新、颠覆性创新、渐进性创新和持续性创新，从而发挥撬动产业杠杆、重构产业结构、带动产业发展和辐射产业生态的作用；产业安全风险防范在战略预见的视角下，以多元素、分类分级去评测预估和权衡；创新驱动现代产业政策转型以获取国家竞争优势为目标，从政策目标、政策模式、政策工具、治理机制 4 个方面找准着力点。

2.1.1.4 产业安全风险的评估

（1）评价产业安全的指标体系。

杨公朴等（2000）认为科学的产业安全评价体系应包括产业和企业两个层面，产业层面集中于产业发展和产业间技术经济联系，企业层面则强调战略性产业的重要地位，集中本国资本对战略性产业及对战略性产业内重要产品的控制力、政府对战略性产业内部重要企业重大投资和发展方向的控制力。

黄建军（2001）认为产业安全评价指标体系应包括产业生存环境、产业国际竞争力、产业控制力、外资利用度、对外依存度等方面。何维达和何昌（2002）基于产业国际竞争力、对外依存度、控制力 3 方面构建了产业安全评价指标体系，朱钟棣和孙瑞华（2006）增加了"产业生存环境"因素，易明和杨树旺等（2007）则纳入了"资源环境"要素，而白澎（2010）综合了以上几种指标。

邵念荣和付春光（2011）提出"四力模型"，认为产业安全指标体系由产业的协调力、控制力、竞争力以及发展力构成，且协调力是基础，控制力是过程，竞争力是关键，发展力是目的。朱建民和魏大鹏（2013）运用合项思维方法，提出产业安全评价的"五因素模型"：产业竞争力生成能力、产业控制力、产业生态环境、产业竞争力、产业依存度。李孟刚（2013）认为产业安全的评价主要包括产业生存环境、产业国际竞争力、产业对外依存度、产业控制力、产业发展力等 5 个方面，而产业生存环境是基础，产业国际竞争力是核心，产业对外依存度反映国际贸易因素对产业安全的影响，产业控制力反映外资因素对东道国产业安全的影响，产业发展力反映产业安全的潜力和空间。

刘莉雪和郑凯等（2015）从产业损害、产业风险两个维度建立产业安全状态矩阵，从产业适应力、竞争力、控制力 3 个层次构建产业安全维护能力体系，进而完善基于“压力—状态—响应”模型的产业安全评价方法框架。其中，压力指标反映外部因素对产业安全造成的负荷，是影响产业安全程度及变化趋势的外部动因，包括金融环境、生产要素环境、竞争环境、政策环境；状态指标从产业损害与产业风险两方面表征产业运行的状态，其中产业损害可以从适应力、竞争力和控制力等角度分析；产业风险可以从与导致产业损害有关的资源依存度角度分析，包括产业适应力、产业竞争力、产业控制力以及产业依存度；响应指标表征内部因素对产业安全的影响，包括产业系统在外部因素作用下所采取的对策与措施，是产业安全程度及变化趋势的内部动因，包括产业组织、产业机构、产业布局、产业政策。

（2）评价产业安全的方法。

国外学者虽提出了产业国际竞争力评价的有关指标，但并未就产业安全评价指标体系展开深入探讨，遑论对产业安全进行整体评价和估算。俄罗斯经济学家先恰戈夫在其主编的《经济安全——生产、财政、银行》一书中提出经济安全“阈值”标准，对产业有所涉及，但其中的经济安全指标过于宽泛，难以用于产业安全评价。

李海舰（1997）、顾海兵（1997）较早地提出了产业安全的经验度量问题，此后学者们就产业安全测算展开深入研究，已形成比较成熟的方法和程序：第一步是在明确一级指标的基础上将其分解为可度量的二级或三级指标；第二步是确定权数，具体做法是利用专家会议法、个人判断法或德尔斐法，或者主成分分析法；第三步是根据指标分值和权数计算产业安全度分值；第四步是据设定的量纲标准判别产业安全状态。具体而言，判别产业安全度的量纲标准主要 4 级量纲和 5 级量纲两种：何维达和何丹等（2002）、李泳和王爱玲（2006）采用 4 级量纲，即安全、基本安全、不安全、危机；王水平（2010）、张丽淑和樊秀峰（2011）采用 5 级量纲，即很安全、安全、基本安全、不安全、很不安全。

李孟刚（2013）产业安全评价模型进行了综合研究，指出产业安全评价模型包括 2 个部分，一是权重系统设计，二是评价模型。某一指标的权重是指该指标在整个评价中的相对重要程度。指标权重的确定是产业安全系统评价的一个难点，取决于该指标本身在评价决策中的作用及其价值的大小。权重既是决策者的主观评价，又是指标本质的物理属性的客观反映，是主观综合度量的结果。专家评分法在一定程度上存在较大的主观性，对产业安全评价结果的准确性造成影响，而层次分析法和基于商榷理论的权重估计方法则属于主客观结合的确定权重的方法，相对更加准确。李孟刚（2013）在《中国产业安全问题研究》中介绍了集中有代表性的评价模型：线性多属性综合评价、非线性多属性综合评价、模糊评价、主成分分析、数据包络分析。朱建民和魏大鹏（2013）采用层次分析方法和熵权法对产业安全指标进行权重设置，并通过功效系数法定量分析我国产业的产业安全程度。

在对具体产业安全的评价研究方面，基于 DEA 模型对我国航空航天业（单春红 等，2012）、海洋运输业（于谨凯 等，2012）、文化产业（李孟刚 等，2018）进行安全评价；曹萍和张剑等（2014）还运用 AHP 法和因子分析法确定了各指标的权重，对软件产业安全进行了评价；史欣向和李善民等（2015）分别利用层次分析法、专家法及主成分分析法分析了中国高技术产业安全的状况；金成晓和俞婷婷（2010）基于 BP 神经网络的我国制造业产业安全进行了预警研究；吴玉萍（2011）基于模糊群决策模型对我国煤炭产业安全开展了评价研究；李冬梅和春泓（2012）基于灰色关联分析对粮食产业安全进行了评价与比较研究；吴爱玲和韩增林（2016）基于海洋产业安全的内涵，从海洋产业竞争力、承载力等方面构建海洋产业安全评价指标体系，并通过集对分析法、海洋产业安全评价模型计算出中国沿海地区的海洋产业安全度；黄艳梅（2017）构建体育用品创新能力、体育用品发展能力、体育用品控制力、体育用品恢复力、体育用品外生环境的"五因素评价模型"，采用 FAHP 方法和熵值法对评价指标进行权重设置对我国体育用品制造业安全定量测评。朱学红和邹佳纹（2019）根据我国有色金属产业的特点，从产业发展环境、产业竞争力、产业控制力、产业对外依存度和产业可持续发展力 5 个维度提出了适用于评价我国有色金属产业安全的指标体系，并从信息可替代的视角对指标体系进行了修正。汪胡根（2020）使用市场竞争力指标、绩效竞争力指标、结构竞争力指标和技术竞争力指标构建了我国电站辅机装备制造产业国际竞争力分析评价体系，并用熵权法综合评价我国电站辅机装备制造产业国际竞争力。

2.1.2 关于农业产业安全的文献综述

关于农业产业安全的研究主要见诸以下 4 个方面。

2.1.2.1 农业产业安全的内涵界定

张红宇和易小燕（2020）认为农业产业安全的极端重要性体现在两个方面：一是形成以国内循环为主、国内国际双循环格局的重要基础；二是应对国际复杂多变形势，打好持久战的重要基础。

当前我国理论界对农业产业安全内涵的界定并不完全统一，主要观点包括两种：农业产业安全是一国农业产业整体上基础稳固、健康增长、持续发展，在国际经济中具有一定自主性、自卫力和竞争力，不至于因为某些问题的演化而使整个农业产业受到大的打击或损失过多的农业和国民经济利益，能够避免或化解可能发生的局部性或全局性的农业产业危机；农业产业安全具体表现为农业生产不受外来资本控制和农产品具有国际竞争力（徐洁香 等，2005；郑宝华 等，2008；谢翀，2012）。

罗浩轩和郑晔（2019）认为农业产业安全是指一个国家的农业部门在经受各种外部冲击时，能够基本不受威胁、干扰和破坏而正常运行的状态。

2.1.2.2 农业产业安全的影响因素的分析

马述忠和陈颖等（2013）基于种业研发能力视角研究了农业 FDI 对中国粮食安全的动态影响。他们以农业发明专利产出代表农业研发能力，通过构建负二项分布模型考察了外资对中国农业研发能力的影响，外资在中国农业研发领域会产生负向的溢出效应，不断拉大本土企业与外资企业研发水平的差距，有利于外资企业建立技术优势，逐渐形成垄断。他们以种业为例，构建一个以本土和外资企业为主体的研发能力动态仿真系统，模拟外资对中国种业的影响，结果表明：外资企业进入后，容易形成寡头垄断或垄断市场，不断冲击本土种子的价格稳定和市场份额。当外资撤出，本土企业种子研发产出和销售利润虽在短期内会有增加，但增幅将明显滑落，说明本土企业受外资撤资冲击的影响较大，本土研发产出呈现对外资的高度依赖，不利于保障自身的粮食安全。

万俊毅和曾丽军（2015）认为外资并购中国农业企业步伐加快，会危及中国农产品的数量、质量、品种和品牌安全，进而威胁中国的经济安全。

高江涛和李红等（2020）认为国际粮商以横向拓展、纵向延伸、全面覆盖的发展态势和规模进入我国粮食产业，对我国粮食产业的控制力、竞争力和可持续发展能力造成了严重的冲击。

罗浩轩和郑晔（2019）分析了中美贸易摩擦背景下，我国农业产业安全面临的深层次困境：一是我国作为最大农产品进口国具有“大国效应”和贸易依赖，陷入了“贸易困境”；二是我国农产品价格与国际农产品价格“倒挂”，形成了“价格困境”；三是我国农业补贴政策受内外条件制约而面临“补贴困境”；四是在经济全球化趋势下我国农业产业该如何与国际市场接轨的“全球化困境”。

蔺子雨（2018）指出在逆全球化背景下我国农产品贸易存在的主要问题有：我国优势农产品出口种类单一，且优势在不断缩小；出口目标国对象单一；内部竞争无序；对逆全球化缺乏了解和认识。他还分析了逆全球化影响我国农业竞争力的表现：农产品国际贸易市场份额被挤占、农产品国际贸易价格，逆全球化影响我国农业竞争力的原因：贸易保护主义、绿色贸易壁垒、技术壁垒、贸易保护。

农晓丹（2018）分析了逆全球化背景下农产品贸易壁垒的新动向：实施国家普遍化、壁垒标准拔高化、壁垒构成系统化、壁垒运用综合化、壁垒作用全球化。

孙立芳和陈昭（2018）以 RCEP 成员国为例，从产品结构、产品比较优势、贸易互补性角度测算农产品竞争指数，比较中国与 RCEP 其他成员国农产品竞争力地位，并证实相比其他影响因素，开放度对农产品竞争力的影响程度最大且最为显著。

李全中（2018）分析了“一带一路”建设对我国农业对外发展环境（农产品贸易、对外农业合作、对外农业投资）的影响。

张露和罗必良（2020）认为国际地缘政治格局的不稳定与贸易保护主义的重新抬头，已经威胁到我国农业生产和粮食安全。而生物性公共安全事件诱发的全球性恐慌，可能对我国的食品安全带来更大的冲击。传统经济学所倡导的低成本策略与差异化策略的竞争力逻辑，对于人口众多的中国来说，显然难以应对全球性重大生物安全事件引发的不确定性。

钱静斐和宋玉兰等（2020）研究了开放条件下我国棉花产业安全问题，指出我国棉花产业发展过程中存在着生产区域高度集中和产不足需并存的局面，生产成本高企压缩棉农收益，质量仍是制约产品竞争力的核心问题，外贸依存度高增加贸易风险，棉纺织产业处于全球价值链低端。他们还提出在开放条件下，要合理利用国内国外两个市场和两种资源，保障国内棉花产业安全。

万宝瑞（2015）认为，大宗农产品内外价差扩大、关税防火墙作用削弱、进口对国内产业影响加深等原因给我国农业产业安全带来了新挑战。

学者将影响我国农业产业安全的因素归结为内部因素和外部因素，前者包括资源约束、产业组织形式落后、科技创新能力低及农业领域开放政策和保护政策的平衡等（程国强，2012；张宁 等，2013；董银果 等，2015），后者包括全面的贸易自由化（Diao，2003）、技术锁定策略（任静 等，2012）、垂直一体化生产体系的建立（Yoon，2006；马述忠 等，2012）、非关税贸易壁垒（陈晓娟 等，2014；李硕，2015）等。

2.1.2.3 农业产业安全的评价

谭琳元和李先德（2020）选取国际竞争力和产业控制力两类指标反映大麦产业安全状况，通过设定大麦产业安全状态警限范围，采用映射方法计算大麦产业安全各指标安全状态的分数值，进而加权得出产业安全度综合指数，量化分析中国大麦产业安全状况。

高江涛和李红等（2020），文章利用 DEA 模型评价 2001—2018 年我国粮食产业安全的状态，结果发现：我国粮食产业总体处于安全状态，但稳定性不足，主要原因在于我国粮食产业的供给与需求不完全匹配，造成需求旺盛但供给不足，同时存在对外依存度较高，且外资市场控制力较强等现象。

刘志颐（2020）从自然维度、经济维度、行业维度等不同层面系统动态地构建大型跨国农业企业国际竞争力框架模型，采用层次分析法指标量化实证研究发现，与国际上的大型跨国农业企业相比，中国跨国农业企业在公司治理结构、核心技术、“买全球、卖全球”国际布局、产业链关键环节建设等方面还有一定差距。

王欢和甘林针等（2019）采用状态空间模型和中介效应分析方法从动态视角检验并测算了农业技术标准对农业国际竞争力提升的影响效应及其成分。

学者们基于农业产业受环境影响的特殊性（徐洁香 等，2005）、中国农产品的进出口额及粮食的供需状况（朱丽萌，2007）、产业经济学的研究框架（郑宝华 等，2008）、系统化理念和方法（宋向党，2016）等构建了农业产业安全的评价指标体系。

2.1.2.4 农业产业安全的治理对策

王琦和冯勇（2017）指出应从农产品和农业企业两个维度入手，提升农产品价格、质量和效益的国际比较优势，提高中国农业企业构建和完善、参与和掌控产业链的积极性和主动性，打造农业综合国际竞争力。

在开放条件下保障农业产业安全需要具备3个方面能力：一是要有强大的农业国际竞争力；二是要有应对市场变化和自然灾害的能力，三是要有促进农业可持续发展的能力（肖文兴，2012）。

田青和王章华（2015）从农业国际化背景出发研究了发展中国家农业产业安全问题，提出我国应该提高产业竞争力、加大对农业内资企业扶持和建立国际合作机制的对策。

谭琳元和李先德（2020）认为大麦产业安全状态与大麦贸易状况密切相关。他们提出加大政策支持力度、增强国际竞争力、规范进口管理和优化进口来源结构等保障大麦产业安全发展的政策建议。

崔卫杰（2015）分析了在开放形势下我国农业产业安全的问题，提出我国应该树立"大农业安全观"。

由于我国农业产业安全面临的外部威胁主要是以国际农产品价格波动为媒介的（方晨靓 等，2012），学者们开始探讨国际农产品价格机制与我国农业产业安全的关系，例如：方晨靓和顾国达（2012）从非对称性视角切入，研究了农产品价格波动的国际传导机制；刘萍和柯杨敏（2016）引入了空间模型，分析了国际农产品价格对中国通货膨胀的传递效应；彭白桦（2016）研究了国际市场影响对国内农产品市场价格的波动影响，系统分析了国内农产品市场价格波动的短周期和长周期特征。

张露和罗必良（2020）认为中国农业的竞争策略思维，需要从低成本策略转向低风险策略，从差异化策略转向完备化策略，并由此重构我国的农业安全观。他们提出了我国农业安全观的重要操作方略："保"稳定粮食供给、"活"深化农业分工、"拓"延伸农业价值链、"争"寻求贸易机会以及"防"控制风险。

上述研究深化了人们对农业产业安全的系统性认识，在一定程度上廓清了外部冲击对我国农业产业安全的影响，为进一步探索提供了良好的基础。

首先，维护农业产业安全归根结底是政府的责任（徐小青 等，2011）；其次，从农业产业化的经营形态来看，需要从资源安全、产品供给安全、技术安全以及制度安全等多元视角去理解（张宁宁 等，2011）；再次，由于农业产业安全问题涉及政府、企业、农民、消费者等各类主体的不同利益，需要通过法律制度构建利益平衡的框架和机制（杜文娇，2013）；最后，在开放的背景下，不仅要利用好国内外两个市场、两种资源，更要完善农产品国际市场风险管理机制，防范由此引发的风险和危机（程国强，2012）。

2.1.3 农业知识产权概述

农业知识产权是知识产权体系的一部分，特指农业领域的智力劳动成果所有权，主要指植物新品种、农产品地理标志和涉农专利，还包括动植物培育新方法、农业生物遗传资源与传统知识、农业商业秘密等（段凯 等，2018）。从知识产权的产生而言，无论是产前、产中和产后，都可能会涉及知识产权保护。例如，在育种过程中植物新品种以及育种方法相关专利的申请；产品运输过程中储存方法的专利保护；农产品商标的保护；在观光旅游中宣传品的著作权保护，等等。

2.1.3.1 标识类

（1）商品和服务商品。

所谓“一村一品”“土字号”“乡字号”更多指商品和服务商标，实施“互联网 +”农产品出村进城工程，必然需要农产品品牌化经营，商标就成为必不可少的要素。注册商标的有效期为 10 年，自核准注册之日起计算，受理单位为国家知识产权局商标局。申请注册需要设计商标标识并指定对应的商品和服务，所需材料有：① 商标注册申请书；② 设计好的商标标识，在商标注册申请书上直接标注即可；③ 选择好对应的商品或服务，在商标注册申请书上直接标注（为了加快审查速度，避免不必要的争议，除有特殊需求外，商标注册申请人按商品分类表规范商品和服务注册商标）；④ 申请人主体资格证明复印件。需要注意的是，农村承包经营户可以以其承包合同签约人的名义提出商标注册申请，但需要提供签约人身份证和承包合同，且申请商标指定商品以其自营的农副产品为限。

（2）地理标志证明商标。

厘清概念是科学研究的前提与基础（表 2-1）。“地理标志”概念源于《保护工业产权巴黎公约》（简称《巴黎公约》），发展于《商标国际注册马德里协定》(简称《马德里协定》)、《保护原产地名称及其国际注册里斯本协定》(简称《里斯本协定》),成熟于《与贸易有关的知识产权协议》(简称 Trips)。以 20 世纪 80 年代我国加入《保护工业产权巴黎公约》为起点,地理标志保护工作只有 30 多年,国家知识产权局、农业农村部在开展 3 套地理标志行政注册、审批工作时,都对地理标志进行了概念界定。地理标志的相关概念基本无争议,本质上都包含 3 个部分内容:一是生长于特定的地理或地域范围内;二是产品具有特殊的品质特色;三是产品特殊的品质特色归因于地理及人文的因素。

从经济学角度来看,地理标志的特点体现在以下几个方面。一是具有商标属性。农产品地理标志的形成往往与当地的地理环境、气候条件、人文环境等密切相关,可以反映农产品的关键特征,也有助于提高产品知名度,使得某一特定农产品可以在同类产品中脱颖而出。二是具有信用属性。农产品地理标志的形成往往与产品本身的质量、受消费者欢迎程度等有关,因而有助于建立农产品的信誉体系,从而降低消费者选择产品时的信息不对称。三是能体现出差异性。农产品地理标志具有一定的排他性,即只存在于一定的地域范围之内,如著名茶叶品牌"信阳毛尖"产地主要集中在河南省信阳市。四是有一定的价格控制权。因为差异性的存在,地理标志在一定程度上摆脱了农产品市场完全竞争的属性,因而在价格上有一定的控制权。五是存在价格溢出。因为价格控制权的存在,农产品地理标志相对于其他同类非地理标志产品而言,存在价格溢出,因而可以为生产地理标志农产品的农户带来额外的收益。

表 2-1 地理标志

名称	中国地理标志	中华人民共和国 地理标志保护产品	农产品地理标志
机构	中华人民共和国国家工商行政管理总局	中华人民共和国国家质量监督检疫总局	中华人民共和国农业部
法规	《中华人民共和国商标法》 《地理标志产品专用标志管理办法》	《地理标志产品保护规定》 《地理标志产品保护工作细则》	《中华人民共和国农业法》 《农产品地理标志管理办法》
定义	标示某商品来源于某地区,并且该商品的特定质量、信誉或者其他特征主要由该地区的自然因素或者人文因素所决定的标志	产自特定地域,所具有的质量、声誉或其他特性本质上取决于该产地的自然因素和人文因素,经审核批准以地理名称进行命名的产品	农产品来源于特定地域,产品品质和相关特征主要取决于自然生态环境和历史人文因素,并以地域名称冠名的特有农产品标志

续表

名称	中国地理标志	中华人民共和国地理标志保护产品	农产品地理标志
目的	通过商标法律以注册证明商标或集体商标的方式来保护地理标志	保护我国的地理标志产品，规范地理标志产品名称和专用标志的使用，保证地理标志产品的质量和特色	规范农产品地理标志的使用，保证地理标志农产品的品质和特色，提升农产品市场竞争力
本质	知识产权，不涉及产品质量	便于监管、保证产品质量的角度	只涉及农产品
申请人	申请人应当是团体、协会或者其他组织。地理标志所标示地区的人民政府或者行业主管部门授权申请人申请注册并监督管理该地理标志的文件	由当地县级以上人民政府指定的地理标志产品保护申请机构或人民政府认定的协会和企业提出，并征求相关部门意见	农产品地理标志登记申请人为县级以上地方人民政府根据下列条件择优确定的农民专业合作经济组织、行业协会等组织
标识	每个产品注册为证明商标或集体商标	每个产品专用标志	公共标识与地域产品名称相结合的标注制度
使用	专用标志应与地理标志一同使用，不得单独使用	生产者在其产品上使用地理标志产品专用标志，获得地理标志产品保护	使用农产品地理标志，应当按照生产经营年度与登记证书持有人签订农产品地理标志使用协议，在协议中载明使用的数量、范围及相关的责任义务
质量把控	无	国家标准、地方标准或管理规范作为支撑	农产品地理标志登记证书持有人和标志使用人，对地理标志农产品的质量和信誉负责。申报时需提供农产品地理标志产品品质鉴定报告和质量控制技术规范
有效期	《地理标志产品专用标志管理办法》中未规定《中华人民共和国商标法》规定注册商标有效期为 10 年	10 年	长期有效

我国《中华人民共和国商标法》中地理标志（Geographical Indication）是指“标示某商品来源于某地区，该商品的特定质量、信誉或者其他特征，主要由

该地区的自然因素或者人文因素所决定的标志”。可见，地理标志首先具有指示商品产地来源的作用，其次具有代表地理因素所决定的产品质量和其他特性的作用。地理标志可以将其所标识的商品和特定的产地联系起来，并彰显出该商品的特定质量和信誉，所以具有重要的商业价值。一方面，需要建立起禁止他人假冒商品原产地名称或产地标识的知识产权制度；另一方面，也需要建立起监控地理标志产品的生产者和销售者切实保障产地真实和商品质量的法律制度。地理标志证明商标的注册，有别于一般商标注册，是对客观存在的事实的行政确认和确权。与一般商标一样，地理标志证明商标有效期为10年，每次续展有效期亦为10年，受理单位为国家知识产权局商标局。目前商标局已简化了地理标志证明商标的申请材料，包括以下一些。① 商标注册申请书。② 申请人主体资格证书复印件。《集体商标、证明商标注册和管理办法》规定，申请以地理标志作为集体商标注册的团体、协会或者其他组织，应当由来自该地理标志标示的地区范围内的成员组成。③ 地理标志所标示地区的人民政府或者行业主管部门授权申请人申请注册并监督管理该地理标志的文件。④ 有关该地理标志产品客观存在及信誉情况的证明材料，包括县志、农业志、产品志、年鉴、教科书，或者正规公开出版的书籍、国家级专业期刊、古籍等材料证明其地理标志商品的客观存在及声誉情况。⑤ 地理标志所标示的地域范围划分的相关文件、材料，前述文件和材料既可以是县志、农业志、产品志、年鉴、教科书中所表述的地域范围，也可以由该地理标志所标示地区的人民政府或行业主管部门出具的地域范围证明文件划定。⑥ 地理标志证明商标、集体商标使用管理规则。至少应当包括：使用证明商标的宗旨；该证明商标证明的商品的特定品质；使用该证明商标的条件；使用该证明商标的手续；使用该证明商标的权利、义务；使用人违反该使用管理规则应当承担的责任；注册人对使用该证明商标商品的检验监督制度。⑦ 地理标志产品的特定品质受特定地域环境或人文因素决定的说明。⑧ 地理标志申请人具备监督检测该地理标志能力的证明材料。申请人具备检验检测能力的，提供自有检测人员名单和检测设备清单外，只要再提供自有检测资质证书或者当地政府关于其具备相关检测能力的证明；申请人委托他人检测的，需提供委托检测协议、受托单位检测资质证书、检测人员名单和检测设备清单，可不再提供受托单位的主体资格证明。

2018年3月，中共中央印发《深化党和国家机构改革方案》，重新组建国家知识产权局，由国家市场监督管理总局管理。这个改革方案，为结束长期以来我国地理标志工作多头管理的状态提供了一个契机。但因为《集体商标、证明商标注册和管理办法》和《地理标志产品保护规定》还是各自独立运行的两套法律制度，在实际执行中，国家知识产权局内部依然由不同的部门分别受理地理标志商标注册申请和地理标志产品保护申请。

值得注意的是，自 2018 年 8 月 1 日起施行的《国家知识产权局职能配置、内设机构和人员编制规定》提到，国家知识产权局内设的知识产权保护司将承担“原产地地理标志”等“官方标志”的相关保护工作。这里所谓的“原产地地理标志”官方标志，显然并不是《商标法》规定的地理标志本身，而应该是指《地理标志产品保护规定》（2005）中的“地理标志产品专用标志”和《地理标志产品专用标志管理办法》（2007）中的“地理标志产品专用标志”。

2019 年 10 月 16 日国家知识产权局发布公告称：根据党中央、国务院《深化党和国家机构改革方案》中关于“统一地理标志认定”的原则，确定了新的“地理标志专用标志”官方标志，原相关“地理标志产品专用标志”同时废止，原标志使用过渡期至 2020 年 12 月 31 日。从这个公告可以看出：第一，无论是《地理标志产品保护规定》中的“地理标志产品专用标志”还是《地理标志产品专用标志管理办法》中的“地理标志产品专用标志”，都将被废止。但是，原农业部管理的地理标志农产品特有标志是否一并被废止，并不确定。第二，原来的“地理标志产品专用标志”改名为“地理标志专用标志”。从语义的角度，“地理标志产品专用标志”是指用于地理标志产品上的一个官方标志，字面含义清楚。而“地理标志”本身就是一个标志，“地理标志专用标志”不太好理解。第三，原来的数个专用标志图案统一成了一个标志图案（图 2–1）。

图 2–1　标志图案

2.1.3.2 专利类

专利是农业科技创新的核心和重要载体，推动农业科技创新，特别是对专利的发展和应用是实现习近平总书记提出的有质量的、绿色的乡村振兴的重要条件。农业关键核心技术离不开技术成果的重要保护方式——专利。按照现行《中华人民共和国专利法》，可授权专利包括发明、实用新型和外观设计。

（1）发明。

发明，是指对产品、方法或者其改进所提出的新的技术方案。保护的范围包括产品和方法。一项发明获得专利并不容易，需要经过初步审查、实质审查环节，无论是审查员投入度，还是引证对比文献强度，甚至是专利授权审查期限，都是实用新型无法比拟的，实质审查阶段发 3 ~ 4 次审查意见通知书要求修改和解释的，也屡见不鲜。经授权的发明专利，保护期为20年，与商标不一样的是，前述保护期自申请日起计算。发明审查单位为国家知识产权局专利局。发明文件的组成包括：① 专利申请书；② 权利要求书；③说明书及附图，专利权的保护范围以其权利要求的内容为准，说明书及附图可以用于解释权利要求的内容，但并不能单独以说明书及附图记载技术特征主张保护；④ 说明书摘要。

（2）实用新型。

实用新型，是指对产品的形状、构造或者其结合所提出的适于实用的新的技术方案，保护的是产品，且是产品的形状和构造。诸如育种方法、制配化肥等，因为不是固体产品形状和构造，无法申请实用新型。实用新型，仅有初步审查阶段，没有实质审查阶段，授权相对容易，但由于未经过实质审查，没有大量对比文献考验其可专利性，相对也不够稳定，容易被对手利用无效宣告等程序否定其专利效力。实用新型的保护期为 10 年，也是自申请日起计算，审查单位为国家知识产权局专利局。文件组成部分与发明一致。

（3）外观设计。

外观设计，是指对产品的形状、图案或者其结合以及色彩与形状、图案的结合所做出的富有美感并适于工业应用的新设计。按照现行审查指南，推广农产品或服务"三农"的计算机图形用户界面（GUI）也属于外观设计保护范围。

外观设计不同于发明和实用新型，只保护产品的外观，不关注产品本身的功能和技术特征。保护期为 10 年，自申请日起算。文件包括：① 申请书；② 设计图，对于立体产品需提交符合规定的六面图，是据以获得专利授权和保护的核心；③ 简要说明，对设计保护范围等方面进行说明，将来可作为解释图片或照片的重要参考依据。

2.1.3.3 植物新品种

植物新品种是指经过人工培育的或者对发现的野生植物加以开发，具备新颖性、特异性、一致性、稳定性，并有适当的命名的植物新品种，与专利一样属于工业产权。植物新品种审批是由国家林业和草原局植物新品种保护办公室和农业农村部植物新品种保护办公室负责。提交的申请文件包括植物新品种权请求书、说明书、说明书摘要、照片和照片的简要说明。申请也包括初步审查和实质审查两个阶段，其中实质审查阶段需按照不同情况进行境外测试报告审查、组织测试或现场审查。保护期限方面，藤本植物、林木、果树和观赏树木的品种权保护期限为 20 年，其他为 15 年。

2.1.3.4 著作权

著作权保护范围较为宽泛，在“三农”语境下民间文学艺术作品是最易受到关注的著作权保护范围。比如剪纸作品、蜡染作品等民间文学艺术作品，也都是受到《著作权法》保护的。

与其他受著作权保护的作品相同，民间文学艺术作品要受到《著作权法》保护，也须满足 3 个条件：①必须是文学、艺术和科学领域内的智力创作；②必须具有独创性；③必须能够以有形的形式复制。

与工业产品和商业标识不同，受著作权法保护的作品，自创作之日起便受到保护，不以国家机关授权为保护条件，但可以自愿向版权管理单位申请版权登记备案，以期实现保存著作权保护初步证据、一定程度展现著作权作品情况等作用。

以上，仅罗列了部分常见的知识产权类型，还有诸如企业字号、域名、商业和技术秘密等诸多知识产权形态，基于篇幅所限，不再一一介绍。

农业知识产权作为知识产权体系的重要组成部分，具有与其他行业知识产权不同的特点，主要体现在：①农业知识产权分布于广大农村领域，主体、产品都比较分散；②农业知识产权大多处于第一产业领域及与之相关的农业科技领域，类型比较单一；③农业知识产权资源在我国存量很大，但没有被充分挖掘出来；④除少量历史久远的，大多数农业知识产权不被人们所熟知；⑤农业知识产权产品包装简单、量大散销、用前区别性不显著，致使知识产权保护较难；⑥农业知识产权价值难以评估。

在经济全球化和数字经济的背景下，以农产品领域跨境电商和数字农业、智慧农业为代表的新业态将成为未来全球农业的新趋势，建设适应新业态的现代农业知识产权保护体系，需要各个国家转变传统的观念，通过积极沟通和开展务实合作，围绕国际规则协调、国际执法协作、跨境保护服务和创新纠纷解决模式等内容，携手探讨知识产权相关保护规则，确保顺畅的农产品全球化、数字化交易和有力的知识产权保护，为全球农业知识产权保护提供更多探索经验。

在全球农产品贸易领域，为了适应经济全球化趋势和各个国家对于优质农产品的市场需求，各国政府部门、跨境电商、农业生产企业、农产品服务机构、国际贸易机构需要凝聚共识，积极沟通，深化合作，构建面向全球的农业知识产权保护机制，形成农产品产业链各个组成部分共同参与的治理体系。

2.1.4 关于农业知识产权风险的文献综述

国外学者对知识产权风险类别和风险评价进行了充分研究。Eric C. Osterberg（2003）把知识产权风险分为侵权风险、所有权风险、投资风险、执行风险以及储存、维持和传播风险。Kimberly 从执行费用、侵权赔偿额和所有权问题等 3 个方面分析知识产权风险。Qien K.（2001）提出了构建企业风险评估指标的一般方法。Papazoglou（2002）在实践领域提出了集成量化的风险评估方法。Bergmann 和 Butzke（2008）主要研究专利侵权风险评估，通过分析专利文献语义，建立专利侵权风险测度模型。整体来说，国外对于知识产权风险研究主要用于实务界，主要探讨知识产权在不同的经济运行环境中，由于一系列的外部行为促使权利人的利益受到损害（Spence，1984；Jovanovice et al.，1989；Knott et al.，2009）。当前国外对于知识产权风险评估研究往往与知识产权预警研究相结合，尝试将企业预警管理体系运用于知识产权侵权纠纷预防（Hu et al.，2013）。

我国学者对知识产权风险的研究集中在 3 个方面。一是知识产权风险理论研究，何英、黄瑞华（2006）根据知识产权整体内在属性，泳锋、余翔（2008）基于内生风险的角度探讨了风险的起因。二是知识产权风险识别，徐辉鸿（2013）从产业安全的角度分析知识产权风险因素，在自主创新水平、知识产权对外依存度、知识产权运行环境方面，吴洁仑、王智源（2010）认为知识产权风险主要有政治法律、市场运行和知识产权自身的风险等。三是知识产权风险预警，戚淳（2008）认为知识产权风险预警基于技术视角建立预警，赖院根等（2009）则基于危机视角展开预警。

段凯等（2018）基于农业知识产权的国内外研究现状，界定了农业知识产权的基本内涵，并结合我国农业支持产权保护工作中存在的问题与不足之处，提出了加强农业知识产权保护的建议。

当前国外学者对农业贸易自由化和农业知识产权之间的关系做了大量的探讨。虽然 Endres 等（2013）认为严格农业知识产权保护与增加农业创新之间没有统计意义上的相关关系，但由于农业领域正在经历的技术变革，发达国家的农业跨国公司积极谋求利用全球化获得规模经济效益，并且借助农业知识产权保护巩固和强化技术垄断及市场优势，以此提高行业的集中度（Maskus，2006）。Long（2013）、Campi 等（2016）都指出发达国家利用国际农业知识产权规则的制定对全球食品安全造成了影响。Dagne（2013）基于农业价值链利益分配的视角，证实在农业全球化背景下地理标识保护构成了农产品国际贸易的进入壁垒。

国内现有文献对农产品出口面临的贸易壁垒进行了大量研究，并取得了丰硕的研究成果。田新霞、赵建欣、谭立群（2018）从国内和国际两个角度剖析了限制我国果蔬农产品出口的消极因素，提出要在加快发展绿色生态农业、提高果蔬农产品品质、建立技术性贸易壁垒预警和防范机制等多方面采取综合管理措施。韩祖奇（2018）结合近几年中国与美国、日本两国贸易摩擦的现实背景，分析了 2007—2016 年中国食品出口美、日的贸易现状，利用引力模型，选取了 1996—2016 年中国对美、日贸易数据实证分析了中国食品对美、日出口的影响因素，并针对贸易壁垒提出了对策建议。彭勇（2017）选取了 2006—2015 年我国农产品对美国、欧盟、美国和韩国出口遭遇技术性贸易壁垒的情况，选取引力模型研究技术性贸易壁垒对我国农产品出口的影响，研究发现：美国、欧盟、美国和韩国制定的技术性贸易壁垒对我国农产品出口具有积极的促进作用。冯鑫（2015）选取了我国 2010—2015 年的相关数据，以农产品出口额为被解释变量，从地理标志的个数为主要解释变量，对地理标志与农产品出口贸易之间的关系做了实证分析，得出结论：获得地理标志保护的农产品能够通过提高农产品在国际市场上的知名度从而促进农产品出口额的增长，因此，应加强地理标志的注册和保护工作。

国内学者则更多的是关注生产环节的农业知识产权的保护意义、法律制度、绩效及评价等方面。段凯等（2018）基于农业知识产权的国内外研究现状，界定了农业知识产权的基本内涵，并结合我国农业支持产权保护工作中存在的问题与不足之处，提出了加强农业知识产权保护的建议。杨德桥（2013）认为农业知识产权和农业经济发展之间存在着内在必然性联系，农业知识产权已经成为农业现代化的关键推动因素。黄季焜等（2010）指出我国植物育种研究和种子产业发展对我国农业可持续增长起到了重要支撑重要作用，提出要健全种业相关的知识产权保护制度和监管执行机制。郑友德（2011）则进一步指出为了应对国际知识产权壁垒，化解潜在的知识产权风险，保证我国的粮食安全，应该建立农作物种业的知识产权预警机制。张劲柏等（2009）、伍莺莺（2010）、杨晓娟等（2016）、刘同君等（2016）各自从法律制度的角度探讨了农业知识产权。李玲玲等（2014）分析了农业知识产权绩效的逻辑起点，赵喜仓等（2013）、陈燕娟等（2012）等则建立了农业知识产权综合评价指标体系，对我国农业知识产权的发展水平进行了研究。目前，国内学者也开始逐渐关注农业知识产权在我国农产品出口中的作用（叶梅红，2015；刘绍从 等，2017）。

此外学者们对植物新品种、农产品地理标志和涉农专利、品牌也展开了研究。王文龙（2018）认为农产品地理标志品牌建设是中国乡村振兴战略的重要内容，指出要根据品质独特性和品牌综合价值指数对农产品地理标志进行综合筛选，撤销缺乏建设价值的农产品地理标志，根据综合评估结果有针对性地提升被保留的地理标志农产品的品牌竞争力，从而推进农业供给侧结构性改革，实现乡村振兴。廖秀健、张晓妮（2010）分析了中日两国在植物新品种保护的范围、保护期限、保护差异、法律效力、审批机关设置等方面的差异，对此，我国应立足国情，结合实际，及时地完善植物新品种保护制度，推动我国植物新品种保护制度与国际接轨。

总体看来，目前国内外相关研究已为后续研究提供了坚实的基础，但仍存在有待进一步研究的地方。一是在农业现代化背景下，农业产业链条不断延伸，第一、二、三产业加快融合，虽然种子行业是维护种业安全的核心环节，但加工、物流及销售等环节在农业价值链中增值也很大，对这些环节涉农知识产权更应给予充分的重视。二是当下知识产权日益成为农业发展的重要资源和核心竞争力，甚至将知识产权作为一种技术性贸易壁垒，对此应引起高度的关注。三是当前拥有先进技术水平和占有知识产权优势的发达国家的大型跨国农业综合企业，一方面在农产品国际贸易中利用知识产权边境保护措施（例如“337 调查”）、知识产权滥用、产权诉讼等手段构筑知识产权贸易壁垒，充分发挥其防御功能；另一方面，更是利用国际专利布局、专利围堵、专利池、专利标准化及品牌控制等手段，通过《与贸易有关的知识产权协定》（Trips）、《国际植物品种权保护公约》（UPOV）等国际公约高筑国际农业知识产权壁垒，将农业知识产权保护的触角由国际贸易领域伸展到他国国内市场，特别是对发展中国家的农业产业安全造成了直接威胁。由此，在“逆全球化”背景下，基于我国农业产业安全的视角，对国际农业知识产权风险识别、预警及反制的研究必然成为未来研究的热点和重点。

尤其是加入世贸组织之后，我国对产业安全问题关注程度大幅提高，不再局限于早期的纯理论探讨，而把目光更多地投注在产业安全实践及其细节问题研究上，使得我国产业安全研究体系更加全面与完善。未来，我国产业安全研究应结合发展历史，进一步扩大和加深与我国国情融合的力度，丰富实证与实践研究，寻求更多问题解决之道，使产业安全研究真正为我国产业发展和政府调控所用。

2.2 关于产业安全的理论体系

2.2.1 产业安全的理论基础

“产业安全”是 20 世纪 70 年代以后提出的一个新概念，但研究产业安全的经济思想却源远流长并散见于各种学派的经济理论当中（金成晓 等，2010），关于产业安全理论的论述主要有以下几种。

2.2.1.1 产业损害理论

学术界对产业损害理论也进行了比较系统的研究。产业损害理论立足于倾销与反倾销的角度，根据 WTO 的界定，产业损害是指产品出口国进行商品倾销对进口国产业造成的损害，以及进口国为了抵消倾销造成的产业损害而展开的反倾销措施。产业损害理论的研究对象是倾销、反倾销，研究内容为造成产业损害的原因、产业损害程度的调查及测算、产业损害的维护。在测算产业损害幅度的基础上，通过征收反倾销税，抵消倾销对国内产业造成的损害，其目的在于维护产业安全。总而言之，产业损害理论的核心是科学判定出口国倾销行为是否给进口国的产业带来了损害，精准测算损害程度有多深，进而对应课征多少反倾销税做出裁决，从而维护本国的产业安全。由此可见，产业损害理论并不考虑其他因素对一国产业安全的影响或危害。

2.2.1.2 产业控制理论

产业控制理论立足于产业控制力的角度，强调本国资本对本国产业的控制力。该理论认为国家产业安全问题主要产生于外商直接投资（FDI），它主要关注外国直接投资（FDI）通过股权、技术、品牌、经营权、决策权的控制，控制东道国国内企业，甚至控制该国某些重要产业，由此对东道国国家经济构成威胁（张碧琼，2003）。布雷（Burenell，1986）、阿明（萨米尔·阿明，1990）以及联合国跨国公司中心（1992）等认为伴随着发达国家将落后国家及发展中国家变为自己附庸，跨国公司也试图将这些国家中的经济或产业变成自己的产业附庸（Peter，1986）。产业控制理论将产业安全归结于两方面：一是一国独立自主控制其国内产业发展过程的安全，体现在对其国内某一产业的创立、调整和发展，拥有独立权或控制权（于新东，2000）；二是独立自主控制其关键产业部门的安全，体现在一国资本可以掌握控制关系国计民生的重要经济部门（王允贵，1997）。

从产业安全的角度来看，本国资本对产业的控制力的高低主要受国际资本进入的影响，大量外资企业的进入会严重降低本国资本的产业控制力，国内产业安全非常可能面临危险。外资利用其品牌影响力、雄厚的资本实力、先进的管理经验等方面优势进行市场垄断，进而影响东道国国内企业的发展乃至生存。外资通过收购等形式对东道国品牌进行控制，降低东道国国内品牌的影响力或价值。在合资企业中，外资通过股权控制获得产业内重点企业的控制权。此外，外资对关键核心技术高度保护，发展中国家的合资企业虽可以获得跨国公司的部分技术，但却产生技术依赖，甚至失去技术创新的动力和能力，从而影响国内产业的技术创新。因此，东道国往往都会制定相应的外资政策，对外资加强诱导和管理，以抑制外资企业和跨国公司的影响，维护和提高本国资本对重要产业的控制力。

2.2.1.3 产业国际竞争力理论

产业国际竞争力理论则是基于 Porter 的钻石模型，探讨如何提高一国产业的内生竞争力。产业国际竞争力是指某国或某一地区的某个特定产业相对于其他国家或地区同一产业在生产效率、满足市场需求、持续获利等方面所体现的竞争能力。在开放经济条件下，一国产业国际竞争力与其产业安全高度相关，提升本国的产业国际竞争力是维护产业安全的关键。Porter（1990）认为，一国特定产业的竞争力主要取决于 4 个基本因素：要素、需求、关联产业以及企业战略、竞争，以及 2 个辅助因素：政府和机遇。拥有较高劳动力素质和完善基础设施、更大市场需求规模、更有效的产业链支持、更强大的政府政策支持等条件的产业，更有可能在国际市场上获得更大的竞争优势。（Michael，1990）

产业国际竞争力发展包括两个时期——产业国际竞争力扩张期和下降期。在扩张初期，由于本国产业技术水平较低，产业竞争力主要体现在产品价格的优势，这就决定了产业竞争优势主要源于廉价生产要素，譬如资源和劳动力等；随着生产技术的发展，产业竞争力的维持来源于增加投资和改进技术；当产业在产品、技术和市场上取得进一步优势后，技术创新成为凸显产业竞争力的关键要素，此时 R@D（研究与发展）和高素质人才要素以及相关的产业支持政策，使巩固和强化产业竞争力的重要保障。而在产业竞争力进入到下降期后，缺乏投资动力，产业竞争力的驱动要素由创新驱动变为财富驱动，产业竞争力逐渐衰弱。

2.2.1.4 产业保护理论

产业保护理论产生于产业安全实践，立足于如何维护民族产业安全等问题。产业保护理论起源于《国富论》中提出的保护民族经济的观点，如他认为为了保护国内的船舶市场垄断地位，应该对外国船舶绝对禁止或施加重税。该思想一经提出便产生了广泛影响，许多国家在制定产业保护政策时以此为理论依据（亚当·斯密，1979）。1790 年 12 月，Alexander Hamilton 向国会作了《关于制造业问题的报告》，阐述了美国保护制造业、实行贸易管制的政策主张。该报告被视为保护贸易的经典文献，广为美国后世主张保护政策者所运用。1841 年，Friedrich List 在《政治经济学的国民体系》中指出，经济落后的国家应该选择具有潜在比较优势和发展前途的幼稚产业，给予适当的、暂时的关税保护，以实现规模经济收益和外部经济效应，逐渐增强其国际竞争力。而当该产业成长起来，在国际市场上具备竞争力之后，贸易保护就应该随之取消。在发展中国家，贸易保护的最重要的、最流行的依据就是保护幼稚产业论。1950年，阿根廷经济学家 Raúl Prebisch 用发达国家与发展中国家之间贸易关系的历史数据，批驳了传统贸易理论互利性的基本结论，首次提出了"中心—外围论"。该理论认为国际经济体系是由处于中心体系的发达国家和处于外围地位的发展中国家构成的，中心在整个世界经济体系中居于主导地位，外围则处于依附地位受中心控制和剥削，这就形成了国际贸易的"中心—外围格局"，这是造成中心和外围国经济发展水平差距加大的根本原因（胡代光 等，1996）。1983年，W. Arthur Lewis 在其著作《经济增长》中指出，需要有一个合理的管理体制以有效利用外资，以免让外资垄断某些重要的国民经济部门和行业，否则会对本国产业和经济发展造成严重的损害。

此后，B. J. Speneer、J. A. Brander、P. Krugman 基于国际市场环境发生变化，完善了产业保护理论。B. J. Speneer 指出当外国寡头垄断对本国民族产业开展不正当竞争时，本国政府应该通过关税保护措施来分享这些外国垄断或寡头企业的利润，弥补国民利益的损失。J. A. Brander 认为国家补贴企业研发费用，同时进行其他政策干预，以帮助企业在国际竞争中建立优势（张谦，1999）。P. Krugman 提出当存在规模经济效应以及市场结构为寡头垄断的前提下，一国政府通过实施贸易保护政策——关税或者进口配额等，以此部分或全部关闭本国市场，从而达到保护本国产业的目的。（克鲁格曼，2000）

2.2.1.5 基于产业经济学的产业安全理论框架

李孟刚（2010）基于产业经济学的基础理论，将产业经济学的分析框架和分析工具应用于产业安全的研究，从组织安全、结构安全、布局安全、政策安全等4个维度勾勒产业安全的理论框架和逻辑结构。将产业安全含义放入产业经济学的理论框架中分析和论述，既用相应的经济学理论去解读安全，又用创造性的安全命题丰富了产业经济学理论。

（1）产业组织安全。

产业组织安全是指某一国家或地区的产业持续增长、产业内企业处于有效竞争的状态。在开放经济条件下，产业组织安全是指一国或地区的产业组织有助于优化资源配置、能有效抵御国外经济侵袭及提升产业国际竞争力等。产业组织安全的影响因素有以下4点。① 市场集中度。市场集中度用以表征市场控制力的一个重要指标。倘若本国企业的市场集中度越高，意味着本国企业对本国市场的控制力越强，产业就越安全。② 行业规模的经济性。行业规模在一定程度上决定进入壁垒，进入壁垒高易形成先入者的垄断，即可排斥其他跨国企业的进入，也可阻止本国其他企业的进入，最终可能造成某些大型跨国公司控制该产业的局面。③ 东道国政府的行政性壁垒。为了保护本国民族工业和国家经济安全，东道国政府通常对外国资本进入设置一些政策性的壁垒，譬如行政审批政策、产业禁入政策、金融外汇管制政策以及技术政策等。随着经济全球化和 WTO 规则的普遍实施，各国对外资进入政策壁垒不断下降，对于发展中国家而言，产业安全更易受到影响。④ 跨国公司的策略性行为。为了阻止性的跨国公司和国内企业进入，先进入的跨国公司倾向于采取横向 / 纵向限制和优势企业滥用市场势力等策略性行为，垄断稀缺要素资源和经营网络等，提高市场进入成本，增加新企业参与竞争的难度，以期达到以市场垄断攫取更高利润的目的。

目前，我国产业组织安全面临的主要挑战有：行业性控制、市场控制以及技术控制。基于此，应当采取以下措施维护产业组织安全：鼓励不同形式的竞争，优化市场结构；实施核心企业战略，梳理国内企业品牌；适当维护行政性壁垒；完善《反垄断法》，维护公正的市场竞争秩序；减少跨国公司实施策略性行为的可能性。

（2）产业结构安全。

在开放经济条件下，产业结构安全是指一国各产业部门处于相互适应、协调发展、持续增长的状态，支柱产业和战略产业由本国资本控制且具有较强的国际竞争力，同时，该国的产业结构升级不依赖于外国的产业转移，能够通过自身升级抵御国内外不利因素的冲击。

一国产业结构安全受到资源供给结构、社会需求结构、国际贸易、外商直接投资以及国际产业转移等因素的影响。就我国产业结构安全而言，当前面临的主要挑战有：外资流入加剧产业结构间和行业间的失衡、我国产业结构调整滞后于世界产业结构升级。基于此，提出促进我国产业结构战略性转变和升级的措施有：改革与完善现有的利用外资政策；正确把握自身优势，以新兴产业的发展带动整个产业结构的跨越式成长；从国家的动态比较利益出发，保证战略性、支柱产业的发展；充分发挥市场机制在调整产业结构转变和升级中的作用；注意增量调整和存量调整的适度结合；确保重要产业维持一定的供给与就业水平。

（3）产业布局安全。

产业布局安全的定义为：产业在一国或一地区空间范围内进行的，通过降低交易费用，促进知识、制度和技术的创新和扩散，实现产业和产品的更新换代来建立生产成本、产品差异化、区域营销以及信息费用等方面竞争优势以实现产业结构优化、产业竞争力提升，并且有利于抵御外部经济侵袭的组合和空间分布。

影响产业布局安全的因素有：国际、国内政治环境；市场环境的变化；政府的政策指向；科学技术的发展；人力资源因素。当前，我国产业布局安全存在的问题有：外商直接投资地区倾斜加剧了我国区域经济发展不平衡；产业布局非区位化，引发区域产业结构趋同；注重地区经济倾斜，忽视产业结构倾斜。基于此，提出维护我国产业布局安全的措施有：发挥地区优势，选择和发展主导产业；以产业集群的要求规划产业布局；加强地区分工与协调，提高产业区际关联度；发展增长极，依托轴线，扩展扇面，形成产业网络带；以市场为基础完善产业布局机制，健全产业布局政策；加快中西部地区的开发与发展。

（4）产业政策安全。

产业政策安全是指，一国政府能够维持对本国产业发展决策的独立性、及时性和正确性。影响产业政策安全性的因素有：政府对产业发展的决策能力、制定产业政策所需信息的及时性和充分性、产业政策决策机制的有效性、产业预警体系的完善性。当前我国产业政策安全存在的主要问题有：产业结构调整中缺乏产业组织政策配套、造成产业集中度和专业化水平低、利用外资产业政策偏差。基于此，提出维护我国产业政策安全的措施有：重视产业组织政策的制定与实施；进一步调整和加强产业技术政策，以增强产业国际竞争力；调整外资政策，实施国贸待遇；平衡利用外资方式，缓解产业安全压力；完善政府利用 FDI 政策法规，为产业安全提供法制保障。

史欣向和李善民等（2015）继承与发展以往产业安全理论，提出了新常态下“金字塔”产业安全理论。该理论以市场和创新为核心维度，关注产业自身生存与发展问题，认为在市场经济体系中，在开放竞争环境下，产业生存必须依靠市场，产业发展必须依靠技术创新。因此，产业安全的内涵可以被描绘成一个“金字塔”——产业安全位于顶端、产业生存和产业发展为“中流砥柱”，而两大砥柱的基石分别是“市场”和“创新”。

2.3 农业产业安全

国内对农业产业安全的研究主要集中在 2002 年之后，此后产生了大量研究成果，俨然形成了一个新的研究方向。新发展阶段要进一步巩固农业基础地位，更须强调农业产业安全极端重要性（朱满德　等，2019），这是由于农业产业安全是形成国内循环为主、国内国际双循环格局的重要基础，也是应对国际复杂多变形势，打好持久战的重要基础（张红宇　等，2020）。农业在当前和今后一个时期于国民经济高质量发展的特殊性和重要性。

郑宝华和李东（2008）从农业产业安全的内容、影响因素、评估体系和预警机制、对策等 4 个方面对目前农业产业安全问题的研究进行评述，认为目前针对国家整体的研究从宏观上论述的较多，从中观、微观上来看，除了对粮食行业研究较多以外，针对其他行业的论述较少。

在粮食行业，突出“藏粮于地，藏粮于技”的方针，在稳定耕地数量、扩大播种面积、增强产出能力上下功夫，在生物技术、装备技术、绿色技术和数字技术提升上做文章，在国家对农业的支持保护政策方面多花钱。

将农业产业拓展到乡村产业范畴，第一、二、三产业融合发展，延长产业链，提升价值链，保障供给链，富民乡村产业可以有所作为。

第 3 章 “逆全球化”背景下我国遭遇国际农业知识产权风险的现状及实证测度

本章首先介绍国际农业知识产权风险的概述、我国近几年遭遇国际农业知识产权风险的主要类型、特征及其原因；在此基础上进一步，探讨国际农业知识产权风险形成机理，并构建国际农业知识产权风险形成模型。

3.1 国际农业知识产权风险概述

3.1.1 国际农业知识产权风险的定义

周茜（2012）认为知识产权风险包括知识外溢、专利侵权与专利被侵权。基于此，本书将国际农业知识产权风险定义为：农产品出口到国际市场，遭遇到的农业知识外溢、涉农专利侵权与被侵权的情况。由于本书主要研究国际农业知识产权对我国农产品出口竞争力的影响，侧重于把国际农业知识产权风险看作是一些国家以农业知识产权为支撑或直接以农业知识产权构筑的技术性贸易壁垒，具体可以表现为：在农产品国际贸易活动中，发达国家通过制定和颁布与农业知识产权有关的法律法规和严苛的知识产权保护标准以保护本国农产品市场份额、限制别国农产品进入本国市场，从而对其他国家的农产品出口竞争力产生影响。

3.1.2 国际农业知识产权风险的主要形式

3.1.2.1 技术屏障型风险

在农产品贸易领域，发达国家凭借先进的农业生产技术，设立高标准的技术门槛。发展中国家达到技术标准的难度加大，出口企业要想获得相关的技术，必须支付高额的专利费，这使得农产品出口成本提升，出口竞争力下降；如果出口企业达不到相应的技术标准，甚至会面临退出市场的风险。以下从新品种研发、生产流通、销售环节分析存在的国际农业知识产权风险。

（1）新产品研发环节的国际农业知识产权风险——植物新品种。

在新产品研发阶段，国际农业知识产权风险主要体现在一些国家对植物新品种的保护。例如，日本颁布的《种苗法修正案》明确规定，日本政府可以向培育开发植物新品种的相关主体颁发“培育者权力”，一旦“培育者权力”被授权，将在日本口岸禁止侵犯“培育者权力”的农产品进入该国市场。我国水果、蔬菜以及花卉等农产品出口到日本，如果苗种是从日本直接引进或者改良而来，必须向日本缴纳专利费，若涉嫌侵权，农产品出口企业还会面临高额的罚金。近年来，世界上不少国家学习效仿日本的做法，纷纷以保护农业知识产权为理由立法，使我国非自主研发培育的农产品出口遭遇国际农业知识产权风险。由于自主创新能力弱，重改良轻育种，我国本土品种竞争不过进口品种，导致部分地方土种资源数量锐减，有的甚至面临消失风险。据统计，我国主要粮食作物地方品种的数目，1956 年有 11 590 个，2014 年则仅剩 3271 个，消失比例高达 71.8%。可见，保种工作已关乎基因库的完整性。

截至 2018 年年底，UPOV 共有 75 个成员，包括 73 个国家和 2 个国际组织——欧盟、非洲知识产权组织，共涵盖 94 个国家。75 个成员中执行 UPOV 公约 1961/1972 年文本有 1 个，执行公约 1978 年文本有 17 个，执行公约 1991 年文本 57 个。我国于 1999 年加入 UPOV，目前执行的是 UPOV 公约 1978 年文本。根据 UPOV 官方数据统计，1984—2017 年 UPOV 品种权累计申请量接近 36 万件，授权量接近 26 万件，申请量排名前 5 位的联盟成员分别是欧盟、美国、日本、荷兰和中国，授权量排名前 5 的联盟成员顺序也是如此，具体数量见表 3–1。

表 3–1　1984—2017 年 UPOV 申请量及授权量排名前 5 成员情况

序号	申请量		授权量	
	成员	数量 / 件	成员	数量 / 件
1	欧盟	61 286	欧盟	47 635
2	美国	39 149	美国	33 774
3	日本	31 681	日本	26 561
4	荷兰	30 127	荷兰	21 958
5	中国	24 473	中国	11 024

数据来源：UPOV 官网数据整理而成

植物品种权国际占有率，是指 UPOV 个成员拥有的植物新品种权有销量占

UPOV 累积有效总量的比率，通过测算能够清楚地观察该国家在 UPOV 成员中植物品种权保护实力的排名和位置。截至 2017 年年底，UPOV 成员植物品种权有效总量为 126 322 件。国际占有率排名前 5 的成员分别为欧盟、美国、日本、荷兰和乌克兰，我国排名第 6，见表 3–2。

表 3–2　UPOV 主要成员植物品种权国际占有率

排序	UPOV 成员	加入文本	有销量 / 件	占比 /%
1	欧盟	1 991	25 914	20.51
2	美国	1 991	25 238	19.98
3	日本	1 991	8490	6.72
4	荷兰	1 991	8389	6.64
5	乌克兰	1 991	8127	6.43
6	中国	1 978	7723	6.11
7	韩国	1 991	5064	4.01
8	俄罗斯	1 991	5048	4.00
9	南非	1 978	3043	2.41
10	澳大利亚	1 991	2482	1.96

数据来源：农业植物新品种保护发展报告（2018）（农业农村部植物新品种保护办公室，农业农村部科技发展中心，2020）

UPOV 模式下品种权保护打破了国界限制，各成员国既可以向本国申请品种权保护，也可以向其他成员申请保护。随着农业全球化的快速发展，各成员向其他成员申请量和授权量总体呈上升趋势。2017 年，UPOV 成员共向国外申请品种权 5589 件，获得授权 4296 件，其中，荷兰以 1377 件的申请量和 987 件的授权量位居成员国之首。

截至 2020 年底，我国农业植物新品种权总申请量近 3.4 万件，总授权量近 1.4 万件。加强农业领域知识产权保护体系建设，需要司法、行政等部门与农户、企业、消费者等农业领域的每一个环节共同努力。在农产品生产流通的各个环节，企业应主动布局知识产权和积极维权，农户和消费者应提高对知识产权的认识，提升知识产权保护意识，共同营造健康有序的知识产权保护环境和优良的营商环境，为实施乡村振兴战略奠定重要基础。

（2）生产流通环节的国际农业知识产权风险——涉农专利。

涉农专利是现代农业中的农业科技与相关成果，主要包括农业发明和实用新型，涉及种植业、畜牧业、食品业、渔业、农化和农业生物技术等领域。其中，1985—2016 年，国外在我国申请的农业发明专利累计授权量主要集中在农业生物技术领域和农化业（图 3–1），农业生物技术领域的发明专利主要有微生物的测定和检验方法等；农化业的发明专利主要有含杂环化合物的杀生剂、害虫趋避剂、植物生长调节剂等。种植业，可以在容器、温床或温室栽培蔬菜花卉的方法、农作物收割机、农药肥料和害虫防治设备等方面申请发明专利；畜牧业，可以在动物饲料新配方、动物新品种和家禽饲养机等方面申请发明专利；食品业，在饮料和食品的制作方法可申请商业秘密，农产品的包装可以申请外观设计专利，生产食品的设备可申请发明专利；渔业，水族槽和绕线轮等渔具的发明与改进，可申请发明专利。

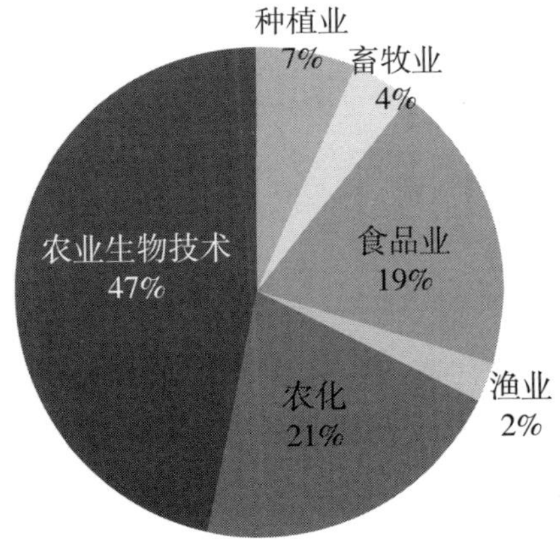

图 3–1　国外在我国申请的农业发明专利累计授权数

数据来源于：中国农业知识产权创造指数报告（2017 年）

（3）销售环节的国际农业知识产权风险——农产品地理标志。

地理标志是表明某一货物来源于一成员的领土或该领土内的一个地区或地方的标记，而该货物所具有的质量、声誉或其他特性实质上归因于其地理来源。[①] 受地理标志保护的农产品具有与原产地相联系的独特品质，体现原产地的自然地理环境和历史人文因素，从而能够在国内外市场树立起农产品的品牌和良好形象，容易获得国内外消费者的青睐，法国干邑、法国香槟、苏格兰威士忌和美国的纳帕河谷葡萄酒等都在我国申请了农产品地理标志保护[②]。由于地理标

①《与贸易有关的知识产权协议》第二十二条第 1 点规定。

② 资料来源于国家知识产权局中国地理标志网。

志农产品在生产的过程中对周围的环境和其他要求非常高，并且必须严格遵守特定的技术标准，从而保证了农产品的品质，而这些生产条件和技术是其他国家无法轻易超越的。以纳帕河谷葡萄酒为例，葡萄的种植区位于美国加利福尼亚州纳帕县纳帕河谷，该地区的地质条件、土壤条件和气候条件十分特殊（表3-3），葡萄栽培、采收和生产方法十分先进，酿制的过程中必须遵守法定的技术生产规范，于是纳帕河谷葡萄酒的品质得到了保证。

表 3-3 美国纳帕河谷葡萄酒

条件	环境
地质条件	纳帕河谷是由板块运动、火山活动和圣保罗湾的冲积水形成；帕纳河沿着锥形的河谷形成一条小溪穿过峡谷；东部是陡峭的崖壁，南部是多风的平缓山丘，西部是丛林茂密的马雅卡玛丝山脉，北部是狭窄的山顶
土壤条件	纳帕河谷有 30 种不同类型的火山土、冲击土和海洋土，从排水良好的砾质土壤到保湿的盐质土壤，不同的土壤深度和肥沃程度赋予了纳帕河谷葡萄酒独特的高品质
气候条件	帕纳河谷属于温带气候，白天阳光丰富，日照充足，同时又被来自三面包围的高山吹来的冷空气保护；夜晚凉爽，昼夜温差大，为葡萄缓慢均匀的生产提供了理想的综合条件

注：资料来源于国家知识产权局中国地理标志网

世界产权组织（WIPO）于 2015 年通过了《原产地名称和地理标志里斯本协定日内瓦文本》（以下简称《日内瓦文本》），旨在提高《里斯本协定》的吸引力，同时维持其以高水平保护原产地名称和地理标志的目标。《日内瓦文本》在许多方面修订了《里斯本协定》，并允许更大的灵活性，但它能否重振《里斯本协定》仍有待观察。目前 Trips 仍然是国际层面保护地理标志最重要的法律框架。然而，Trips 的实质性内容并没有使每一个成员都对地理标志的保护感到满意。它规定了双重保护水平：一般来说，地理标志在误导性使用和不正当竞争范围内受到保护，而用于葡萄酒和烈性酒上的地理标志被授予更高水平的保护，即"绝对保护"——非来自原产地的产品不能使用该地理标志。关于是否应将第 23 条的保护水平扩大到葡萄酒和烈性酒以外的地理标志的问题已经辩论了几十年，观点大体可分为两大阵营，一方以欧盟和部分发展中国家为代表，另一方以美国、加拿大、澳大利亚等国家为代表。欧盟是主张以更高水平保护地理标志的主要倡导者，并得到来自发展中国家的支持。然而，这一主张遭到了美国、加拿大、澳大利亚等国家的强烈反对。为了在国际市场上寻求对地理标志的加强保护，欧盟转而与在地理标志保护这一议题上有利益关系的国家进行双边谈判。扩大保护问题在置于双边或多边贸易的背景下时变得更加复杂。（Wang，2018）

3.1.2.2 市场防御型风险

一些国家即使在农业技术上达到出口国家的标准了，也会因为进口国家采取的农业知识产权的边境保护、销售环节的农产品地理标志保护以及农业知识产权滥用等措施而遭遇国际农业知识产权风险。在激烈的农产品贸易竞争中，知识产权国为了追求自身的利益最大化，往往利用这些市场防御型措施打击国外竞争对手，阻碍合法农产品的正常进口，严重阻碍了农产品贸易的正常发展。

（1）农业知识产权边境保护。

农业知识产权边境保护是指农产品进口国的边境执法机构依据国家农业知识产权方面的法律法规，在该国边境采取措施，禁止侵犯知识产权的农产品进入境内。《与贸易有关的知识产权协议》（Trips）中明确地赋予了海关的知识产权边境保护职能，原本施行知识产权边境保护制度的目的是为了保护知识产权相关权利人的合法利益，鼓励外贸企业公平竞争，防范和制止进出口货物的侵权违法活动，从而维护国际贸易的正常秩序。但是在现实操作中，各国的知识产权保护机构为了保护本国企业或个人的利益，滥用执法权力，限制合法农产品进入本国市场。

Carlos M.Correa 在其文章《边境措施的执行：进口阿根廷基因大豆粉》中提到美国跨国公司孟山都在丹麦、荷兰、西班牙和英国法院发起的诉讼。抵制进口阿根廷大豆粉的欧洲进口商，试图将货物扣押在相关国家港口，理由是阿根廷大豆粉中含有 RR 基因，而孟山都公司在欧洲对这种基因申请了专利，因此这批货物同样侵犯了孟山都公司的知识产权。该案例表明了一旦“超 Trips 标准”的知识产权实施制度得以推行，对发展中国家将可能造成影响。尽管该案所涉及者为孟山都公司和欧洲进口商，但其目标实际上是阿根廷政府和大豆生产者。此外，孟山都公司虽然未在阿根廷申请 RR 基因专利，但却依靠其在欧洲获得的专利，对阿根廷生产者在欧洲实施其知识产权。这样，孟山都通过欧洲的实施程序，试图将其 RR 基因专利的可实施性有效扩大到未获专利保护的阿根廷。这说明了跨国诉讼的原因及可能的结果表明，广泛的边境措施对合法贸易可能产生的影响，特别是当运用涉嫌专利侵权时。（李轩 等，2012）

（2）农产品地理标志。

最初，农产品地理标志主要是为了标示农产品的来源，通过原产地标志来传递一种文化上的身份，使地理标志农产品具有独一无二的身份，从而提高了农产品的附加值。随着国家间的农产品贸易联系越来越紧密，获得农产品地理标志保护的农产品由于附加值高于同一类型的其他产品，各国纷纷加大农产品地理标志的宣传和保护力度，农产品地理标志保护被滥用的现象不断加剧。一些国家给本国的农产品注册地理标志后，因为质量和品牌的优势获得了消费者的青睐，垄断了市场，从而把别国的农产品阻挡在国门之外。美国的纳帕河谷葡萄酒就是一个明显的例子，该葡萄酒在产品要求中明确规定至少要用 85% 及以上的产自纳帕河谷的葡萄来酿制葡萄酒。

（3）农业知识产权滥用。

农业知识产权滥用是指农业知识产权的持有人或相关利益主体不正当地使用法律赋予的权利扰乱农产品市场竞争秩序，损害其他经营者的权益的行为。保护知识产权的相关法律法规本意上是为了鼓励发明创造，保护相关权利主体的合法权益。但是在农产品贸易活动中，知识产权持有人为了谋取巨额的垄断利润而滥用知识产权，一些国家甚至通过申请与某一中农产品相关的一系列的专利，构造专利壁垒，甚至把不在法律范围内的智力成果申请为知识产权，严重阻碍了其他国家的出口。

3.1.2.3 政策规划型风险

（1）农产品知识产权国际保护制度。

《与贸易有关的知识产权协议》将国际贸易和知识产权直接挂钩，扩大了知识产权的保护范围，加大了保护力度，Trips 协议的目的是充分保护知识产权，减少国际贸易中的摩擦。但实际上，该协议对发展中国家的关照十分有限。Trips 协议以一个统一的标准要求所有成员，对于发达国家来说，知识产权保护制度可以鼓励技术创新，提高生产率；但是对于缺乏技术创新能力的发展中国家，这显然是不利的。只有当发展中国家的农业技术达到了充分发展的水平，国际农业知识产权保护制度才会对该国农业的发展产生促进作用。

Trips 协定第 51 条明确规定，边境程序只针对"冒牌或盗版货物"才具有强制性。成员可将适用范围扩大至涉及侵犯其他知识产权的货物，但这不具备强制性。因此，根据 Trips 协定，除假冒和盗版之外，成员并没有义务对涉农专利和地理标志的侵权行为制定边境措施。但发达国家和权利持有者通过世界海关组织（World Customs Organization，以下简称 WCO）这个主要论坛，对关于边境措施的“超 Trips 标准”国际统一议程穷追不舍。WCO 的 SECURE 工作组却建议：“有侵权嫌疑的货物以国内法律应由海关管制时，海关机关就有权对这些货物进行知识产权执法，包括但不仅限于：进口、出口、过境、仓储、转运、免税区和免税店。”此外还规定“国内立法不妨扩大海关知识产权的执法范围，可从商标和版权延伸到其他知识产权”。这样一来，边境措施的对象就不只是假冒与盗版行为，而是所有的知识产权门类的侵权行为。由此可见，经济伙伴关系协定扩大了知识产权实施的边境措施范围，有两个含义：其一，业务范围从进口扩大到了出口、转口、进入或离开；其二，知识产权项目从假冒和盗版扩大到了“外观设计”和“地理标志”。（丁超英，2017）

（2）反补贴制度。

一个国家为了促进农产品出口，对农产品出口企业提供相应的补贴和政策支持，这本属于一个国家内部的经济发展问题，别的国家无权干涉。然而，一个国家对某个产业提供补贴会直接影响到该产业的国际贸易，这就与别国的经济利益相关了。发展中国家的农产品出口企业由于无法承担国际知识产权风险带来的额外成本，需要国家给予一定的补贴支持，收到补贴措施影响的发达国家认为这种补贴是一种贸易保护措施，违反了世界贸易组织的规定，于是又对发展中国家的农产品出口发起进一步的限制。在 WTO 框架下，我国对农业的补贴问题一直是个焦点话题。

3.1.3 国际农业知识产权风险的特征

3.1.3.1 名义上的合理性

一些国家采取的与农产品贸易有关的知识产权的立法、行政、司法等方面的措施，名义上是为了维护本国消费者的权益、鼓励技术创新和促进技术进步，于是采取知识产权保护措施，具有一定的合理性和正当性；实质上是发达国家以保护知识产权之名，限制别国农产品出口，抢夺农产品的市场份额。

3.1.3.2 范围广泛

从产品的角度看，国际农业知识产权风险不仅涉及初级农产品，还涵盖了中间产权和制成品；从过程的角度看，国际农业知识产权风险包括了农产品的整个生产环节，从“田野”到“餐桌”涉及研发、种植、加工、包装、运输、销售和消费这6个环节。

3.1.3.3 影响深远

由于农业知识产权的时间效力范围和地域效力范围都较广，因此，国际农业知识产权风险的影响十分深远，不仅能直接影响受害国短期的贸易利益的损失，在长期，还使自身农业技术落后的国家无法通过引进农业技术而始终处于国际农业产业链的低端。在经济全球化的今天，国际农业知识产权风险会不断拉大发达国家和发展中国家的技术差距，使发展中国家面临不可逾越的发展障碍。

3.2 我国农产品出口遭遇国际农业知识产权风险的情况及原因分析

3.2.1 我国农产品出口遭遇国际农业知识产权风险的情况

近年来，我国农产品出口到国外遭遇农业知识产权风险被召回的件数在不断增加。一方面，对我国农产品施加知识产权壁垒的国家（地区）的范围在扩大，慢慢由发达国家扩大到一些发展中国家，但仍以欧盟、美国和日本为主；另一方面，出口农产品中遭遇国际农业知识产权风险的品种也逐渐扩大，从水海产品、果蔬类产品慢慢扩大到谷类、杂粮、油料以及药材类农产品。下面列举了我国近段时间遭受国际农业知识产权风险的农产品品种、发布国家以及扣留原因和风险类型（表3-4）。

表3-4 农产品因知识产权风险被召回情况

发布日期	产品名称	发布国家	扣留原因	风险类型
2019.05.03	面	马耳他	未经授权的E234	技术屏障型风险
2019.04.26	大米	荷兰	未经批准的转基因	
2019.04.25	脱水韭菜片	罗马尼亚	未经授权的辐射	
2019.01.31	食品补充剂	英国	未经授权的新型食品	
2018.10.15	冷冻鱿鱼	葡萄牙	未授权的经营者	市场防御型风险
2018.08.14	方便面	美国	未注册为低酸罐装食品制造商	
2018.04.10	大豆、豆腐	美国	标签错误，未注册，未备案	
2018.04.10	水产品	美国	未注册，未备案	
2019.01.25	甲鱼的肝脏	日本	不符合一般标准	政策规划型风险
2019.04.03	皮蛋	欧盟	缺少认证分析报告和健康证书	

注：资料来源于中国技术贸易措施网

3.2.2 我国农产品出口遭遇国际农业知识产权风险的原因分析

3.2.2.1 外部原因分析

首先，在“逆”全球化背景下，农产品国际贸易的竞争日趋激烈。随着我国农业从低端向高端发展，科技创新从尾随向跨越转变，我国不可避免地面临着与发达国家、跨国公司的直面竞争，知识产权国际纠纷引出大量出现。一些国家纷纷采取贸易保护措施来限制别国农产品的进口，以期达到维护本国市场份额的目的。

其次，发达国家的农业知识产权创造、运用以及管理能力强于发展中国家，发达国家采用专利丛林、专利套圈的布局方式，对农产品的专利、商标等方面提出高标准，不符要求的农产品一律不准进口。农业知识产权能够在一定的保护期限内使权力主体获得垄断性的利润，以农业有效发明专利的维持年限为例（图 3–2），我国农业有效发明专利的平均寿命为 11.9 年，与美国、欧洲和日本等发达国家和地区相比，还存在着一定的差距[①]。中国种企研发投入加大、兼并重组加快，行业整体竞争力明显提升。目前，全球种业前 10 强中，中国种企占有两席，分别为隆平高科、先正达中国。不过，到目前为止，我国企业与国际巨头相比依然存在明显差距，全国作物种业企业研发总投入不到德国拜耳一半，国内育种资源、人才的大头仍集中在科研院所。

最后，我国农产品出口市场集中度较高，导致农产品出口容易受到出口国家经济变动或政策措施变动的牵制，一旦这些国家或地区的经济环境或经济政策发生变动，将会对我国农产品出口带来巨额损失。

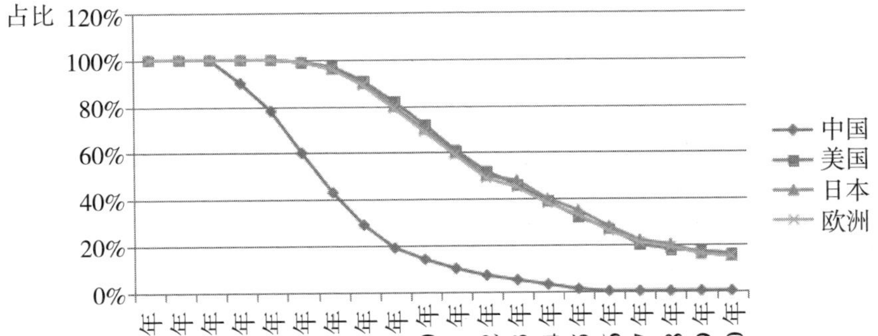

图 3–2　中国与主要国家农业发明专利寿命的经验分布

数据来源于：中国农业知识产权创造指数报告（2017 年）

①《中国农业知识产权创造指数报告（2017）》：47 页。

3.2.2.2 内部原因分析

首先，与发达国家相比，我国农业的知识产权创造水平较低，国内企业缺乏农业技术创新能力。以农产品生产企业在全球的农业专利申请量为例（表3–5），可以发现，我国排名前10的农产品生产企业与日本、德国和美国等发达国家的农产品生产企业差距十分明显。

其次，投入农业知识产权研究以及产生成果需要耗费相当长的时间和大量的资金，而农产品生产经营者作为理性的经济人，经营的目的是追求利润最大化，为了节省创造农业知识产权的这部分成本，易于产生机会主义行为。一些农产品生产经营者明知道自己很有可能侵犯了国际农业知识产权风险，还是会铤而走险。

最后，农民及涉农企业知识产权意识薄弱，应对知识产权风险的能力差。我国现阶段农民受教育的程度与发达国家存在较大差距，农民不能及时的学习各种先进的生产技术和与农业有关的知识产权问题，于是在农产品生产的源头都会出现问题。由于各国出台的知识产权保护制度参差不齐，农产品出口企业不熟悉各国的规则，涉农企业遭遇国际农业知识产权风险时，由于在知识产权管理与应对方面普遍存在不系统、不完善、不专业的问题，处于被动地位导，致企业应诉不积极，无法掌握主动权。

表3–5 我国企业与跨国企业在全球农业专利申请量的对比

国内企业	申请量	跨国企业	申请量
中国机械工业集团有限公司	669.83	拜尔集团（德国）	165 798.87
陕西美邦药业集团	1296.00	巴斯夫公司（德国）	118 360.50
内蒙古伊利实业集团股份有限公司	722.00	先正达公司（瑞士）	30 723.33
南京红太阳股份有限公司	887.00	雀巢集团（瑞士）	40 996.17
中国中化集团	544.50	诺和集团（丹麦）	30 668.33
新希望集团	691.00	杜邦公司（美国）	73 780.33
深圳诺普信农化股份有限公司	606.00	赛诺菲–安万特集团（法国）	142 278.58
九阳股份有限公司	436.00	久保田株式会社（日本）	23 760.50
奇瑞重工股份有限公司	275.00	味之素株式会社（日本）	19 318.33
内蒙古蒙牛乳业（集团）股份有限公司	474.00	岛野株式会社（日本）	6685.50

注：资料来源于中国农业创造指数报告（2017）

3.3 国际农业知识产权风险形成机理

3.3.1 赢者通吃

早在公司这一组织形式诞生之初，或许就已经注定公司在自由市场竞争中的最终宿命：赢者通吃。但直到 1996 年，美国学者弗兰克和库克在《赢者通吃的社会》一书中才第一次正式提出了"赢者通吃"的概念，也类似于我们常说的"马太效应"。显然，在天生就附带有垄断特性的知识产权经济社会中，"赢者通吃"已经被世界各大跨国公司在知识产权经济的竞争环境中演绎得淋漓尽致，正是这些占据知识产权绝对优势地位的跨国公司，利用知识产权无形的垄断特性，在世界范围内不断攫取资源、构筑知识产权壁垒，维护自己的市场地位，排斥对手竞争，使得强者愈强，而弱者愈弱。

近年来，农业正成为全球新兴的投资领域，全球性或区域性农业跨国公司迅速发展，已逐渐成为重要的跨国农业投资主体，全球范围内争夺优质农业资源的竞争日益激烈。发达国家依托跨国公司的垄断力量，通过并购、参股等形式介入包括中国在内的广大发展中国家食用油、乳制品、肉类等行业，并延伸到粮食收购、批发流通甚至种植环节，不断强化全球粮源、物流、贸易、加工、销售等全产业链布局，对资源型、战略型重要农产品的市场掌控力度加大①。从市场份额上看，拜耳和科迪华两家种企巨头依旧领跑全行业，占到全球种企销售额的 60%。2018 年 6 月，德国拜耳集团宣布完成对美国孟山都集团的收购，一跃成为全球种子行业领头羊。此后，拜耳在全球种子市场的份额上升至 40%，占全球农药市场份额的 23%。数据显示，2019 年拜耳农业销售额达到 215 亿美元，其中种子销售额为 86.45 亿美元，稳居行业榜首。

弗兰克和库克还认为，影响"赢者通吃"现象产生的原因包括：网络效应、产品换制成本、规模经济和先发优势等因素。美国未来学家托夫勒也认为，谁拥有更多的知识，掌握了更多信息，控制了网络，谁就将拥有整个世界。因此，在现代企业竞争规则下，一个没有知识产权筹码的企业是很难或者说不可能跟一个熟悉知识产权规则、拥有大量信息的跨国公司抗衡，后者会越来越强，而前者只会越来越弱。

---

① 来源：坚持真抓实干全面推进农业国际合作，http：//www.gov.cn /gzdt /2012 — 04 /11 / content_2110818.htm.

新西兰佳沛奇异果公司（Zespri，下称佳沛）的“佳沛”商标成为唯一入选第四批上海市重点商标保护名录的生鲜农产品品牌。这源于佳沛多年来从事植物新品种权的研发工作和重视知识产权保护。佳沛全球各地关键市场的保护机制、种植环境、市场需求、消费习惯、口感偏好、产业链条、品牌培育等进行了全面的数据分析，并根据各地的实际需求制定了集新品种研发、技术创新、品牌开发、市场拓展、产业发展、经济环境等于一体的知识产权保护体系，确保佳沛的优质产品在全球范围进行优化选择和市场布局。

中国有句古话：胜者为王，败者为寇。放到今天社会，就是对现在市场竞争体制下企业生存状况的真实写照：大型跨国公司获取全部，而众多小企业则一无所有。

3.3.2 技术锁定

技术锁定是指具有核心技术的跨国公司利用其技术垄断优势和内部化优势在技术设计、生产工艺、营销网络等关键部分设置一些使他人难以破解其诀窍的障碍，以严密控制技术的扩散（郑友德 等，2009）。随着现代技术的发展，农业技术也从传统的单项技术变为日益复杂的技术体系，在技术竞争从单项技术上升到技术系统的时代，先行者利用专利、标准等主导技术发展轨道，封杀后来者的可能性更高。以育种为例，随着育种技术的进步，育种过程变成了一个由多数人参与的复杂的技术体系，种子变成了包含多种技术元素的复合体，所以育种先行者利用自身的知识产权优势来封杀后来者的发展（任静 等，2012）。利用专利等独占性技术权利操控产业技术体系和产业链，已经成为跨国公司封杀竞争对手技术发展轨道、实施技术锁定策略的重要手段。（陆福兴，2016）

现代农业技术体系是由许多技术元素组成的复杂体系。因此，只有拥有一定数量规模的技术权利．才有可能掌控整个技术体系。专利数量竞争是技术体系竞争的基础。根据《中国农业知识产权创造指数报告（2020）》数据，2019 年在公开的 939 453 件农业发明专利申请中，国内申请人的申请比例为 91.46%，国外申请人的申请比例为 8.54%；在累计授权的 220 149 件农业发明专利中，国内申请授权量占 84.79%，国外申请授权量占 15.21%。国外农业发明专利授权率明显高于国内。表 3–6 显示，全球涉农专利申请量前 10 的我国企业与跨国公司相比，我国企业仅为跨国企业申请量的 13.37%。

表 3–6　企业在全球涉农专利申请量与跨国公司对比

企业	申请量	企业	申请量
中国化工集团（先正达）	60 965.66	拜耳公司（德国）	148 409.4
中国机械工业集团有限公司	1115.40	巴斯夫公司（德国）	88 595.49
陕西美邦药业集团	1380.00	陶氏杜邦（美国）	81 949.54
内蒙古伊利实业集团股份有限公司	888.50	霍夫曼 – 拉罗奇有限公司（瑞士）	65 325.14
新希望集团	1251.04	赛诺菲 – 安万特集团（法国）	44 974.82
光明乳业股份有限公司	1109.23	雀巢集团（瑞士）	30 975.99
广东中迅农科股份有限公司	1370.00	诺和集团（丹麦）	25 048.65
中国中化集团	623.17	久保田株式会社（日本）	22 510.50
九阳股份有限公司	612.00	协和发酵工业株式会社（日本）	12 266.37
南京红太阳股份有限公司	1099.00	禧玛诺公司（日本）	6747.00

在激烈的技术体系竞争中，个别企业对技术体系的影响力取决于在整个技术领域对知识产权的集中系统掌握程度。因此，跨国公司的技术锁定策略都表现为对专利等技术权利的集中系统布局。2019 年在国内申请人申请的发明专利中，企业占比为 45.62%；国外申请人申请的发明专利中，企业申请量遥遥领先，占国外申请总量的 81.70%。国内授权的农业发明专利中企业别为 37.17%，国外授权的农业发明专利中，企业占 84.26%。国内有效发明专利中，企业占比最高，为 45.66%，国外有效发明专利中，企业占有 85.65% 的比例。国内有效发明专利维持年限主要集中在 3 ~ 5 年，而国外则集中在 6 ~ 9 年。

在现代农业技术体系中，新品种培育和病虫害防除是最关键的技术环节。因此企业在这些关键环节的专利掌握情况，是衡量其掌控农业技术体系的重要指标。截至 2019 年 12 月底，农业农村部共受理植物新品种申请 33 803 件，授予品种权 13 959 件。2019 年受理新品种申请达到 7032 件，授权 2288 件。从申请人国别来看，国内申请量占 93.40%，企业占国内申请总量的 48.83%；国外申请量占 6.60%，其中企业占到了国外申请总量的 92.24%。2019 年国内申请的农业专利主要集中在食品业，国内食品业专利申请占国内农业专利总申请量的比例为 34.22%，国外仅为 17.61%；国外申请的重点为农业生物技术领域，国外农业生物技术领域专利申请占国外农业专利总申请量的比例为 51.82%，国内仅为20.16%。农业生物技术领域占国内授权总量的比重为29.31%，国外为48.01%。

由于现在知识产权经济时代，企业间的竞争就是技术上的竞争、知识的竞争，谁拥有核心技术，谁就拥有抢占全球市场的主动权，追求核心技术是跨国公司的最终目的，因此，跨国公司绝不会轻易让东道国的竞争对手获取到核心技术。然而跨国公司又必须利用东道国的广阔市场，现代很多跨国公司就是利用这种“技术锁定”来加强东道国对其的依赖性，既可以占领其市场，从中牟取巨额利润，又可以保证自己的核心技术不被竞争对手获取。跨国公司利用“技术锁定”实现牟利的方式很多。有的是要求东道国子公司购买其关键的零部件和辅助设备，以转移价格的开工逃避税收转移利润；有的是规定特定产品的设计变动要经过母国的批准，以掌握技术控制权；有的是把子公司的产品集中通过其在东道国国内的某个代理处销售，以掌握销售控制权；有的把其子公司分散在不同的东道国，用技术分离的办法来实现其价格转移的目的（寻舸，2002）。

技术优势是跨国公司在竞争市场中的生命线，如何控制技术扩散，做好技术控制和技术保密，是跨国公司最关心的问题。因此，跨国公司在以往“技术封锁”和“技术垄断”战略的基础上又发明出“技术锁定”战略，这是跨国公司使用的一种更高级形式的技术产品效益外溢的补偿方式。对于跨国公司自身而言，他们认为“技术锁定”是为了使投在研究与开发上的费用得到补偿的一种最有效的途径。对于东道国而言，“技术锁定”可以让其在享受高科技成果的同时而付出高昂的代价，也是同行业的企业与跨国公司进行竞争的一道巨大技术壁垒。

雄厚的技术研发能力是跨国公司立足国际市场的根本。为此，跨国公司每年都将其销售收入的5% ~ 10%甚至15% ~ 20%用作研发投入。根据孟山都、杜邦先锋、先正达年度研发投入分别为9.8亿美元（占当年销售收入的12%）、13.93亿美元（5%）、9.69亿美元（8.3%）。并且，为了将研发优势转化为市场竞争优势，跨国公司从最初的技术封锁、技术垄断，逐步发展出一整套设计精巧的技术锁定战略，强化东道国技术依赖，减少技术产品效益外溢，以最适宜的成本，获取其技术垄断的最大收益。

我国20多年前开始“以市场换技术”战略，即在鼓励三资企业产品出口创汇的大前提下，允诺外方在国内市场销售相当比例的产品，以扩大国外先进技术的溢出效应与联动效应。然而，这 20 多年来，跨国公司运用了一套设计精巧的“技术锁定”战略破解了中方“以市场换技术”的天真梦想，我国企业与跨国公司之间的知识产权壁垒非但没有得到消除，反而愈演愈烈。

3.3.3 垄断定价

除了独占市场、高技术壁垒以及缺乏有效竞争以外，垄断定价也是具有知识产权优势的跨国公司在市场竞争中最常用的竞争规则之一。跨国公司垄断定价是指跨国公司利用自己的知识产权垄断地位，制定比正常竞争条件下所确定市场价格要高的价格。

企业是以盈利为目的的组织，任何企业的经营目的都离不开以盈利为中心，不管是短期还是长期，跨国公司也不例外。但不同于一般企业，基于其经营环境和活动的全球性，跨国公司通常都具有自己的全球共享的资源库，这些资源包括专利、标准、商标、信息等，这些知识产权资产都具有垄断的特性，都具有使产品获得垄断定价的潜力，从而使跨国公司获得更高的利润。同时，这些知识产权资产既可以有助于解释、处理、储存与产品、技术、标准和品牌等有关的大量信息，也可以影响顾客在做出决策时的信心，为顾客增加或者减少价值。此外，这些知识产权资产还有利于跨国公司设置进入壁垒，营造快速增长平台，增强品牌忠诚度，改善营销效果，增加跨国公司的边际现金流量，从而增加跨国公司的市场价值和竞争优势。

跨国公司的经营特性和知识产权优势一方面使得跨国公司更多、更容易地成为垄断定价行为的主角；另一方面由于其垄断定价行为往往通过跨越国界行为实施，甚至由于其在某些国家地区享有的“贵宾”待遇，使得其垄断定价行为更加隐秘，更难以为我们所察觉。

从市场竞争上看，农业国际竞争本质上是大型跨国农业企业间的竞争，大型跨国农业企业规模大，盈利能力和价值创造能力强，拥有独特的“拳头技术或产品”，产品竞争力强，国际化水平高。其以技术创新为基础，通过控制资源和经济产出的流向，制定产品标准和商业规则保证自身利益。据 FAO 数据，2009—2018 年世界农产品贸易额由 10 439 亿美元增长至 15 488 亿美元，农产品国际贸易年均增长率为4%①。国际粮价波动及其危机实质是发达国家和大型跨国农业企业寡头设置"合理"规则以强化贸易保护主义，以此攫取他国农业资源，掠夺贫穷财富，转嫁经济危机。

3.3.4 政府参与

人类社会步入20世纪末期知识经济初露端倪，国家的核心竞争力转化为以知识产权为中心，为了维护自己的核心竞争力，保持自己的竞争优势，一些发达国家竭力在全球推行自己的知识产权高水平保护，而广大发展中国家由民族利益所决定，只能对国内外的知识产权提供和其发展水平相适应的保护。于是，这些发达国家借口知识产权保护不力，对广大发展中国家或者直接地实施贸易制裁，或者间接地限制高新技术向发展中国家输出，这必然在政府层面形成知识产权壁垒。比如美国臭名昭著的"337调查"，对本国企业设立了申请门槛低、申诉成本小、审理时间短、救济力度强等一系列有利政策，为美国产业构筑了良好的天然屏障。只要是拥有知识产权优势的企业就能够借助"337调查"打击竞争对手，甚至可以起到"一夫当关，万夫莫开"的效果（张平，2010）。

这些发达国家唯恐知识产权壁垒不能为其效力到极致，不断扩大知识产权的保护范围，尤其是美国、日本、韩国以及欧洲许多发达国家对知识产权的保护范围一再外扩，现在已经扩展到植物新品种、基因专利、涉农专利以甚至传统知识、遗传资源等，不仅包括智力成果本身，还外延到了智力成果的源泉。

欧洲、美国和日本的跨国公司出于利润最大化的追求，总是会极力利用现有的知识产权体制增加自己的私人收益，以知识产权为手段，避免他国以模仿的方式发展生产、实现追赶。发达国家政府则予以响应，一方面美化加强农业知识产权保护的可获收益，另一方面则力促全球农业知识产权保护条约的谈判，软硬兼施地逼迫发展中国家的政府提高国内知识产权保护标准。因此，在国家和政府的支持或纵容下，使得跨国公司运用知识产权武器构筑壁垒的手段更加多元、杀伤力更强，甚至不惜滥用手中的知识产权衍生的各种权利来阻击竞争对手，构筑更加强大的国际知识产权壁垒。

日本是农业小国，农业产值只占GDP的1%；日本同时也是种子大国，其

① 数据来源：UNcomtrade农产品贸易数据库，https：//comtrade. un. org /.

种子不仅能够满足国内使用，还出口世界 60 多个国家和地区。很多从国外进口到日本的蔬菜、农产品，其实都是日本种子境外种植后返销日本的。

日本最大的粮食品种是稻米。该国拥有 560 多个水稻品种，其中仅作主食用的就有 274 种，此外还有酿酒用、饲料用等多种品类。日本拥有不少世界级种子企业。比如，坂田育种公司和泷井种苗公司的蔬菜花卉种子、种苗年销售额均达到 2 亿美元，分别位居世界第 5 位、第 6 位。从世界市场占有率看，坂田种子公司的西兰花占 65%、土耳其文金花占 75%、三色堇占到 30%。泷井种苗公司的圆白菜占印尼市场 70%，占泰国市场的 50% ~ 60%。该公司生产的观赏用向日葵、叶牡丹占到世界市场 70% ~ 80%，主要销往美国、墨西哥、巴西、中国、印度、法国、英国等国家和地区。

日本的农产品、植物种子分为自有使用的普通品种和受到知识产权保护的注册品种两个类型。其中普通品种占多数，如 84% 的水稻种子、96% 的苹果种子、91% 的葡萄种子、90% 的马铃薯种子都属于普通品种。普通品种主要指祖传品种、未注册品种和已过保护期的注册品种。日本农林水产省的登记目录显示，注册品种主要包括大米、马铃薯、甘薯、大葱、草莓等中的特色品种。根据 1991 年生效的植物新品种保护国际公约，新开发注册品种的产权保护期为 20 年，多年生植物的保护期为 25 年。登记品种中，从 2007 年至今，日本新登记品种数量整体呈现逐年下降趋势。目前，日本在产权保护期内的品种一共有 8331 项，其中花草类占 63%，观赏树木类占 18%，蔬菜类占 6%。从知识产权的所有者分类看，种苗公司占 56%，个人占 25%，都道府县等地方政府占 9%。此外，食品公司、农业协会和大学均有受产权保护的品种。

日本的苹果、葡萄、草莓等品种世界知名。20 世纪 90 年代因其国内法制不健全，一款葡萄品种转售给了韩国企业，导致双方竞争激烈。受此影响，日本政府非常重视农业种苗的保护与开发。2018 年 6 月，日本提出促进农林水产业改革及发展智能农林水产业，提升相关产业附加值，加强知识产权保护；为防止种苗流向海外，将加强对种苗流通系统的监督管理。

由于连续发生了多起日本动物植物种子走私至国外的事件。为此，2020 年 12 月，日本国会通过了《种苗法修正案》，计划于 2021 年 4 月实施。这一法律规定，种苗开发者在注册时可指定该种苗只许用于国内甚至县市市场，农户或企业使用注册品种时需付费并获得使用许可。违反该项修正案的个人可判处

10 年以下监禁或 1000 万日元以下罚金，法人则可处以 3 亿日元以下罚金，并从民法角度要求其赔偿开发者损失。《种苗法修正案》也遭到了部分在野党及农民的反对。该法律规定，从 2022 年 4 月 1 日起，农民购买的注册种苗如在下一个种植季节进行自家繁殖，也需获得开发者许可并适当付费。日本政府方面称，此举的目的是为避免自行繁殖种苗流往国外。

国际上，随着知识产权创造者和资源提供者之间利益冲突加剧，我国面临着在遗传资源惠益分享、农民权利、派生品种制度建立等重大国际制度安排方面的艰难抉择。在国内，农业科技的公益性与知识产权的私权新，基础性成果的普惠性与应用成果的独占性等利益协调机制不健全，已成为导致我国农业科技上中下游脱节、产学研分离的根本原因。

3.3.5 法律护航

跨国公司经常利用国际法和国内知识产权法律赋予的合法权利，采取一系列措施，保护自己的长期竞争优势地位。许多发达国家也为了满足本国企业的发展需要，不断更新相关知识产权立法。

首先，根据本国企业利益的需要，加快知识产权领域立法的步伐，并与贸易、投资、技术转移等挂钩，全面强化自己的知识产权司法保护优势；其次，加强知识产权的行政管理与行政保护，不断巩固和加强自己的知识产权优势；再次，根据国内外市场竞争的实际需要，及时调整科技、经济、贸易和知识产权政策，通过实施中长期发展战略规划，加大研发投入，促进官、产、学、研结合，不断扩大知识产权保护范围，在全球市场布局知识产权，维护其国家、产业和企业利益；最后，运用其雄厚的人才资源与文化优势，促进知识产权事务的国际化，企图长期控制经济、贸易和知识产权的主动权，保护并提升本国企业的持续竞争优势。

现代地理标志保护制度最早在法国形成。2014 年以前，法国《消费者法典》与《农业法典》分别保护原产地名称（AO）与受控原产地名称（AOC）。AO 主要通过司法诉讼保护，AOC 的保护由法国原产地域质量管理局负责。自 2014 年起，法国改革了运行 70 余年的二元保护体系，在《知识产权法典》中新设章节保护"工业和手工产品地理标志"，由法国工业产权局负责管理。自此，形成了工业产权局与原产地域质量管理局"多头管理"，三部法典中的地理标志条款“齐驱并进”的局面。根据法国原产地域质量管理局（INAO）在 2020 年公布的统计数据，约 460 个受控原产地保护名称受到保护。

2014 年，法国通过《2014 年 3 月 17 日关于消费的第 2014–344 号法》及《2015 年 6 月 2 日 2015–595 号条例》两个文件，法国改革了地理标志制度基本格局，体现在两个层面。

首先，改革降低了保护门槛。新增了一个地理标志子类别：工业和手工业产品地理标志（IGPIA）。AO 和 AOC 都满足甚至严于《与贸易有关的知识产权协定》（下称 Trips 协定）中关于“地理标志”术语的定义，是改革前法国原有的地理标志子类别。法国《消费者法典》将 AO 定义为“一个国家、地区或地方的名称，用于标识来自该地方的产品，产品质量或特征由（该地）地理环境决定，包括自然因素和人文因素”，《农业及海洋渔业法典》界定，AOC 不仅须满足《消费者法典》关于 AO 的定义，还须拥有良好声誉，且生产须遵守包括生产者资格、生产条件、产品等在内的监督程序。AOC 覆盖范围仅限于农产品、食品、林产品和海产品，手工艺品等其他产品的产地名称不能认定为 AOC。AO 虽可适用于所有产品，但由于 AO 概念是在葡萄酒与奶酪产业逐渐发展而来，定义强调产品与产地土壤、气候之间的客观质量关系，要求一个地方的自然和人文环境共同决定产品的质量。现实中极少有工业产品满足 AO 定义的要求。毫不意外，“夏朗德毛毡鞋”也不满足 AO 定义要求，因其与自然因素的关联性较弱，也就意味着该产品无法获得法国传统地理标志制度的保护。

除少数被认定为 AO 的产品以外（例如“瓦洛里陶瓷”和“勒皮花边装饰”），其余非农地理标志所获保护极为有限。出于发展法国传统产品和手工艺的需要，立法者通过创设 IGPIA 概念解决非农产品因无法满足 AO 严格定义而不能受地理标志专门法保护的问题。IGPIA 的定义相对宽松：一个地理区域或特定地点的名称，用于标识来源于该地的（非农）产品，产品具有可归因于地理来源的质量、声誉或其他特征。该定义接近 Trips 协定第 22 条对“地理标志”术语的界定，尽可能让更广泛的产品，尤其是工业和手工产品满足保护条件。

在制度层面，改革新增了一个地理标志保护体系，行政监督管理体制由统一管理演化为“多头”管理。农产品领域，AOC 的认定与保护由法国农业部所辖原产地与质量管理局（INAO）负责。而非农产品领域，IGPIA 的认定与保护自成体系，由法国工业产权局（INPI）负责。《知识产权法典》还规定了

IGPIA 保护体系运行的机制，即由生产经营者所组成的非营利性质的行业协会、工会或其他具有法人资格的组织起草《（地理标志）产品规格》草案，提交国家工业产权局审批；工业产权局认为符合保护条件的，经多方征询意见后，做出核准《产品规格》的决定，认定申请名称为 IGPIA，认定申请机构为该地理标志的"保护与管理组织"；使用该地理标志的经营者必须是"保护与管理组织"的成员，且列于《产品规格》生产者名单中；经营者遵守《产品规格》的情况由第三方评估机构监控。

在世界排名前 10 位的种业公司中，美国企业占比不小。这辉煌业绩的历史，源于美国不断完善其农业知识产权法律。从普通农户自留种子到出现跨国集团，美国种业经历了深刻的变化与转型。

在 19 世纪末期，美国农民和其他在土里刨食的全球同行一样，都要从上一年的作物中留出种子，农民们从没听说过种业公司这种事物。到 20 世纪初期，情况发生了改变，公共研究人员开发出高产杂交玉米品种。大约从 1915 年开始，美国开始流行种子认证计划，商业种子市场的作用日渐扩大。

自 20 世纪 30 年代开始，私营部门在杂交玉米种子商业市场中的作用显著增加。不过，大多数商业种子供应商都是小型的家族私人企业，缺乏研发资金，所以种子企业的主要工作是繁育和出售在公共领域开发的种子。至于改良植物品种的工作几乎完全由大学、国家农业试验站以及其他公共机构承担。从 1930 年开始，情况发生了改变。彼时，虽然大多数公司仍专注于生产和出售种子，但也有一些公司制定了内部研究和育种计划，力图改进现有的杂交种。到 1944 年，美国在种子玉米市场的销售额已扩大到超过 7000 万美元，玉米种子成为美国种子行业的核心业务。到 1965 年，美国有超过 95% 的玉米地都种上了杂交种子。产业扩张还产生了足以支持植物育种研发的利润。通过不断改进产品，私人种子公司获得了得以维持玉米种子市场健康成长的长期能力。

从 1970 年开始，随着《植物保护法》的颁布，美国种业进入了现代产业时代。《植物保护法》和随后的修正案以及相关仲裁，通过保护新植物品种专利权等方式，极大激发了私营公司进入种子市场的热情，这也开启了美国种业公司的大兼并时代。纵观整个 20 世纪 70 年代，随着大型化工制药跨国公司进入种子行业，多数小型种子公司消失了。《植物保护法》通过之后，制药、石化和食品跨国集团先后收购了 50 多家种子公司。这些大型公司拥有研发所需的各种资源。随着收购浪潮的兴起，至20世纪80年代初期，多家公司已经跻身全球种业前列。

大约在20世纪80年代初期，生物技术的发展帮助企业提升了研发能力。随着农作物生物技术升级后的首批产品开始广泛测试，种子行业结构也经历了进一步转型。一方面，不少公司希望通过并购重组实现规模化发展，以负担生物技术研发所需要的高成本；另一方面，化工企业与种子企业之间由于存在互补关系，也频频携手。这些因素持续推动美国种业扩张。一些企业通过并购获得知识产权，规避了高额的专利费。另外一些企业则基于生物技术和遗传学相关研究的应用，朝着“生命科学”综合体方向发展。孟山都、诺华和AgrEvo等均通过类似战略行为获得了相当大的市场份额。

大型跨国公司进军种业改变了美国种业的面貌，无论是不断扩大的市场、显著提升的销量还是越来越充裕的研发资金，都为美国种业腾飞奠定了坚实的基础。不过，也有观点认为，大型公司业务板块众多，而商业种子市场规模较小，这意味着种子部门对公司决策的影响较小。同时，种子研发耗时较长，对公司股东没有太大吸引力。而最重要的问题则是，有人开始担忧未来可能出现的寡头或垄断格局，这些都将影响美国种业未来的发展。

全球WTO的框架下，知识产权成为国际贸易的重要武器，发达国家利用知识产权的优势从产业链和价值链控制市场，从而占领国际贸易制高点。当前，发达国家利用知识产权在种质资源领域对发展中国家攻城略地，圈占种质资源为未来的生物技术发展囤积原材料，正在进行种子产业的世界“圈地运动”。我国现行的法律只侧重种子品种保护，对研制过程中产生的许多知识产权没有切实的法律规定，对种子企业参与国际竞争也没有专门的法律支持，特别是对种质资源保护不够，导致了我国一些种质资源被国外剽窃，损失了大量的潜在利益。（李孟刚，2013）

3.4 国际农业知识产权风险形成的动力机制：动力系统框架分析

国际知识产权壁垒形成的动力机制是一个动力系统，主要包括动力引擎和外部推力两个部分。

3.4.1 动力引擎：四轮驱动

3.4.1.1 经济利益驱动

在当前知识经济条件下，知识产权越来越成为市场竞争的有力武器，成为跨国公司在全球争夺市场、谋求更大经济利润的重要手段，也正在成为跨国公司打压其他企业的重要手段。跨国公司作为知识产权人所据有的智力成果一般是他人所未曾知道的，这使得知识产权人在竞争中处于优势地位，这种优势地位转化为经济利益便成为跨国公司的垄断利润，知识产权甚至在一定程度上决定着企业竞争的成败。跨国公司当然的最大化利用自己手中的知识产权武器，攫取巨额利润，构筑强大壁垒，增大竞争对手的成本，削弱其竞争能力，从而进一步巩固其垄断地位，然后取出一部分高额垄断利润再投入到技术研发中，维持一种持续的知识产权优势，维护自己持续的知识产权垄断地位，继续获取高额的垄断利润（图 3-3）。

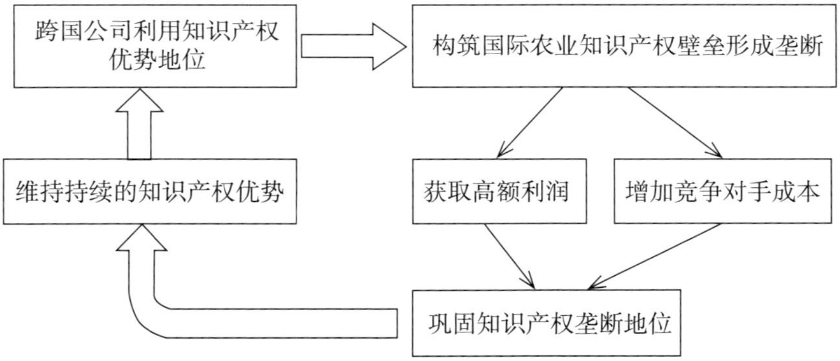

图 3-3 国际农业知识产权风险运行机理

可以说，高额的垄断经济利润是跨国公司乐此不疲的构筑知识产权壁垒的最强大动力和决定性动机，为跨国公司提供了最本源的动力。

从全球贸易格局来看，被称为全球顶级粮商的"ABCD"四大农业贸易公司——美国企业 ADM、邦吉（Bunge）、嘉吉（Cargill）和法国企业路易达孚（Louis-Dreyfus）一度控制了全球 70% 以上的粮食贸易（徐元，2012）。借助标准和专利等技术权利掌控产业技术体系主导权，是跨国公司争取用本公司的技术路线主导整个产业的技术发展路径的重要策略。但是，要将独占的技术优势和市场优势转化为最终的经济利益，跨国公司还必须要防止技术转移和运用中的效益溢出，防止技术模仿和权利规避超越，尽量保持与技术实施地之间的相对技术优势。与工业技术相比，农业技术转化实施具有明显的地域分散性，直接向东道国技术转移中可能产生的溢出效益更加难以避免。因此，通过直接建立分支机构等机构扩展方式，实行核心技术内部转移，成为农业跨国公司降低技术溢出效益、维护核心利益的重要技术锁定策略。因此，农业跨国公司在进入我国种业时，并没有采取传统的技术贸易等方式，而更多地采取了直接机构扩张方式，通过建立形成从技术研发到产品开发的完整产业链，将技术转移锁定在公司内部，防止对本土企业和单位的技术输出的溢出效应。目前，世界前十大种业公司，有 8 家在中国建立了分支机构。农药、种子、化肥和农机等农业投入品行业呈现高度整合趋势，一批知名农资公司（如孟山都、杜邦先锋、巴斯夫等）纷纷依托自身优势在全球布局农业产业链。跨国农业垄断公司通过对农业产业链的垂直整合和价值链管理，正逐步实现对国际农产品市场的控制。

日本拥有不少世界级种子企业。比如，坂田育种公司和泷井种苗公司的蔬菜花卉种子、种苗年销售额均达到 2 亿美元，分别位居世界第 5 位、第 6 位。从世界市场占有率看，坂田种子公司的西蓝花占 65%、土耳其文金花占 75%、三色堇占到 30%。泷井种苗公司的圆白菜占印尼市场 70%，占泰国市场的 50% 至 60%。该公司生产的观赏用向日葵、叶牡丹占到世界市场 70% 至 80%，主要销往美国、墨西哥、巴西、中国、印度、法国、英国等国家和地区。

3.4.1.2 政治利益驱动

一方面，发达国家为了维护本国的竞争优势，大力支持跨国公司设立知识产权壁垒。比如，美国政府为了维护日益衰落的世界霸权地位，拿起新的武器——知识产权，在国际贸易中设置知识产权贸易壁垒，延缓霸权衰落的进程。“对于迫切需要重建霸权体制的美国来说，作为霸权基础的科学技术政策就特别重要，为了保持和强化霸权地位就必须具有世界最高水平的科学技术创造力和建立科学技术垄断体制。”在这样的背景下，知识产权制度也许会成为全新霸权的催化剂，并进而成为重塑整个国际体系的强大动力源（唐昊，2006）。而跨国公司正是这一政治背景的最大受益者，因为政府要维护自己的统治就必须要竭力为本国企业尤其是极具竞争力的跨国公司服务，通过这些跨国公司在全球范围内与竞争对手拼杀、消灭竞争对手来维护自身的统治地位。政府手中的知识产权武器也必须通过企业尤其是跨国公司才能发挥效用，因此，制定最有利于本国企业尤其是跨国公司的知识产权政策，帮助其构筑知识产权壁垒成为政府的一项重要职责。

另一方面，跨国公司联合形成利益集团影响政治。Stigler（1971）和 Peltzman（1976）指出：事实上，政府很少追求那些使社会福利最大化的贸易政策，相反，政府寻求的是那些使自己的政治支持最大化的贸易政策，这些政策通常反映的是那些最有影响力的利益集团的利益，跨国公司联合起来就是那些最有影响力的利益集团。跨国公司组成的这些利益集团对政府的影响，主要表现为对政治过程的全面渗透和对政府决策过程的广泛介入。利益集团为了达到自己的利益目标，常常通过多种渠道对国会、行政和法院施加压力和影响，参与政府的立法过程、行政决策和司法审判。发达国家的跨国公司为了保护研发成果和维护新技术的市场垄断，就是利用这些手段影响本国政治，通过多边性、双边性和地区性知识产权协议不断迫使发展中国家加强知识产权保护强度。

正是这两方面利益的相互驱动，美国针对国外侵犯美国知识产权的行为，建立了较为完善的预防和保护法律体系。这一体系包括两方面的内容：一是要求外国政府对美国的知识产权提供有效保护，防止侵犯行为的发生。在这方面以“301 条款”为依托，或以贸易优惠为筹码，借助国际间双边谈判，以及双边或多边谈判、协定、条约或国际公约等加以推行。二是在美国进口与过境贸易中，对侵犯美国知识产权的私人厂商及其产品实施制裁。“337 条款”就是美国在这一方面所倚重的法律武器之一（吴玉秋，2009）。

欧洲地理标志保护制度起源于 20 世纪初的法国，彼时法国制定了原产地名称控制制度，通过政府划定生产区域、对原产地给予命名等一系列措施以保护该国的葡萄酒。随着欧盟的成立和欧盟市场的统一，原来各国自有的地理标志保护制度很有必要纳入欧盟的法规系统。2008 年，欧盟颁布了关于酒类的地理标志保护法规 *Council Regulation*（EC）No. 110/2008，对地理标志产品的定义、描述、表现、标识以及保护等方面做了明确的规定。

在地理标志的保护领域，欧盟和美国的态度是对立的。在法国、西班牙、意大利等国有很多具有历史传统的食品，比如葡萄酒、奶酪、火腿等，这和它当地的风土与历史传统有直接的联系，这些食品在世界上很出名，也享有很高的品牌价值。美国虽然和欧洲有同样的饮食习惯，但它并不是这些传统产品的原产国，作为农业大国，美国也大量生产、消费和出口这些产品。在欧洲，对于这些地理标志，比如说波尔多葡萄酒、帕尔玛火腿还有一些奶酪的品牌，给予了比较强的保护。在美国来看来，比如马苏里拉奶酪，他们认为就是一个通用名称，不应该给予保护，这就是所谓的在地理标志上“新大陆”和“旧大陆”理念上的区别。对于中国来说，原来“新大陆”和“旧大陆”的矛盾于我们关系不大，但是中国的中产阶级多了以后，消费升级后，中国人也愿意消费这些来源于欧洲的高端的葡萄酒、奶酪品牌。因此欧盟就希望中国采取强保护模式，这样欧洲农产品就可以出口中国，赢得很高的市场利润。但美国认为，如果给予欧盟的地理标志品牌强保护的话，就阻止了美国农产品使用这些名称，反而降低了美国农产品卖出高价、获取利润的能力。

3.4.1.3 法律博弈驱动

知识产权是法律设定的，知识产权制度是法律规定的体现，知识产权的垄断也因此具有了合法性。知识产权制度的根本功能是将智力成果的垄断性授予知识产权人，赋予知识产权人在一定地域和时间内排除他人使用该智力成果的权利。法律对知识产权垄断地位的维护是通过两种途径进行的：一方面，国家通过对侵犯他人知识产权的不正当竞争行为进行限制；另一方面法律直接赋予权利人反不正当竞争权。正是基于法律的规定，使得知识产权这种垄断性区别于经济学意义上的垄断，后者是通过竞争，在竞争过程中逐渐形成的，是一种客观经济现象；而前者是对一种成果的法律确认，是由人的意志决定的。因此经济学意义上的垄断是可以通过垄断后的再竞争来打破的，而知识产权这种垄断一旦形成，在法定期间内便排除了瓦解的可能性。

法律所赋予知识产权的这种合法垄断权力，在市场竞争机制中会造成进入壁垒，从而为权利人带来垄断利润，受知识产权带来垄断利润的引诱，企业之间产生了为拥有垄断权力而竞争的激励，而最后的赢家往往都是那些占据知识产权优势地位的跨国公司。这些跨国公司尝到了知识产权的合法垄断多带来的甜头，便开始竭力追求更多的知识产权附带价值。比如由发达国家一手推动达成的 Trips 协议（与贸易有关的知识产权协定），表面上看对所有国家都是平等的，但事实上并非如此。推动该协定制定和实施的是美国、日本和欧洲等发达国家，它们差不多拥有全世界专利权的绝大部分，它们的跨国公司希望在国外得到更多的专利保护，并且借此来确立和确保其垄断地位，以操纵从植物种子到计算机软件等的一切东西，战胜竞争对手，导致价格上扬，进而抑制落后国家的研究开发（吴雅杰，2002）。

3.4.1.4 技术利益驱动

技术是跨国公司在全球竞争中一项极其重要的优势，是其在激烈的市场竞争中立于不败之地，实现发展目标的关键因素之一。跨国公司往往都具有较大的规模优势、资金优势，可以凭借其先进的管理优势、人才优势、知识创新优势，获取较强的科研力量和创新的资源，因此也相应具有生产的技术优势。拥有先进技术可以说是跨国公司在知识经济市场竞争中的最重要竞争优势，甚至达到了对技术垄断的程度。为了保持其在技术领域的领先优势，跨国公司往往会投入巨额的资金进行技术的创新以及技术的改造升级。注重技术在生产中的适用性，高度重视技术战略的制定和运用，以图将技术独占的优势转化为激烈的国际市场竞争中的技术垄断优势，而这种技术垄断正是通过知识产权制度的保护作用得到进一步加强，逐步建立起国际知识产权壁垒。

已经建立起知识产权壁垒的跨国公司都会想维持自己的这种技术垄断的地位，因此，近几年发展起来的技术标准战略就成了各大跨国公司首选。技术标准对于企业来讲其实是一种竞争规则，它对应的是一个技术群落，它决定着整个行业的技术路线，并最终决定企业的产品发展方向（曾繁华 等，2008）。由于技术标准是一种适用于整个行业的规则，这决定了其影响市场、控制市场的能力非同寻常。谁掌握了标准的制定权，谁的技术成为标准，谁就在一定程度上掌握了这一产业的发展主导权。跨国公司是技术标准竞争的高手，他们沿着"技术专利化——专利标准化——标准垄断化"的路线，不断地将自己的专利技术加入标准当中，利用技术标准的巨大威力来构筑更加强大的知识产权壁垒。比如微软和英特尔两家计算机软件巨头，利用自己的知识产权优势主导建立的技术标准控制了世界软硬件市场 60% ~ 80% 的市场份额，对同行业的竞争对手构筑的强大知识产权壁垒至今仍未能有公司实现突破。

3.4.2 外部推力分析

3.4.2.1 经济全球化驱动力

20 世纪 90 年代以后，在美国的主导和推动之下，经济全球化进程汹涌澎湃，全球贸易总量呈现逐年井喷的态势。到 2010 年，我国利用外商直接投资规模突破 1 000 亿美元大关，来华投资的国家和地区超过 200 个，全球 500 强已有 480 多家在华投资，这些跨国公司以价值链的构成理论为指导，加快了全球化布局的步伐。一方面他们依靠新兴起的互联网和日益快捷物流、信息系统及其知识产权、资本等要素进入转型经济国家和地区，寻求在劳动力、原材料、成本等方面的比较优势和巨大市场，延长其知识产权获利的链条，借助当地政府、社会组织和关联企业提供配套服务，做出了质量更好、价格更低、更具竞争力的产品，取得了良好的投资回报；另一方面，跨国进一步掌握并加强技术研发、品牌和营销等高附加值的环节，通过知识产权的运营进行全球产业链整合，构建战略联盟，提高了市场竞争的激烈程度，扩大了可以竞争的领域，引入了新的竞争规则，提升了企业和产业的竞争力。当然，跨国公司的价值链整合也为我国改革开放、扩大就业、改善民生，乃至对世界经济发展都做出了积极的贡献，成为推动我国经济社会发展的最重要的市场驱动力。

3.4.2.2 产业变革驱动力

在现代世界经济的增长中，知识与技术进步的贡献越来越大，知识要素正在成为制约经济发展的关键要素，以知识为基础的经济蓬勃兴起，已经在主导着当今社会发展的产业变革。知识经济作为一个新的经济形态，其资源结构和产业结构都不同于以往的经济发展阶段，使社会生产和社会经济的各个方面都发生着变化。当今知识经济社会把知识作为一种特殊的经济资源，通过特定的、有效率的制度规范和法律保障，在创造、管理、加工、传播、交易、应用和物化知识的过程中，使知识转化为一种产品、服务、产业或者智力资本和生产力的过程。

由此带来了两个显著的变化：一是知识之间转化为产业，形成了战略性新兴产业和现代服务产业等新兴产业；二是由于知识的传播、应用、扩散、渗透，提高了传统产业的劳动生产率和整个社会的各类资源配置的效率。同时，知识在创新、管理、加工、传播、应用和物化过程中必须选择最优效率的组织形式、管理制度和竞争规则，以实现对知识资源的优化配置。这些组织形式、管理制度和竞争规则是激励、创造、管理、保护和利用知识资源，合理规划和组织社会生产力最根本、最有效的措施和前提。这种趋势不仅改变着世界的经济结构和总体格局，也改变着社会的组织结构，尤其使得跨国公司有了一项更具杀伤力的市场竞争武器——知识产权。跨国公司在知识经济大变革的推动之下，更容易对全球市场形成技术垄断，更加容易的构筑知识产权壁垒，阻挡竞争对手的进入。

从 2016 年开始，陶氏并购杜邦，拜耳收购孟山都，中国化工收购先正达，全球种业新一轮并购已经完成。这不仅是市场份额的聚集，更是种业与农化领域的深度融合，是对生物技术、信息技术、智能技术的集成。世界种业正迎来以基因编辑、人工智能等技术融合发展为标志的新一轮科技革命，种业强国已进入"常规育种＋生物技术＋信息技术＋人工智能"的育种 4.0 时代。世界种业正迎来以基因编辑、人工智能等技术融合发展为标志的新一轮科技革命，种业强国也纷纷进入育种 4.0 时代。拜耳集团将旗下原有的种业业务剥离，并出售给德国另一家农化巨头巴斯夫集团。在完成与拜耳的并购后，巴斯夫集团一跃成为全球第四大农化企业。此前，巴斯夫集团的重点业务主要集中在化工特别是石化一体化发展等领域，拜耳向其出售全球蔬菜种子及部分农药业务后，巴斯夫在农化领域的实力大大增强。拜耳收购孟山都，并将部分农化业务剥离给巴斯夫，大大增强了德国种企在国际种子行业上的市场份额及话语权，对全球种子市场产生了深远影响。经历了多轮并购潮后，全球种子行业已经完成了"强者更强"的重组，行业龙头地位愈发稳固。纵观拜耳、巴斯夫等德国大型农化企业的发展，不难发现，其基本上都是以化工产品起家，而后在发展农化产品的基础上开发相应的种子产品。长期以来，德国大型种企在研发方面的投入始终保持在一个较高水平。预计至 2028 年，巴斯夫集团将在农业解决方案领域推出 30 余款新产品，每年在该领域的研发投入接近 9 亿欧元。拜耳集团每年在作物事业领域的投入更是超过 20 亿欧元，如此大的研发投入力度在行业内屈指可数。

"工业 4.0"发源于德国，使德国成为工业领域数字化的领头羊。在农业领域，德国农化企业也将数字化作为未来农化行业，特别是种子行业的重要发展方向。目前，拜耳集团已经开始加大在数字化农业领域的投入和研发。巴斯夫也将数字化视为未来农业解决方案的重点。不难看出，全球种子行业在完成了"力量"的整合与优化后，正在开始朝着种业上下游拓展，并对农业全产业链进行纵向渗透。这意味着，未来全球种业集中化、多元化、国际化的趋势仍将持续，大型种企的垄断地位依旧稳固，德国种企的领导地位料将得以延续。

3.4.2.3 规则国际化驱动力

当今世界，在世界贸易组织（WTO）、世界银行（WB）和国际货币基金组织（IMF）框架下，世界经济秩序和国际贸易规范已基本趋同，尤其是 WTO 的法律体系影响最大。WTO 的法律体系可以概括为：一部基本法——《建立

WTO 的协议》；二项程序法——《争端解决规则与程序的谅解》和《贸易政策审议机制》；三个协定——《多边货物贸易协议》（GATT1994）、《服务贸易总协定》（GATTS）、《与贸易有关的知识产权协定》（Trips）。发展中国家要想参与到经济全球化的大趋势当中，就必须要加入这些对于知识产权保护日趋加强的国际规则中去，进一步开放国际贸易，减少政府对自由贸易的干预，保证知识产权权利人的相关利益，完善本国内知识产权法律制度的建设。这一系列知识产权保护规则几乎都由发达国家主导制定并推动这些规则的国际化，这就为跨国公司利用知识产权武器扫除了最后一道障碍，这些规则正是跨国公司运用最娴熟、对跨国公司最有利的。跨国公司利用自己的知识产权优势地位构筑知识产权壁垒从此在全球范围内有了一件合法的外衣，这件法律外衣保佑着跨国公司在全球市场挥舞“知识产权大棒”，攻城略地、畅通无阻。

3.5 我国面临国际农业知识产权风险实证测度

产业安全是在一个国家或地区的特定产业的生存和发展不受威胁，或虽受威胁但能够化解的状态（Maskus，2000）。在新一轮科技革命和产业革命深入推进的历史际遇下，发达国家跨国农业公司及政府将知识产权作为重要战略性资源加以运用，基于知识产权保护采取各种措施以阻碍国际贸易自由发展（Shin，2016），以其技术的垄断优势巩固和扩大市场的垄断优势，构筑了一种新形式的非关税贸易壁垒即国际农业知识产权贸易壁垒，其实质是在保护知识产权的名义下，以图限制发展中国家涉农企业在国内和国际市场进一步扩展，维护其通过知识产权获利的能力，发达国家大型跨国农业公司对产业核心知识产权的控制已成为影响发展中国家农业产业经济增长和产业安全发展的重要因素（袁富华等，2016），这可能是导致发展中国家陷入中等收入陷阱的原因之一（徐元，2012）。特别要关注的是，国际农业知识产权壁垒贸易一旦建立起来其形成的垄断和竞争优势也难以在短期内打破（Maskus，1995）。

当前我国农业关键环节缺乏核心自主知识产权是中国创新驱动发展能力提升动力机制不足最主要的问题。国际农业知识产权风险会从根本上动摇我国农业产业的根基，丧失农业高质量发展的能力，严重弱化我国农业产业的竞争力，固化我国农业产业在国际分工中的不利地位，影响到农业生存和可持续发展。因此，识别影响我国农业产业安全的国际农业知识产权风险，并在此基础上建立预警机制，对政府制定产业政策，维护我国农业产业安全，协调经济发展、维护国家利益具有重要意义。

3.5.1 文献回顾

在知网检索中没有发现农业知识产权风险的相关文献，故将文献检索范围扩展到知识产权壁垒。发达国家认为知识产权保护不足和知识产权侵权行为对正常贸易造成障碍，构成贸易壁垒；而发展中国家认为知识产权保护水平过高和知识产权滥用对正常贸易造成障碍，构成贸易壁垒（Smith，1999）。文献检索结果显示，外国学者很少把知识产权作为贸易壁垒进行专门研究。国外的相关研究主要集中于以下方面：一是知识产权对贸易的影响。Maskus 和 Penubarti（2000）较早从知识产权保护对贸易影响的市场扩张效应和市场势力效应来分析知识产权保护对货物贸易的影响。Smith（1999）、Maskus（2000）的进一步研究认为，由于发展中国家市场可能存在较高的模仿成本，加强知识产权保护也并不必然导致垄断，这使得知识产权对贸易的影响效果更加难以确定。Rafiquzzaman（2002）的研究结果显示，模仿能力越强的国家市场扩张效应越明显，而市场势力效应在模仿能力较弱的国家中比较明显。二是知识产权保护水平对技术许可的影响。Markusen 提出，如果加强知识产权保护将使技术被许可方的叛逃动机降低，技术的许可方可能更愿意进行许可。Yang 和 Maskus（1995）的研究结论同样认为加强知识产权保护可以促进技术贸易，因为这样可以使监督、诉讼等成本降低。Tanaka 和 Iwaisako 等（2007）的研究也认为提高知识产权保护水平可以降低许可谈判的成本，因此可以使技术贸易增加。三是知识产权保护水平对世界福利的影响。Helpman（1993）对知识产权保护对世界福利的影响进行了分析。总体而言，认为强知识产权保护有利于技术贸易活动的增加，但知识产权保护对货物贸易和世界福利的影响存在不确定性。

我国学者对知识产权壁垒的研究集中在以下方面：一是基本概念界定。郑秉秀（2002）等界定了知识产权壁垒的定义，虽然我国学者对知识产权壁垒定义的表述有所不同，但理解基本一致。二是知识产权贸易壁垒的表象与问题。李萍（2011）、徐元（2012）等国内学者提出了知识产权壁垒的主要表现形式、主要问题和应对策略。三是有关知识产权风险预警研究。周文光和黄瑞华（2010）、洪少枝和尤建新等（2011）对高技术产业的专利风险、动态环境下的专利战略变化、企业知识产权战略实施风险预警过程等进行了研究。

总体而言，国内学者对知识产权壁垒的研究集中在从知识产权壁垒的表现形式及贸易影响的宏观分析或企业外贸出口防范的微观研究视角，现有研究存在理论和实践上的空缺：缺乏对产业层面，特别是对产业安全方面影响的关注。本书将从中观层面以及发展的视角，将模糊评价相关理论引入到国际知识产权壁垒风险对产业安全研究中来，通过建立高效、动态的产业安全评价系统，以加强对国际知识产权壁垒风险监控力度，及时发现隐患，并尽快寻找适当可行的途径对高科技产业安全问题的控制与管理。

3.5.2 理论模型及研究方法

3.5.2.1 理论模型

国际农业知识产权风险的独特性造成国际农业产业竞争的立体性、多维性，以及对农业产业安全影响的复杂性。面对愈演愈烈的国际农业知识产权风险，我国采取反制策略的第一步就是要建立有效的国际农业知识产权风险预警机制，即识别、分析、评价发达国家或跨国农业公司知识产权风险可能给我国农业产业生存和发展构成的威胁及其发展变化，了解其危害程度并确定预警响应级别以维护产业安全。本书建立“技术（布局安全）—市场（组织安全）—政策（政策安全）”三维影响的风险预警体系，从战略管理的角度看，这种制度框架安排实际上设定了我国农业产业国际知识产权风险构筑的时空范围模型（图 3-4），时空范围越大对我国农业产业安全的威胁越大，对应不同的农业产业安全预警响应级别程度：安全；基本安全；一般；不安全；危险。上述研究框架可为国际知识产权风险预警机制的建立提供清晰的框架基础。

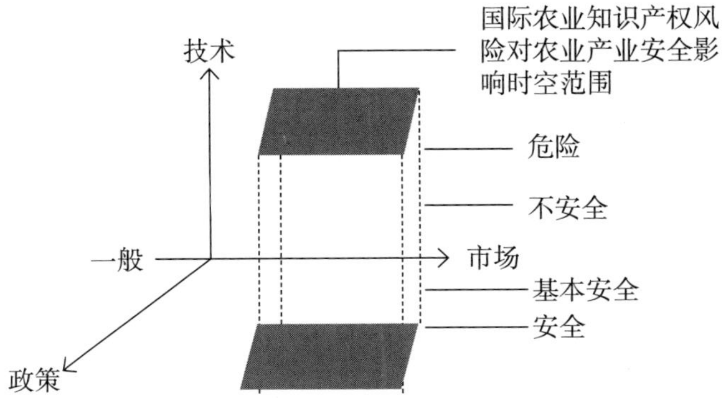

图 3-4 国际农业知识产权风险对农业产业安全影响的时空范围模型

3.5.2.2 研究方法

如何综合评价农业产业是否处于安全状态，需要有一个科学、全面、完整的指标体系进行考核、评价，建立一套科学、合理的农业产业安全综合评价指标体系并采用先进的技术对其进行评估是农业产业安全管理工作中一项重要工作。本书基于我国农业产业安全的国际知识产权风险构筑的时空范围模型的基础上，建立了一个农业产业安全综合评价体系，并利用层次分析法（AHP）确定了指标体系中各指标权重。

合理确定评价指标体系是进行评价的基础，确定各分指标的重要性权重和底层指标的隶属度向量是模糊评价的基本条件；但是，要得到可信赖的评价结果还要辅以正确的计算。模糊评价计算的核心就是隶属度转换。但是，以往文献隶属度转换方法值得商榷，原因是都把指标隶属度中对目标分类不起作用的冗余值，用于计算目标隶属度。本书用基于熵的数据挖掘方法，通过挖掘隐藏在各指标隶属度中关于目标分类的知识信息，厘清目标分类与指标隶属度之间的关系，通过定义指标区分权清除指标隶属度中对目标分类的冗余值，提取有效值计算目标隶属度。由此构建隶属度转换新算法并用于国际农业知识产权风险模糊评价。

（1）现有隶属度转换方法。

当模糊评价矩阵确定后，要获得评价结果，就要进行一系列的从"指标隶属度到目标隶属度"的转换，并且，在每个层次上实现的每一次隶属度转换都可归结为下述转换模型：

已知影响目标 Q 状态的指标有 m 种，其中 j（j=1 ~ m）指标关于目标 Q 的重要性权重 $\lambda_j(Q)$ 已知，且

$$0 \leqslant \lambda_j(Q) \leqslant 1,\ \sum_{j=1}^{m} \lambda_j(Q)=1 \qquad (式1)$$

每种指标分为 p 个评语等级，用 C_k 表示第 K（K=1 ~ p）个等级，且 C_k 等级优于 C_{k+1} 等级。如果 j 指标属于 C_k 等级的隶属度 $\mu_{Jk}(Q)$ 已知，且 $\mu_{Jk}(Q)$ 满足：

$$0 \leqslant \mu_{Jk}(Q) \leqslant 1,\ \sum_{k=1}^{p} \mu_{Jk}(Q)=1\ \ (j=1 \sim m) \qquad (式2)$$

求目标 Q 属于 C_k 等级的隶属度 $\mu_{Jk}(Q)$。

显然，上述隶属度转换方法是否正确，关系到由此得到的评价结果是否

可信。

上述隶属度转换，模糊数学有 4 种主要转换模（金成晓 等，2010）：$M(\wedge, \vee)$、$M(\cdot, \vee)$、$M(\wedge, \oplus)$ 和 $M(\cdot, +)$；但长期应用结果表明，其中只有 $M(\cdot, +)$ 被多数应用者认可，即把目标隶属度作为指标隶属度与指标重要性权重的“加权和”：

$$\mu_k(Q)=\sum_{j=1}^{m}\lambda_j(Q)\cdot\mu_{jk}(Q),\ (k=1\sim p) \qquad \text{（式 3）}$$

并且“加权和”作为隶属度转换的主流方法被广泛应用于包括文献（汤凌霄，2010）在内的各种不同领域。

黄广龙和余中华等（2001）认为“$M(\cdot, +)$模型”过于简单化，利用信息不够充分，他们提出基于证据推理与粗集理论的“主客观综合法”实现隶属度转换；郭捷和胡美新（2007）定义一种“综合权重”对“加权和”算法进行改进。

但是，上述隶属度转换方法与各种改进方法都不是从目标分类角度设计的，因而都不能揭示指标隶属度中“哪部分对目标分类有用，哪部分没用”；结果是指标隶属度中对目标分类的冗余值也被用于计算目标隶属度。所以，看似早已解决了的隶属度转换方法，实际上并未真正解决。鉴于隶属度转换涉及众多应用领域，有重要的理论和应用价值，所以，关注隶属度转换方法的正确性是非常必要的。

为了构建不受冗余数值的干扰的隶属度转换方法，我们用基于熵的数据挖掘方法，通过挖掘隐藏在各指标隶属度中关于目标分类的知识信息，厘清目标分类与指标隶属度之间的关系，通过定义区分权清除指标隶属度中对目标分类的冗余值；由此探索计算目标隶属度的具体途径。

（2）基于 $M(1, 2, 3)$ 的隶属度转换。

目标 Q 的分类信息都包含在各指标隶属度中，所以从目标分类角度最关心的问题是：是不是每一项指标隶属度对目标 Q 分类都起作用呢？指标隶属度中是否有对目标 Q 分类的冗余值呢？是，还是不是这非常重要，因为这涉及究竟怎样的指标隶属度和指标隶属度中怎样的数值有资格参与计算目标 Q 的隶属度。

① 区分权。

设想 $\mu_{j1}(Q)=\mu_{j2}(Q)=\cdots=\mu_{jp}(Q)$，则 j 指标隶属度提供了这样的分类信息：

单从 j 指标看，目标 Q 属于各类的程度都一样。显然，这种信息对目标 Q 分类不起作用，删除 j 指标也不会影响 Q 的分类。如果用实数 $\alpha_j(Q)$ 表示 j 指标对目标 Q 分类所做贡献大小的归一化量化值，则此种情况下有 $\alpha_j(Q)=0$。

如果存在整数 k 使 $\mu_{jk}(Q)=1$ 其余隶属度均为 0，则 j 指标隶属度提供的分类信息是：单从 j 指标看，目标 Q 只能属于 Ck 类，不可能属于其他类。此时，j 指标对于目标 Q 的分类做出了最大的贡献，实数 $\alpha_j(Q)$ 应取到最大值。

同理，若隶属度 $\mu_{jk}(Q)$ 对 k 而言取值越集中时，j 指标对目标 Q 分类做出的贡献越大即 $\alpha_j(Q)$ 越大；反之，当 $\mu_{jk}(Q)$ 对 k 而言取值越分散时，j 指标对目标 Q 分类做出的贡献越小即 $\alpha_j(Q)$ 越小。

上述 3 条说明，反映 j 指标对目标 Q 分类贡献大小的实数 $\alpha_j(Q)$ 由隶属度 $\mu_{jk}(Q)$ 取值集中与分散的程度决定；而隶属度 $\mu_{jk}(Q)$ 取值集中与分散的程度可用隶属度的熵 $H_j(Q)$ 定量描述，所以，实数 $\alpha_j(Q)$ 可表为熵 $H_j(Q)$ 的函数：

$$H_j(Q)=-\sum_{k=1}^{p}\mu_{jk}(Q)\cdot\log\mu_{jk}(Q) \qquad （式 4）$$

$$v_j(Q)=1-\frac{1}{\log p}H_j(Q) \qquad （式 5）$$

$$\alpha_j(Q)=v_j(Q)/\sum_{t=1}^{m}v_t(Q) \quad (j=1\sim m) \qquad （式 6）$$

称由（式 4）（式 5）（式 6）式定义的实数 $\alpha_j(Q)$ 为 j 指标关于目标 Q 的区分权，显然区分权 $\alpha_j(Q)$ 满足：

$$0\leqslant\alpha_j(Q)\leqslant 1 \quad \sum_{j=1}^{m}\alpha_j(Q)=1 \qquad （式 7）$$

区分权 $\alpha_j(Q)$ 的意义在于“区分”，即 j 指标的各类隶属度能否把目标 Q 所属类别区分开和在怎样的程度上区分开的一种度量。如果 $\alpha_j(Q)=0$，由熵的性质知，此时必有 $\mu_{j1}(Q)=\mu_{j2}(Q)=\cdots=\mu_{jp}(Q)$，表明 j 指标的隶属度对目标 Q 分类不起作用。而对目标 Q 分类不起作用的指标隶属度自然不能参与计算目标 Q 的隶属度。

② 有效值。

定义 1：若 $\mu_{jk}(Q)$（$k=1\sim p$，$j=1\sim m$）是目标 Q 的 j 指标属于 C_k 类的隶属度，且 $\mu_{jk}(Q)$ 满足（1）式；$\alpha_j(Q)$ 是 j 指标关于目标 Q 的区分权，则称

$$\alpha_j(Q)\cdot\mu_{jk}(Q) \quad (k=1\sim p) \qquad （式 8）$$

是 j 指标的 k 类隶属度的有效区分值，简称 k 类有效值。

当区分权 $\alpha_j(x_i)=0$ 时，表明 j 指标隶属度对目标 Q 分类不起作用，因而不能参与计算目标 Q 的隶属度；注意到，当 $\alpha_j(Q)=0$ 时，有 $\alpha_j(Q)\cdot\mu_{jk}(Q)=0$，由此可发现：计算目标隶属度 $\mu_{jk}(Q)$ 的不是 j 指标的 k 类隶属度 $\mu_{jk}(Q)$，而是 j 指标 k 类隶属度的有效值 $\alpha_j(Q)\cdot\mu_{jk}(Q)$。这是一个至关重要的事实。

③ 可比值。

毫无疑问，各 j 指标的 k 类有效值 $\alpha_j(Q)\cdot\mu_{jk}(Q)$ 对于计算 $\mu_{jk}(Q)$ 来说是必不可少的；但是，不同 j 指标的 k 类有效值之间并不具有可比性，因为这些有效值的“单位重要性”程度不同；原因是在计算指标隶属度时并没有用到各指标关于目标 Q 的相对重要性。所以，必须将不同指标的有效值转化为下述可比值后才能用于计算目标 Q 的隶属度。

定义 2：若 $\alpha_j(Q)\cdot\mu_{jk}(Q)$ 是 j 指标的 k 类有效值，$\beta_j(Q)$ 是 j 指标关于目标 Q 的重要性权重，则称：

$$\beta_j(Q)\cdot\alpha_j(Q)\cdot\mu_{jk}(Q)\quad(k=1\sim p)\qquad\text{（式 9）}$$

是 j 指标 k 类隶属度的可比有效值，简称 k 类可比值。

显然，不同 j 指标的 k 类可比值之间具有可比性和直接可加性。

定义 3：若 $\beta_j(Q)\cdot\alpha_j(Q)\cdot\mu_{jk}(Q)$ 是目标 Q 的 j（$j=1\sim m$）指标的 k 类可比值，则称：

$$M_k(Q)=\sum_{j=1}^{m}\beta_j(Q)\cdot\alpha_j(Q)\cdot\mu_{jk}(Q)\quad(k=1\sim p)\qquad\text{（式 10）}$$

是目标 Q 的 k 类可比和。

显然，目标 Q 的 k 类可比和 $M_k(Q)$ 相对越大，表明 Q 属于 C_k 类的程度越大。

定义 4：若 $M_k(Q)$ 是目标 Q 的 k 类可比和，$\mu_k(Q)$ 是 Q 属于 C_k 类的隶属度，则：

$$\mu_k(Q)\overset{\Delta}{=}M_k(Q)/\sum_{t=1}^{p}M_t(Q)\quad(k=1\sim p)\qquad\text{（式 11）}$$

至此，在目标 Q 的各影响指标的隶属度和指标重要性权重已知条件下，通过公式（式 4）（式 5）（式 6）（式 10）（式 11），求出了目标 Q 的隶属度，实现了由各指标隶属度到目标隶属度的转换；并且转换过程不增加任何先验知识，也不造成分类信息失真。

上述隶属度转换简记为 M（1，2，3），表示模型经历“一有效、二可比、三合成”这 3 个计算步骤。

3.5.3 基于 M（1，2，3）模型的国际农业知识产权风险模糊评价

3.5.3.1 国际农业知识产权风险模糊评价矩阵

在本章前文理论分析的基础上，邀请了50位专家对2019年我国面临国际农业知识产权风险状况进行了调查，指标体系与调查结果如表3-7所示。

表3-7　2019年我国国际农业知识产权风险模糊评价的指标数据

目标层	准则层	指标层	很好	较好	一般	较差	差
我国国际农业知识产权风险模糊评价S	A_1：农业产业政策安全（0.732）	B_{11}：国际农业知识产权政策对我国农业产业安全的影响性（0.256）	16	14	10	8	2
		B_{12}：我国参与国际农业知识产权政策谈判的影响力（0.060）	14	15	11	7	3
		B_{13}：我国应对国际农业知识产权风险政策有效性（0.106）	15	13	12	10	0
		B_{14}：我国地理标志政策有效性（0.194）	18	16	10	6	0
		B_{15}：我国植物新品种政策有效性（0.203）	14	13	12	7	4
		B_{16}：我国农业专利政策有效性（0.181）	12	14	14	6	4
	A_2：农业产业布局安全（0.130）	B_{21}：农业知识产权控制力（0.221）	11	14	10	9	6
		B_{22}：农业核心技术竞争力（0.221）	13	12	11	8	6
		B_{23}：农业技术持续创新力（0.221）	13	12	12	7	6
		B_{24}：农业知识产权创造力（0.124）	12	15	10	9	4
		B_{25}：外资股权控制力（0.088）	14	16	11	6	3
		B_{26}：外资技术控制力（0.124）	12	14	12	8	4
	A_3：农业产业市场安全（0.138）	B_{31}：农业外向性水平（0.354）	11	15	13	6	5
		B_{32}：农业企业市场集中度（0.354）	13	15	11	8	3
		B_{33}：农业企业盈利能力（0.121）	16	12	12	6	4
		B_{34}：农业品牌竞争力（0.172）	11	14	10	8	7

表中与各分指标对应的括号中的数字是该分指标的重要性权重；底层指标后的向量是该底层指标关于5个评语等级（好 C_1、较好 C_2、中 C_3、较差 C_4、差 C_5）的隶属度向量；对应地，食品安全性等级划分为：安全、基本安全、一般、不安全、危险。

3.5.3.2 基于 M（1，2，3）模型的食品安全模糊评价步骤

（1）以 A_1 食品数量安全为例，计算其隶属度向量步骤如下。

① A_1 含6项底层指标 $B_{11} \sim B_{16}$，其矩阵为：

$$U(A_1)=\begin{pmatrix} 0.32 & 0.28 & 0.20 & 0.16 & 0.04 \\ 0.28 & 0.30 & 0.22 & 0.14 & 0.06 \\ 0.30 & 0.26 & 0.24 & 0.20 & 0.00 \\ 0.36 & 0.32 & 0.20 & 0.12 & 0.00 \\ 0.28 & 0.26 & 0.24 & 0.14 & 0.08 \\ 0.24 & 0.28 & 0.28 & 0.12 & 0.08 \end{pmatrix}$$

由 $U(A_1)$ 的第 j（j=1 ~ 6）行计算指标 B_j 的区分权，得区分权向量为

$\alpha(A_1)=(0.1484 \quad 0.1177 \quad 0.2398 \quad 0.3087 \quad 0.0852 \quad 0.1002)$

② 由表 1 知，指标 B_{11} ~ B_{16} 关于 A_1 的重要性权重向量为：

$\beta(A_1)=(0.256 \quad 0.060 \quad 0.106 \quad 0.194 \quad 0.203 \quad 0.181)$

③ 计算指标 B_{1j} 的 k 类可比值，得 A_1 的可比值矩阵为：

$$N(A_1)=\begin{pmatrix} 0.0122 & 0.0106 & 0.0076 & 0.0061 & 0.0015 \\ 0.0020 & 0.0021 & 0.0016 & 0.0010 & 0.0004 \\ 0.0076 & 0.0066 & 0.0061 & 0.0051 & 0 \\ 0.0216 & 0.0192 & 0.0120 & 0.0072 & 0 \\ 0.0048 & 0.0045 & 0.0041 & 0.0024 & 0.0014 \\ 0.0044 & 0.0051 & 0.0051 & 0.0022 & 0.0015 \end{pmatrix}$$

④ 由 $N(A_1)$ 计算 A_1 的 k 类可比和向量为：

$M(A_1)=(0.0525 \quad 0.0481 \quad 0.0365 \quad 0.0239 \quad 0.0048)$

⑤ 由可比和向量 $M(A_1)$，计算 A_1 的隶属度向量 $\mu(A_1)$：

$\mu(A_1)=(0.3168 \quad 0.2902 \quad 0.2199 \quad 0.1444 \quad 0.0288)$

同理可得 $\mu(A_2)$ 和 $\mu(A_3)$，连同 $\mu(A_1)$ 一并构成我国 2009 年的食品安全的评价矩阵 $U(S)$

$$U(S)=\begin{pmatrix} \mu(A_1) \\ \mu(A_2) \\ \mu(A_3) \end{pmatrix}=\begin{pmatrix} 0.3168 & 0.2902 & 0.2199 & 0.1444 & 0.0288 \\ 0.2521 & 0.2788 & 0.2207 & 0.1541 & 0.0943 \\ 0.2529 & 0.2897 & 0.2356 & 0.1401 & 0.0818 \end{pmatrix}$$

（2）根据 $U(S)$ 按照与步骤（1）同样的步骤可计算我国 2009 年的食品安全的隶属度向量为：

$\mu(S)=(\mu_1(S),\cdots,\mu_5(S))=(0.3082 \quad 0.2895 \quad 0.2212 \quad 0.1446 \quad 0.0366)$

（3）识别。

注意到食品安全性评价等级划分有序，即 C_k 等级优于 C_{k+1} 等级，此种情况下，适用于无序划分的最大隶属度识别准则不适用；改用置信度识别准则：

设 $\lambda(\lambda > 0.5)$ 为置信度，计算

$$K_0=\min\left\{k \left| \sum_{t=1}^{k} \mu_t(S) \geqslant \lambda,\ 1 \leqslant k \leqslant 5 \right.\right\}$$

则判 S 属于第 K_0 等级，并且有不低于 λ 的置信度。

本例中判 S 属于"基本安全"等级，约有 59.77%（0.3082 + 0.2895=0.5977）的置信度。

3.5.4 结论与建议

3.5.4.1 结论

采用 M（1，2，3）隶属度新算法判定我国 2019 年我国国际农业知识产权风险状况为"基本安全"等级，置信度为 59.77%，说明我国面临的国际农业知识产权风险水平已经达到一个相对稳定的阶段，但仍是较低水平的安全。但是，判其安全性属"安全"等级的置信度为 30.82%，离"安全"等级还相差很多；虽然判属"基本安全"等级，但是置信度也不很大（59.77%），因此，应该对我国面临的国际农业知识产权风险给予高度的重视和警惕。

由 $U(S)$ 知，一级指标 A_1（农业产业政策安全）、A_2（农业产业布局安全）、A_3（农业产业市场安全）属于"较安全"等级的置信度分别为：60.7%、53.09%、和 54.26%。可以看出：我国农业产业政策安全有待进一步加强，而农业产业布局安全和农业产业市场安全这 2 方面是影响该我国新鲜水果安全性的主要方面，应重点加强。

利用 M（1，2，3）模型对我国面临的国际农业知识风险状态进行评价，可以消除指标冗余数据的干扰，得到更准确的评价结果。同时，由于该模型计算过程的结构化，可以利用计算机编程实现具体计算过程，以实现对国际农业知识产权风险的动态实时评价。根据模型最终评价结果，可以找出我国应对国际农业知识产权风险的薄弱方面，通过对其加强，可以提高其安全性。

3.5.4.2 建议

国际农业知识产权风险不仅影响我国农业产业国际竞争力，甚至威胁到我国农业产业安全。筑牢我国农业产业知识产权基础决定我国农业能否实现高质

量发展，应对国际农业产业可能的知识产权风险，我国企业、行业协会和政府必须有所准备，有所作为。基于以上研究结论，我们认为加强当前我国农业产业应对国际农业知识产权风险能力应该注意一下几个方面：

首先，涉农企业苦练内功，提升知识产权能力。我国涉农企业要基于农业产业链整合的思路建立本企业的知识产权战略，加大研发力度，应该采取加强专利分析、专利布局等举措，快速形成具有自主知识产权的农业专利群，从而达到专利合理布局、共同应对、降低外来专利威胁的目的。

其次，补齐农业行业协会知识产权第三方服务的短板，发挥其对农业知识产权事业发展的支撑作用，农业行业协会和知识产权服务业应依靠强大的企业资源基础和信息网络，在相关政府部门指导下建立健全农业产业国际知识产权风险的动态监测及预警系统，正确把握国际农业知识产权发展态势、预测和突围农业产业国际知识产权风险壁垒。

最后，政府引导，搭平台促发展，一是在国家层面，有针对性的在全国范围内布局农业高科技产业的集聚区，明确各聚集区的发展规划、目标、产业链中的定位和优惠政策等，鼓励涉农高科技企业做大做强；二是中国涉农企业走出去面临资金、管理、贸易摩擦等诸多风险和隐患，政府需要建立完善的政策体系给予支持和保障；三是借鉴美国等国家的先进经验，从最急迫和对产品发展影响最大的标准入手，快速制定出一些有助于产业发展的标准或规范，使得业界企业可以借鉴和参考，为快速实现产权铺平道路。

第 4 章 “逆全球化”背景下我国农业国际竞争力研究

全球化已成为世界各国经济发展不可避免的趋势。中国作为仅次于美国的世界第二大经济体，也作为农业大国，在经济全球化的进程中取得了很大的进步。随着全球不确定性的经济发展，“逆全球化”的浪潮已席卷而来，这一趋势给世界经济的增长带来了波动，同时也对中国的农产品贸易格局带来了深刻的影响。各个国家纷纷采取相应的贸易保护措施，进行贸易保护主义，如规定绿色贸易壁垒、技术壁垒、加强国内的反倾销、反补贴立法、制定诸如美国的 301 条款等。这些措施对我国的商品贸易造成了一定的不良影响。农产品作为世界商品贸易、甚至是世界经济流转的重要组成成分，其贸易格局的变化深刻地影响着各国的商品生产与贸易。面对“逆全球化”的国际经济背景，我国应采取怎样的措施来最大程度的保障本国的利益，是我们亟待解决的问题。

4.1 “逆全球化”的含义及产生背景

4.1.1 “逆全球化”的含义

自 2016 年以来，英国全民公投脱离欧盟，唐纳德·特朗普赢得大选担任美国总统，全球范围内开始掀起了一股“逆全球化”的思潮。“逆全球化”是相对于“全球化”而言的。对于两者的定义，学界向来有很多争论。有学者强调全球化是一种国家之间相互依存的关系，即全球化是指一种多维度的社会过程，它强化并延伸了世界范围的相互沟通和依存，它也是人们的一种认知，即本土和外部的联系会越来越紧密。也有学者认为全球化是指世界各国或地区贸易日益增长，彼此之间金融市场联系愈发紧密，世界逐渐走向“地球村”的一种多元化的现象。

综合各位学者的观点，本书认为“全球化”应当分为两个方面，一方面是指经济上的不同国家或不同经济体之间的生产要素的跨国流动；另一方面则是指与之相关的各种政治倾向和举措。而本书所指的“逆全球化”，则是在世界发展进程中生产要素跨国流动的停滞、倒退和政府阻碍、禁止生产要素跨国流动的政治方针和举措。

4.1.2 “逆全球化”产生的背景

中西方学者们大都认为在 2016 年“逆全球化”趋势达到了高峰。主要标志有英国全民公投脱离欧盟、唐纳德·特朗普当选美国总统等事件。英国选择脱离欧盟，意味着欧盟和英国今后的经济发展走向了不确定性；而特朗普当选美国总统后采取的一系列的措施，如退出 TPP（Trans –Pacific Partnership Agreement），即跨太平洋战略经济伙伴关系协定；美加墨协定的重新制定；WTO 争端解决机制的上诉机构停摆等,无疑加剧了世界发展的“逆全球化”趋向。作为世界经济体的重要成员，英国、美国等国家采取“逆全球化”措施的同时，自己的政治经济也受到了影响。那么他们又为何要采取此等措施呢?

其根本原因是因为全球经济复苏面临着很大的挑战。自 2008 年美国因为次贷危机引发全球性金融危机后，不论是西方的发达国家还是发展中国家和新兴经济体，世界经济并未真正从危机中走出来。以我国为例，分析表 4–1 可以发现我国 GPD 增长率的变化。从 2008 年金融危机后，除 2010 年、2011 年 GDP 增速有短暂上升外，其他年份的 GDP 增速均在下滑。特别是由于受到新型冠状病毒肺炎疫情的影响，我国 2020 年第一季度 GDP 为 206 504 亿元，上年同期的增长率为 –6.8%。

表 4–1 中国和美国 2007—2018 年 GDP 增速对比

年份	2007	2008	2009	2010	2011	2012	2013
中国 GDP 增速	14.23%	9.65%	9.40%	10.64%	9.55%	7.86%	7.77%
美国 GDP 增速	1.88%	0.14%	2.54%	2.56%	1.55%	2.55%	2.84%
年份	2014	2015	2016	2017	2018	2019	2020
中国 GDP 增速	7.30%	6.91%	6.74%	6.76%	6.57%	6.10%	2.30%
美国 GDP 增速	2.45%	2.89%	1.57%	2.22%	2.93%	2.30%	–3.50%

数据来源：国家统计局中国统计年鉴，http：//www.stats.gov.cn/tjsj/ndsj/2019/indexch.htm

从上表可以看出，美国也处于经济困境中。从 2008 年以来，美国的 GDP 增长率也处于波动状态。在 2008 年和 2009 年，即美国受到次贷危机影响最严重的两年，GDP 呈负增长。而自 2011 年以来，美国 GDP 以低于 3% 的增速在缓慢增长。而 2020 年，因为受到新型冠状病毒肺炎疫情的影响，美股发生了 4 次熔断①，世界金融市场动荡不安，世界经济的复苏面临着严峻的挑战。

综上所述，无论是以美国为代表的西方发达国家，还是以中国为代表的发展中国家，经济增长都出现了放缓甚至停滞或者倒退，世界的经济发展都处于低迷状态。而与此同时，全球经济发展的利益分配格局也出现了变化。不同于之前发达国家是全球化的主要获利者，现在更多的发展中国家成为主要获利者。因此，发达国家们希望从实施贸易保护政策当中获得更多的经济利益。所以他们将发展中遇到的各种问题归因于经济全球化，并制定一系列的政治、经济方面的措施来反对世界经济全球化的进程。于是便产生了“逆全球化”。

自 2016 年以来，各国 GDP 增速均有下滑，经济复苏愈发缓慢，这进一步加剧了“逆全球化”的发展态势。以美国为首的西方发达国家，为了自身需求而制定了符合本国发展的政策和贸易协定，而相关的措施则使得全球价值链割裂，贸易保护主义蔓延，多边贸易体系出裂痕，进一步的导致了经济发展的疲软。

2019 年，美国进一步加大对中国的施压力度，继续扩大加征关税的商品范围和提高加征关税税率，试图迫使中方做出让步。面对这种情况，中国政府在采取反制措施的同时，积极推动双边经贸谈判，促使美国政府改弦易辙。事实表明，美国发动贸易战造成的后果远远偏离美国政府预想的目标。美国置 WTO 多边规则于不顾的单边主义做法并未得到国际社会的广泛认同，美国作为经济全球化和贸易自由化推动者的声誉受到严重损害，干扰全球供应链运行的举措拖累了自身的经贸发展，贸易和财政双赤字问题继续恶化。相比之下，中国展现出强劲的韧性，不仅国民经济保持较快增长，与美国之外国家和地区的贸易规模也继续增大。

在中美贸易摩擦中，双方均将贸易互补性最强的农产品作为谈判筹码，使得年内双边农产品贸易受到较大冲击。根据中国海关统计，中国对美农产品出口额同比下降 22.1%，其中，蔬菜产品、水果产品和水产品出口额分别下降

① 美股熔断是指美国股市在下跌到一定程度后，市场会自动停止交易一段时间，其目的是为了防治恐慌情绪进一步扩散，一面给市场造成更大的冲击。另外，也给投资者一段时间冷静下来。这一制度是由于 1987 年的“黑色星期一”而推出，当日的美股跌了 22.6%。同年 10 月，美股推出熔断机制。第一次熔断是在 1997 年 10 月 27 日。第二次熔断发生在 2020 年 3 月。

16.6%、40.2% 和 27%；中国从美农产品进口额同比下降 12.9%，其中，谷物、棉花、食用油脂、水果、畜产品和水产品进口额分别下降 69.7%、31.4%、5.8%、30.4%、2.6% 和 25.7%。

中美贸易摩擦给涉美农产品贸易企业经营带来巨大的不确定性。部分出口企业外销受阻出现资会周转困难。另外，在美投资农产品生产加工的中国企业则面临产品难以返销国内市场的难题。这些情况表明，在促进农产品贸易稳定健康发展上做出制度创就仍具有迫切性。（Maskus，2000）

中美于 2020 年 1 月 15 日签署了《中华人民共和国政府和美利坚合众国政府经济贸易协议》。中美第一阶段经贸协议的第三章专门针对食品和农产品贸易。该章除了在总则部分陈述了双方关注的重大问题外，还在附录第一至十七部分列出一系列具体承诺，内容涉及部分重要农产品的贸易安排，有关植物卫生、关税配额、国内支持、食品安全等贸易制度和政策执行方式的承诺。协议第六章附录明确宣布，中国将在 2017 年基数上增加自美进口农产品的规模，2020 年增加不少于 125 亿美元，2021 年不少于 195 亿美元。为积极扩大进口，激发进口潜力，优化进口结构，国务院批准，从 2020 年 1 月 1 日起，对 850 余项商品实施低于最惠国税率的进口暂定税率。涉及的农产品中，冻猪肉税率由 12% 降低到 8%，冷冻鳄梨由 30% 降低到 7%，大包装非冷冻橙汁由 30% 降低到 15%。中国还将按照与相关贸易伙伴签署的自贸协定，继续实行降税措能，农产品市场开放程度会进一步提高。

当前，全球范围内贸易保护主义有所抬头，中国政府将继续坚定推进市场开放，实施单边主动降税以及按双边协定降税等措施。中国自 2019 年 1 月 1 日起对包括部分农产品在内的 706 项商品实施进口暂定税率，在 WTO 承诺税率基础上做了不同幅度下调。中国按照与有关国家（地区）签署的贸易协定或关税优惠协定，进一步降低与新西兰、秘鲁、哥斯达黎加、瑞士、冰岛、韩国、澳大利亚、格鲁吉亚以及亚太贸易协定国家的协定税率。

4.2 “逆全球化”背景下我国农产品国际贸易格局

4.2.1 我国农产品国际贸易分析

表 4-2 列出了中国自 2010 年到 2018 年主要农产品的产量。简单分析数据可以发现，我国主要农作物产量虽然略有波动，但在近几年一直处于稳步上升

的状态。

据最新数据表明，2019 年全年我国粮食总产量为 66 384 万吨，相较于 1998 年增加了 594 万吨，增产率为 0.9%。其中全年谷物（主要包括稻谷、小麦和玉米）产量为 61 368 万吨，增产率 0.6%。其中，稻谷产量 20 961 万吨，减少了 251.9 万吨，减产 1.2%；小麦产量 13 359 万吨，增加了 215 万吨，增产率为 1.6%；玉米产量 26 077 万吨，增加了 359.6 万吨，增产率为 1.4%。全年棉花产量 589 万吨，减少了 21.3 万吨，比上年减产 3.5%。①

表 4-2　2010—2018 年我国主要农产品产量

年份	中国主要农产品产量 / 万吨						
	稻谷	小麦	玉米	棉花	花生	甘蔗	水果
2010	19 722.6	11 614.4	19 075.2	577.0	1513.6	10 598.2	20 095.4
2011	20 288.3	11 862.5	21 131.6	651.9	1530.2	10 867.4	21 081.6
2012	20 653.2	12 254.0	22 955.9	660.8	1579.2	11 574.6	22 091.5
2013	20 628.6	12 371.0	24 845.3	628.2	1608.2	11 926.4	22 748.1
2014	20 960.9	12 832.1	24 976.4	629.9	1590.1	11 578.8	23 302.6
2015	21 214.2	13 263.9	26 499.2	590.7	1596.1	10 706.4	24 524.6
2016	21 109.4	13 327.0	26 361.3	534.3	1636.1	10 320.5	24 405.2
2017	21 267.6	13 433.4	25 907.1	565.3	1709.2	10 440.4	25 241.9
2018	21 212.9	13 144.0	25 717.4	610.3	1733.2	10 809.7	25 688.4

数据来源：国家统计局中国统计年鉴，http：//www.stats.gov.cn/tjsj/ndsj/2019/indexch.htm

表 4-3 列出了 2015 年至 2019 年中国粮食的总产量，分析数据可以发现，我国粮食总产量虽然一直处于波动状态，但变化不大，总体趋势是稳中向好态势，在稳步上升。

表 4-3　2015—2019 年中国粮食产量

年份	2015	2016	2017	2018	2019
2015—2019 中国粮食产量 / 万吨	66 060	66 044	66 161	65 789	66 384

数据来源：国际农产品统计年鉴，http：//www.mczx.agri.cn/

4.2.1.1 我国农产品进出贸易概括

从表 4-4 可以看出，2009—2018 年，我国的农产品贸易总额、出口额以及

① 数据来源：国家统计局 2019 中国统计年鉴，http：//www.stats.gov.cn/tjsj/ndsj/2019/indexch.htm.

进口额都大体上呈现持续增长的态势，但我国农产品贸易长期处于逆差状态，并且逆差额在波动中持续增长，且在 2018 年达到了历史最高值 574 亿美元，巨额的贸易逆差成为中国农业发展过程中不可忽视的一个问题。农产品国际贸易逆差持续扩大将会严重影响到我国农民增收、农业产业安全乃至国家经济社会安全，应引起学界和政策制定者的高度重视。

表 4–4　我国农产品贸易额　（单位：亿美元）

类别	2009	2010	2011	2012	2013	2014	2015	2016	2017	2018
农产品贸易总额	914	1208	1540	1740	1850	1928	1861	1832	1998	2168
农产品出口额	392	489	601	625	671	713	702	726	751	797
农产品进口额	522	719	939	1114	1179	1215	1159	1106	1247	1371
逆差额	130	230	338	489	508	501	457	380	495	574

注：数据来源于商务部对外贸易司

其中，2018 年 1—12 月，中国的农产品进出口总额为 2164.7 亿美元，同比增长了 8.3%。其中，中国农产品出口金额为 793.2 亿美元，同比增长 0.6%。中国农产品的进口金额为 1371.5 亿美元，同比增长 8.8%（图 4–1）。

单位：亿美元

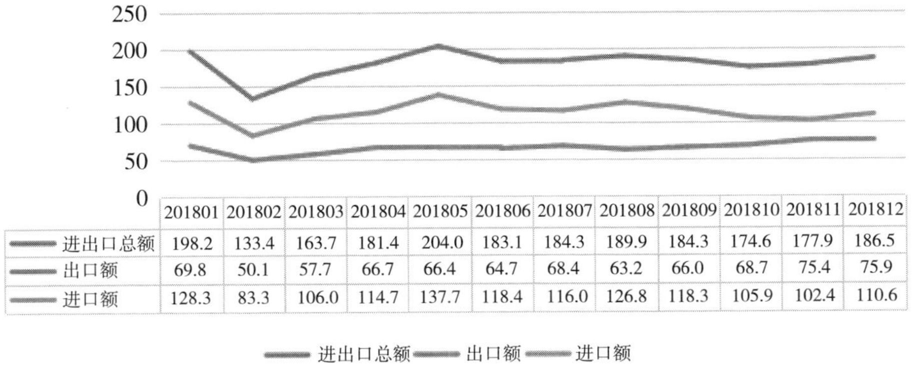

	201801	201802	201803	201804	201805	201806	201807	201808	201809	201810	201811	201812
进出口总额	198.2	133.4	163.7	181.4	204.0	183.1	184.3	189.9	184.3	174.6	177.9	186.5
出口额	69.8	50.1	57.7	66.7	66.4	64.7	68.4	63.2	66.0	68.7	75.4	75.9
进口额	128.3	83.3	106.0	114.7	137.7	118.4	116.0	126.8	118.3	105.9	102.4	110.6

图 4–1　中国 2018 年农产品进出口情况

数据来源：中华人民共和国商务部对外贸易司

2018 年我国农产品出口市场主要是亚洲、欧洲和北美洲，分别占比达到 64.53%、14.47% 和 11.89%（图 4–2）。而我国农产品进口的主要市场是南美洲、亚洲、北美洲和欧洲，分别占比 31.81%、18.83%、17.77% 和 15.87%（图 4–3）。由此可见，2018 年中国的农产品进出口贸易受到中美贸易战的冲击不大，但也是有一定影响力的。

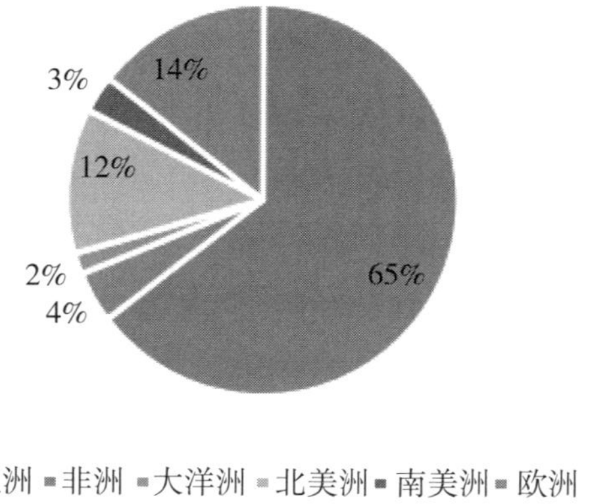

图 4-2 2018 年中国农产品对外出口占比分布

数据来源：中华人民共和国商务部

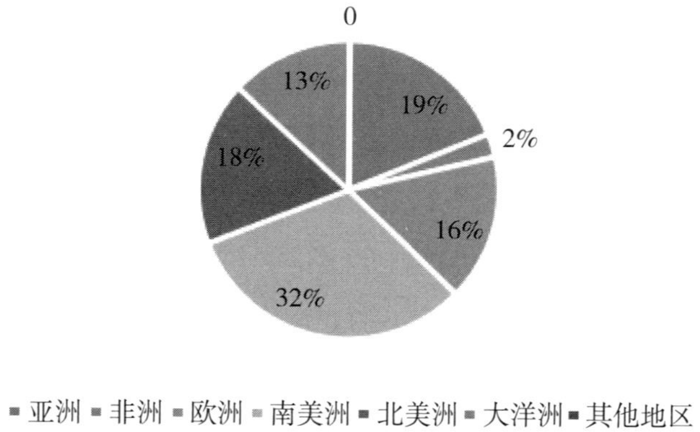

图 4-3 2018 年中国农产品进口占比分布

数据来源：中华人民共和国商务部

2019 年中国的农产品总的进出口额、出口额、进口额和贸易逆差都创新高，但是出口额略微下降。在出口市场中，对于东盟，欧盟出口增加，对美国、日本、中国香港出口下降。在进口市场中，来自欧盟、澳大利亚和东盟进口增加，来自巴西、美国进口下降。

2019 年我国农产品贸易总额达到 2300.7 亿美元，同比增长 5.7%。这当中，出口额为 791.0 亿美元，降低 1.7%，进口额为 1509.7 亿美元，升高 10.0%，贸易逆差为 718.7 亿美元，增加了 26.5%。2019 年我国大陆前五大出口市场分别为东盟、日本、中国香港、欧盟和美国，总共合计 545.3 亿美元，占农产品出口总额的 68.9%；前五大进口市场分别为巴西、东盟、欧盟、美国和澳大利亚，总共合计 949.1 亿美元，占农产品进口总额的 62.9%。[①] 从以上数据可以分析出，中国的农产品进出口贸易受到了中美贸易摩擦的影响相比于 2018 年更加明显，这也是由于进入 2019 年，美国的贸易措施收紧，进一步向中国施压的结果。

值得关注的是，在 2015—2019 年这 5 年里，我国农产品进出口一直是逆差，且逆差数额持续扩大。自 20 世纪 90 年代以来，我国农产品贸易首次出现逆差是在 2004 年，逆差数额为 46.6 亿美元。而 2019 年的农产品贸易逆差为 718.7 亿美元，是 2004 年农产品贸易逆差的 15.4 倍。

造成我国农产品贸易长期处于逆差状态的原因有：①国内农产品“供不应求”，即国内农产品的有效供给不足以满足国内消费者的需求，这主要体现在：一方面，随着生活水平的提升，人们越来越注重农产品的品质，而国内目前的农业生产水平尚不能完全迎合国内消费者的高端消费需求，因此需要从国外进口优质的农产品，这就造成了一部分国内需求外溢（Shin，2016）；另一方面，我国人均耕地面积小，土地密集型农产品尚处于竞争劣势，无法大面积生产谷物类农产品，因此需要从国外大量进口此类农产品。②我国农产品出口到国际市场，经常会遭遇到种种贸易壁垒，发达国家在农产品质量安全、环保以及健康等方面制度了一系列严格的标准，极大的限制了我国农产品的出口规模。③我国农产品贸易失衡还与农产品出口企业的组织形式缺乏国际竞争力有关，国内农产品出口企业的经营规模较小、技术能力薄弱以及农产品产业链不完善，企业出口的农产品大多为原料型农产品和初级加工产品，这就直接导致我国农产品出口的附加值低，出口效益下降，因此，想要改善我国农产品贸易失衡的现状，提升农产品出口竞争力是关键一步。

4.2.1.2 中国农产品出口贸易

在全球经济一体化的时代，中国作为世界第二大经济体，经济发展离不开世界市场和其他国家的经济发展水平。这其中一个比较常用的衡量数据就是进出口贸易依存度。进口贸易依存度是指进口贸易额与国内生产总值的比例，出口贸易依存度是出口贸易额与国内生产总值的比例。进出口贸易依存度能够有效衡量一个国家经济的外向性程度。

（1）中国农产品出口贸易规模。

随着我国融入国际市场进程的加快，我国农业对外开放水平不断提高，农

① 数据来自农业农村部农业贸易促进中心。

产品出口规模在不断扩大，由 2009 年的 392.1 亿美元增长到了 2018 年的 797.1 亿美元，增长了 2.03 倍，年均增长率为 8.20%[①]。从图 4-4 可以看出，近 10 年，我国农产品出口额稳中有升。根据 WTO 的统计数据，2018 年，我国已成为继美国、巴西之后的世界第三大农产品出口国。

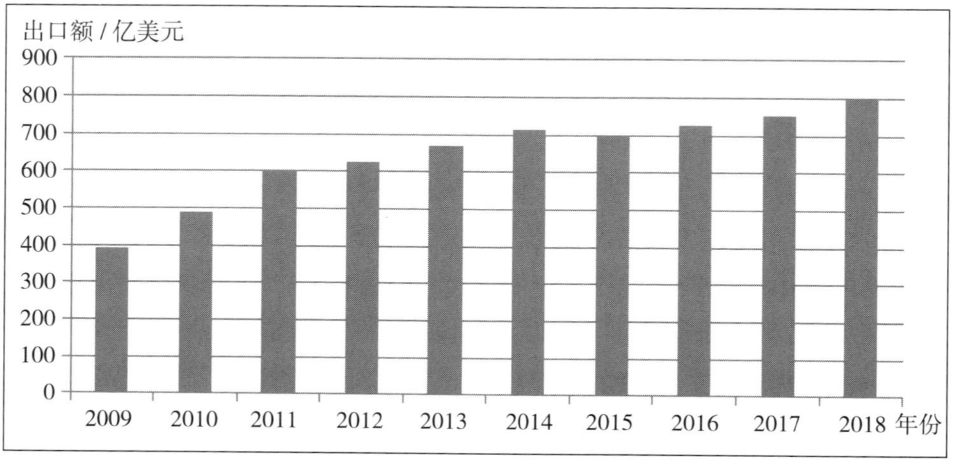

图 4-4　2009—2018 年我国农产品出口额

数据来源于：国家商务部对外贸易司

（2）中国农产品出口商品结构。

从我国农产品出口的商品结构来看，2017 年我国出口的农产品主要是基于 HS 编码的农产品分类的水果坚果类（包括蔬菜、水果、坚果及其制品）及水产品类（包括水、海产品及水产品制品），这两类产品的出口额合计 449.04 亿美元，占我国农产品出口总额的 59.76%[②]（图 4-5）。从商品结构来看，我国目前农产品出口贸易的集中度较高，以劳动密集型农产品和初级农产品为主。

（3）中国农产品出口市场分布。

从我国农产品出口的国际市场分布来看（图 4-6），10 年来，我国农产品出口市场集中在亚洲、欧盟和北美洲，其中，2017 年排名前 3 的农产品出口消费国家（地区）分别是日本、欧盟和美国，对这 3 个国家（地区）的出口占比分别是 13.60%、11.56% 和 10.19%[③]。

① 数据由商务部农产品贸易资料计算而得。
② 数据由商务部农产品贸易资料计算而得。
③ 数据由商务部对外贸易司资料计算而得。

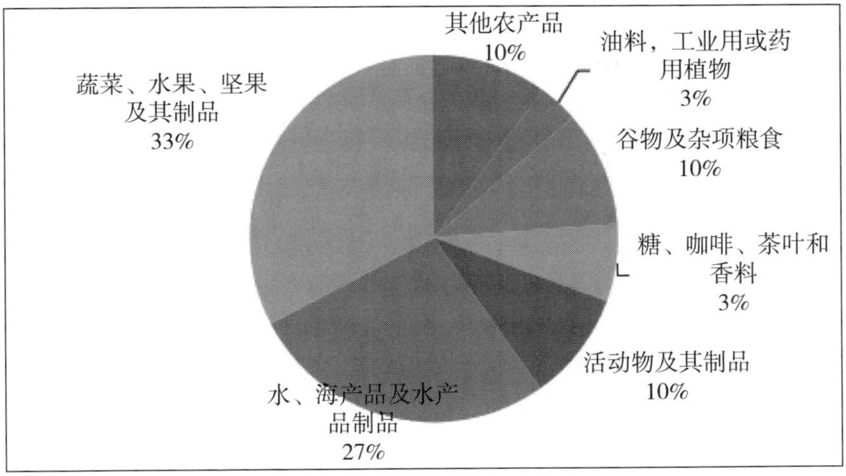

图 4–5 2017 年我国农产品出口种类构成

数据来源于：国家商务部对外贸易司

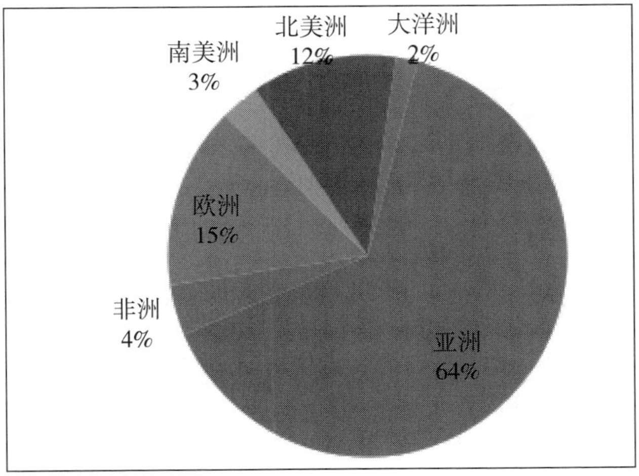

图 4–6 2017 年我国农产品出口市场分布

数据来源于：国家商务部对外贸易司

（4）中美贸易摩擦以来中国农产品出口依存度分析。

① 对世界市场的出口依存度。2018 年，中国农产品出口总额 793.2 亿美元，而中国 2018 年农产品总产值达到 8535.1 亿美元，根据公式可得中国农产品的出口贸易依存度为 9.3%。从以上数据可以得出，中国对世界农产品市场的出口依存度也不高，中国的出口向来不以农产品为主，农产品出口相对而言占比较低。相对于农产品总产出而言，中国农产品出口额相对较低，贸易依存度也较低，

但也要提防中美贸易摩擦对我国农产品出口造成的不利影响。② 对美国市场的出口依存度。2018 年中国对美国出口的农产品大约为 80.1 亿美元，中国 2018 年农产品总产值为 8611.1 亿美元，根据公式可得出口贸易依存度为 0.95%。由结果可知，中国农产品对美国市场的出口贸易依存度是最低的，中国对美国农产品出口一直以来及比较少，相比于 2017 年，中国对美国农产品的出口甚至增加了 10 亿美元左右，这可能是因为中美贸易摩擦过程中，美国对来自中国的制造业产品防范比较严格，中美两国贸易逆差多半是由初级加工产品构成，农产品相对而言威胁不大，但是可以看见美国对中国出口的农产品的限制也在收紧。虽然中美两国已经达成了第一阶段的经贸协议，但由于新冠疫情的影响，经贸协议的履行程度和是否能如约履行，尚不可知，因而中国应做好相应的防范。

4.2.1.3 中国农产品进口贸易

（1）中国对世界市场的进口依存度分析。

2018 年我国农产品进口总额 1371.5 亿美元，而我国农产品总产值为 8535.1 亿美元，根据农产品进口贸易依存度计算公式，农产品进口贸易依存度 = 中国农产品进口总额 / 中国农产品总产值，可以得到我国对世界市场的进口依存度大约为 17.7%。从以上数据可以分析得出，中国农产品的进口依存度相对较小，这可能你是由于中国进口商品的进口度差距太大造成。我国农产品当中，棕榈油的进口度高达 100%，橡胶的进口依存度达到 88.97%，大豆的进口依存度达到 83.03%，而大豆的主要进口市场当中就有美国，位列第 2。除此以外，我国棉花的进口依存度为 23.81%，玉米的依存度低至 1.80%，其中美国均是主要的进口国（表 4-5）。由此可见，中美贸易摩擦对我国农产品的影响不容忽视，并在一定程度影响到了我国的进口贸易依存度。

表 4-5 2018 年中国主要农产品的进口依存度

品种	进口依存度	主要进口国
棕榈油	100%	马来西亚
		印度尼西亚
橡胶	88.97%	泰国
		马来西亚
		印度尼西亚

续表

品种	进口依存度	主要进口国
大豆	83.03%	巴西
		美国
		阿根廷
棉花	23.81%	巴西
		澳大利亚
		印度
		美国
玉米	1.80%	乌克兰
		美国
		老挝

数据来源：中国农业农村部

（2）中国对美国市场的进口依存度分析。

2018 年，我国从美国进口农产品总额 155.7 亿美元，而我国农产品总产值为 8 535.1 亿美元。根据公式可得中国对美国的进口依存度为 1.80%。由以上数据可以得出，中国的进口对美国市场的依赖程度较小，但是由于大豆、食糖等农作物美国依然是主要的进口来源国，因此不能轻视美国农产品出口对我国的作用，也就不能忽视中美贸易摩擦对我国农产品领域的影响。相比较，没有正式发起贸易战的 2017 年，中国从美国进口的农产品大约为 240 亿美元，下降的幅度较大。

经过中美双方的努力，达成的第一阶段贸易协议当中中方已经承诺每年至少从美国进口 500 亿农产品，这对于中国对美国的进口依存度也会造成相应的影响。

4.2.2　“逆全球化”背景下我国农产品贸易政策

自 1949 年中华人民共和国成立以来，我国农产品贸易政策有 3 个发展阶段。从建国到改革开放前，我国实行外贸专营体制，即由外贸部统一领导和管理，由专门的外贸公司集中经营的农产品生产贸易。从改革开放到中国加入世界贸易组织（WTO）前，我国先采取计划和市场双管齐下，并以计划为主的市场管理体制进行探索，后采取了更深层次的对外贸易开放政策，我国农产品的外贸管理体制逐渐与国际接轨。而从2001年12月11日中国正式加入WTO，我国农产品的外贸管理进一步开放，采取了以下措施，如降低关税水平，完善农产品进口配额制度，取消部分农产品出口补贴，鼓励私营农产品外贸企业进入国际市场，颁布相关的法律法规来健全农产品市场机制等。上述措施极大地推动了我国农产品的国际贸易发展，为我国成为农业强国奠定了基础。

而现在，面对"逆全球化"的浪潮，我国也积极采取了相应的政策和措施应对这一问题。当前，我国农产品贸易政策的主题是：推进农业现代化发展，增强国际竞争力。

具体的发展政策分为如下几个部分。

4.2.2.1 提高农产品质量安全保障

（1）完善农产品质量标准。

我国强调要全面推行农产品标准化生产。首先在农产品生产中，应该严格制定有关农产品添加物的标准，如农药残留量、食品添加剂含量等应低于相关标准。另外，在农产品销售过程中，可以实行产地准出制和市场准入制，严进严出，建立从生产到销售再到食用，全程可追溯监管的农产品质量安全检测平台。

（2）保持农产品生产可持续发展。

在与其他国家贸易中，我国农产品经常因为不符合当地的检验检疫标准而被拒绝进入当地市场，或者被处以高额罚款。因此，我们需要推广测土配方施肥等高新技术，把农药精准高效施用，尽量减少农药残余量。① 对于种养的废弃物资源，可以进行无害化处理或者回收再利用，并对土质不同的土地区分使用，从而创建农业可持续发展示范试验区。

4.2.2.2 增强我国农产品国际竞争力

要增强我国农产品国际竞争力，在产品生产方面，我们需要提升农业技术装备水平，同时推进农业信息化的建设；在农产品贸易经营主体方面，我们需要培育新型农业经营主体。

（1）提高农业技术装备水平。

---

① 以土壤测试和肥料田间试验为基础，根据作物需肥规律、土壤供肥性能和肥料效应，在合理施用有机肥料的基础上，提出氮、磷、钾及中、微量元素等肥料的施用数量、施肥时期和施用方法。通俗地讲，就是在农业科技人员指导下科学施用配方肥。

加强农业高科技创新，首先需要加快各种技术攻关，如生物育种、农机装备、绿色增产等，并推广新型高效农产品种植，提高农业高科技的使用率。另外，推进主要农产品种植、养护、收割的机械化，将更多的高新科技运用于农产品生产中。

（2）推进农业信息化建设。

推动农产品信息技术与物联网的结合，可以实现农产品之间各种相关信息实时的共享以及对农产信息的智能化收集、传递、处理和执行。我国在“十三五”期间计划进行农产品物联网区域的试验工程，提高农产品智能化和精准化水平，并将农产品与大数据结合，真正实现农产品高新技术发展和运用。

（3）培育新型农产品经营主体。

在农产品贸易中，不仅作为贸易客体的农产品本身十分重要，贸易主体在农产品贸易中也占据了重要位置。国家支持培育新型的农业经营主体，支持企业或者个人进行农业投资，也鼓励新型的农业经营模式，如农商联盟等。另外，建设并健全有利于新型农产品贸易主体成长的政策体系，扶持相关贸易主体的发展，引导农民合作社等相关主体积极投入市场，将有利于促进农产品贸易市场的健康发展。

4.2.2.3 完善农业支持保护制度

与我国其他产品进出口贸易进行对比，我国农产品进出口贸易相对处于弱势。因此，我国进一步完善了农产品贸易的支持保护制度，以增加主要农产品国内供给、促进农民收入、实现农产品贸易可持续发展。具体的制度分为以下3 个部分：

（1）持续增加农产品资金投入。

我国在“十三五”规划中优化农业财政支出结构，创建新型的农产品资金投入方式和运行机制，对我国农产品贸易的“黄箱”补贴进行调整，并扩大“绿箱”补贴范围和补贴规模，从侧面增加我国农产品在国际市场上的竞争力。①

① “黄箱补贴”也称为“黄灯补贴”“可诉补贴”，指那些不是一律被禁止，但又不能自动免于质疑的补贴。对这类补贴，往往要根据其客观效果才能判定是否符合世界贸易组织规则。“绿箱补贴”也称为“绿灯补贴”“不可诉补贴”。根据反补贴协定规定，不可诉补贴是指不会招致其他成员方提起反补贴申诉的补贴行为。各成员方在实施这类补贴过程中一般不受其他成员方的反对而因此不会导致其他成员方采取相应的反补贴措施。（解释来源：MBA 智库百科，https：//wiki.mbalib.com/wiki/）

（2）完善农产品价格和收储制度。

近期以来，我国将坚持进行农产品市场化改革和最大限度保护农民利益。我国将继续并完善稻谷、小麦等粮食的最低收购价政策。深化棉麻制品，豆制品的目标价格改革。推进玉米等农产品价格形成机制改革，并建立相关生产者补贴制度。在科学计量农产品进出口量及我国国内消耗总量的前提下，确定各种重要农产品的储备规模，对粮食储备管理体制和吞吐调节机制进行完善改进，引导生产、加工、销售等各环节多元化市场主体参与农产品的收储活动。

4.2.2.4 高度重视农业知识产权

从2004年起，"中央一号"文件连续16年锁定"三农"主题，现代农业的发展离不开科技创新驱动，科技创新离不开知识产权的创造、运用、保护、管理以及服务，以下为近年来"中央一号"文件中知识产权的工作部署。

2016年《中共中央国务院关于推进社会主义新农村建设的若干意见》提出大力提高农业科技创新和转化能力。加强农业高技术研究，继续实施现代农业高技术产业化项目，尽快取得一批具有自主知识产权的重大农业科技成果。加强种质资源和知识产权保护。

2017年《中共中央国务院关于积极发展现代农业扎实推进社会主义新农村建设的若干意见》提出：依法保护农产品注册商标、地理标志和知名品牌。加强农业领域知识产权保护。

2008年《中共中央国务院关于切实加强农业基础建设进一步促进农业发展农民增收的若干意见》提出：培育名牌农产品，加强农产品地理标志保护。

2009年《中共中央国务院关于2009年促进农业稳定发展农民持续增收的若干意见》提出：依法开展权属清晰、风险可控的专利权、商标专用权等权利质押贷款。强化现代农业物质支撑和服务体系，加快农业科技创新步伐。重点支持关键领域、重要产品、核心技术的科学研究。加快推进转基因生物新品种培育科技重大专项，整合科研资源，加大研发力度，尽快培育一批抗病虫、抗逆、高产、优质、高效的转基因新品种，并促进产业化。实施主要农作物强杂交优势技术研发重大项目。强化农业知识产权保护。支持龙头企业承担国家科技计划项目。加强和完善现代农业产业技术体系。

2010年《中共中央国务院关于加大统筹城乡发展力度进一步夯实农业农村发展基础的若干意见》提出：提高现代农业装备水平，促进农业发展方式转变，提高农业科技创新和推广能力。切实把农业科技的重点放在良种培育上，加快农业生物育种创新和推广应用体系建设。继续实施转基因生物新品种培育科技重大专项，抓紧开发具有重要应用价值和自主知识产权的功能基因和生物新品种，在科学评估、依法管理基础上，推进转基因新品种产业化。充分运用地理标志和农产品商标促进特色农业发展。

2012 年《中共中央国务院关于加快推进农业科技创新持续增强农产品供给保障能力的若干意见》提出：提升农村金融服务水平，积极探索农业科技专利质押融资业务。依靠科技创新驱动，引领支撑现代农业建设。完善农业科技创新机制，加快农业技术转移和成果转化，加强农业知识产权保护，稳步发展农业技术交易市场。

2013 年《中共中央国务院关于加快发展现代农业进一步增强农村发展活力的若干意见》提出：强化农业物质技术装备，加强农业科技创新能力条件建设和知识产权保护，继续实施种业发展等重点科技专项。深入实施商标富农工程，强化农产品地理标志和商标保护。

2015 年《中共中央国务院关于加大改革创新力度加快农业现代化建设的若干意见》提出：健全农村产权保护法律制度，加强农业知识产权法律保护。

2016 年《关于落实发展新理念加快农业现代化实现全面小康目标的若干意见》提出：持续夯实现代农业基础，提高农业质量效益和竞争力，强化现代农业科技创新推广体系建设。深化农业科技体制改革，完善成果转化激励机制，制定促进协同创新的人才流动政策。加强农业知识产权保护，严厉打击侵权行为。推动农产品加工业转型升级，开发拥有自主知识产权的技术装备，支持农产品加工设备改造提升，建设农产品加工技术集成基地。

2017 年《中共中央、国务院关于深入推进农业供给侧结构性改革加快培育农业农村发展新动能的若干意见》提出：①做大做强优势特色产业，开展特色农产品标准化生产示范，建设一批地理标志农产品和原产地保护基地。推进区域农产品公用品牌建设，支持地方以优势企业和行业协会为依托打造区域特色品牌，引入现代要素改造提升传统名优品牌。②支持新型农业经营主体申请“三品一标”认证，推进农产品商标注册便利化，强化品牌保护。③壮大新产业新业态，拓展农业产业链价值链。加大食品加工业技术改造支持力度，开发拥有自主知识产权的生产加工设备。鼓励食品企业设立研发机构，围绕“原字号”

开发市场适销对路的新产品。④完善农业科技创新激励机制。加快落实科技成果转化收益、科技人员兼职取酬等制度规定。通过“后补助”等方式支持农业科技创新。实施农业科研杰出人才培养计划，深入推进科研成果权益改革试点。发展面向市场的新型农业技术研发、成果转化和产业孵化机构。完善符合农业科技创新规律的基础研究支持方式，建立差别化农业科技评价制度。⑤加强农业知识产权保护和运用。

2018 年《中共中央国务院关于实施乡村振兴战略的意见》提出：①实施质量兴农战略。实施产业兴村强县行动，推行标准化生产，培育农产品品牌，保护地理标志农产品，打造一村一品、一县一业发展新格局。②发挥科技人才支撑作用。健全种业等领域科研人员以知识产权明晰为基础、以知识价值为导向的分配政策。探索公益性和经营性农技推广融合发展机制，允许农技人员通过提供增值服务合理取酬。全面实施农技推广服务特聘计划。

2019 年《中共中央国务院关于坚持农业农村优先发展做好“三农”工作的若干意见》提出：①加快突破农业关键核心技术。强化创新驱动发展，实施农业关键核心技术攻关行动，培育一批农业战略科技创新力量，推动生物种业、重型农机、智慧农业、绿色投入品等领域自主创新。建设农业领域国家重点实验室等科技创新平台基地，打造产学研深度融合平台，加强国家现代农业产业技术体系、科技创新联盟、产业创新中心、高新技术产业示范区、科技园区等建设。强化企业技术创新主体地位，培育农业科技创新型企业，支持符合条件的企业牵头实施技术创新项目。继续组织实施水稻、小麦、玉米、大豆和畜禽良种联合攻关，加快选育和推广优质草种。支持薄弱环节适用农机研发，促进农机装备产业转型升级，加快推进农业机械化。加强农业领域知识产权创造与应用。加快先进实用技术集成创新与推广应用。建立健全农业科研成果产权制度，赋予科研人员科技成果所有权，完善人才评价和流动保障机制，落实兼职兼薪、成果权益分配政策。②加快发展乡村特色产业。因地制宜发展多样性特色农业，倡导“一村一品”“一县一业”。积极发展果菜茶、食用菌、杂粮杂豆、薯类、中药材、特色养殖、林特花卉苗木等产业。支持建设一批特色农产品优势区。创新发展具有民族和地域特色的乡村手工业，大力挖掘农村能工巧匠，培育一批家庭工场、手工作坊、乡村车间。健全特色农产品质量标准体系，强化农产品地理标志和商标保护，创响一批“土字号”“乡字号”特色产品品牌。

2020 年《中共中央国务院于落实发展新理念加快农业现代化实现全面小康目标的若干意见》提出：①持续夯实现代农业基础，提高农业质量效益和竞争力。强化现代农业科技创新推广体系建设。农业科技创新能力总体上达到发展中国家领 先水平，力争在农业重大基础理论、前沿核心技术方面取得一批达到世界先进水平的成果。统筹协调各类农业科技资源，建设现代农业产业科技创新中心，实施农业科技创新重点专项和工程，重点突破生物育种、农机装备、智能农业、生态环保等领域关键技术。强化现代农业产业技术体系建设。加强农业转基因技术研发和监管，在确保安全的基础上慎重推广。加快研发高端农机装备及关键核心零部件，提升主要农作物生产全程机械化水平，推进林业装备现代化。大力推进“互联网 +”现代农业，应用物联网、云计算、大数据、移动互联等现代信息技术，推动农业全产业链改造升级。大力发展智慧气象和农业遥感技术应用。深化农业科技体制改革，完善成果转化激励机制，制定促进协同创新的人才流动政策。加强农业知识产权保护，严厉打击侵权行为。深入开展粮食绿色高产高效创建。②加快推进现代种业发展。大力推进育繁推一体化，提升种业自主创新能力，保障国家种业安全。深入推进种业领域科研成果权益分配改革，探索成果权益分享、转移转化和科研人员分类管理机制。实施现代种业建设工程和种业自主创新重大工程。全面推进良种重大科研联合攻关，培育和推广适应机械化生产、优质高产多抗广适新品种，加快主要粮食作物新一轮品种更新换代。加快推进海南、甘肃、四川国家级育种制种基地和区域性良种繁育基地建设。强化企业育种创新主体地位，加快培育具有国际竞争力的现代种业企业。实施畜禽遗传改良计划，加快培育优异畜禽新品种。开展种质资源普查，加大保护利用力度。贯彻落实种子法，全面推进依法治种。加大种子打假护权力度。③推动农产品加工业转型升级。加强农产品加工技术创新，促进农产品初加工、精深加工及综合利用加工协调发展，提高农产品加工转化率和附加值，增强对农民增收的带动能力。开发拥有自主知识产权的技术装备，支持农产品加工设备改造提升，建设农产品加工技术集成基地。培育一批农产品精深加工领军企业和国内外知名品牌。

2020 年“中央一号”文件特别提出：统筹用好国际国内两个市场、两种资源。完善农业对外开放战略布局，统筹农产品进出口，加快形成农业对外贸易与国内农业发展相互促进的政策体系，实现补充国内市场需求、促进结构调整、保护国内产业和农民利益的有机统一。加大对农产品出口支持力度，巩固农产品出口传统优势，培育新的竞争优势，扩大特色和高附加值农产品出口。确保口粮绝对安全，利用国际资源和市场，优化国内农业结构，缓解资源环境压力。优化重要农产品进口的全球布局，推进进口来源多元化，加快形成互利共赢的稳定经贸关系。健全贸易救济和产业损害补偿机制。强化边境管理，深入开展综合治理，打击农产品走私。统筹制定和实施农业对外合作规划。加强与“一带一路”沿线 国家和地区及周边国家和地区的农业投资、贸易、科技、动植物检疫合作。支持我国企业开展多种形式的跨国经营，加强农产品加工、储运、贸易等环节合作，培育具有国际竞争力的粮商和农业企业集团。

2021 年《中共中央国务院关于全面推进乡村振兴加快农业农村现代化的意见》指出，①打好种业翻身仗。农业现代化，种子是基础。加强农业种质资源保护开发利用，加快第三次农作物种质资源、畜禽种质资源调查收集，加强国家作物、畜禽和海洋渔业生物种质资源库建设。对育种基础性研究以及重点育种项目给予长期稳定支持。加快实施农业生物育种重大科技项目。深入实施农作物和畜禽良种联合攻关。实施新一轮畜禽遗传改良计划和现代种业提升工程。尊重科学、严格监管，有序推进生物育种产业化应用。加强育种领域知识产权保护。支持种业龙头企业建立健全商业化育种体系，加快建设南繁硅谷，加强制种基地和良种繁育体系建设，研究重大品种研发与推广后补助政策，促进育繁推一体化发展。②推进农业绿色发展。加强农产品质量和食品安全监管，发展绿色农产品、有机农产品和地理标志农产品，试行食用农产品达标合格证制度，推进国家农产品质量安全县创建。

此外，2012 年，中共中央《关于加快推进农业科技创新持续增强农产品供给保障能力的若干意见》明确指出，实现农业持续稳定发展、长期确保农产品有效供给，根本出路在科技。农业科技是加快现代农业建设的决定力量。2017 年，《中共中央、国务院关于深入推进农业供给侧结构性改革加快培育农业农村发展新动能的若干意见》也述及农业知识产权保护问题。其中包括：在“壮大新产业新业态，拓展农业产业链价值链”篇“15. 加快发展现代食品产业。引导加工企业向主产区、优势产区、产业园区集中，在优势农产品产地打造食品加工产业集群。加大食品加工业技术改造支持力度，开发拥有自主知识产权的生产加工设备”；在“强化科技创新驱动，引领现代农业加快发展”篇

“19. 完善农业科技创新激励机制。加快落实科技成果转化收益、科技人员兼职取酬等制度规定。通过‘后补助’等方式支持农业科技创新。实施农业科研杰出人才培养计划，深入推进科研成果权益改革试点。发展面向市场的新型农业技术研发、成果转化和产业孵化机构。完善符合农业科技创新规律的基础研究支持方式，建立差别化农业科技评价制度。加强农业知识产权保护和运用”。

此外，为了提升植物新品种权、农产品地理标志、涉农专利、商标、版权等农业知识产权创造、运用、保护和管理能力，强化对农业发展的技术支撑，保障国家粮食安全，促进农业持续健康发展，农业部制定并发布了《农业知识产权战略纲要（2010—2020 年）》，提出“到 2020 年，把我国农业知识产权创造、运用、保护和管理能力提升到新的水平，政策法规基本完善，管理体系基本健全，公共服务和技术支撑能力显著增强，知识产权意识深入人心，中介服务机构和人才队伍建设适应形势发展需要，农业领域自主知识产权拥有量跨入世界先进行列，知识产权对建设中国特色农业现代化的支撑作用显著”。

4.3 “逆全球化”背景下世界农产品国际贸易格局

4.3.1 “逆全球化”背景下世界农产品贸易概括

2018 年联合国按照不同经济体的发展程度不同，将其分为发展中经济体，转型经济体和发达经济体，并按照不同的生产者（出口者），统计了不同发展程度的经济体农产品进出口量的对比①，如表 4–6 所示。

---

① 发达国家是指经济发展水平较高，技术较为先进，生活水平较高的国家，又称作工业化国家、高经济开发国家（MEDC）。

发展中国家也称作开发中国家、欠发达国家，是指经济、技术、人民生活水平程度较低的国家，与发达国家相对。发展中国家的评价标准主要是这个国家的人均国内生产总值（人均 GDP）相对比较低，通常指包括亚洲、非洲、拉丁美洲及其他地区的 130 多个国家，占世界陆地面积和总人口的 70% 以上。新兴经济体，是指某一国家或地区经济蓬勃发展，成为新兴的经济实体。目前并没有一个准确的定义。英国《经济学家》将新兴经济体分成两个梯队：第一梯队为中国、巴西、印度和俄罗斯，也称“金砖四国”；第二梯队包括墨西哥、韩国、南非、波兰、土耳其、埃及等“新钻”国家。

（解释来源：MBA 智库百科，https：//wiki.mbalib.com/wiki/）

表 4-6　世界农产品生产格局　（单位：万美元）

产地	出口地						
	世界	发展中国家				转型国家	发达国家
		总计	非洲	美洲	亚洲和大洋洲		
世界	276 498	138 999	8004	10 372	120 623	4955	131 392
	100%	50%	3%	4%	44%	2%	48%
发展中国家	103 992	68 596	3346	3716	61 534	1008	33 689
	100%	66%	3%	4%	59%	1%	32%
发展中国家：非洲	12 111	8007	1117	128	6833	98	3931
	100%	67%	9%	1%	56%	1%	32%
发展中国家：美洲	26 049	13 917	158	1988	11 770	281	11 270
	100%	53%	1%	8%	45%	1%	43%
发展中国家：亚洲和大洋洲	65 762	46 602	2071	1600	42 931	629	18 487
	100%	71%	3%	2%	65%	1%	28%
转型国家	14 388	8066	286	157	7625	1521	4785
	100%	56%	2%	1%	53%	11%	33%
发达国家	158 188	62 336	4373	6498	51 465	2426	92 918
	100%	39%	3%	4%	33%	2%	59%

数据来源：2019 年联合国贸易和发展会议数据 ,https：//unctad.org/en/PublicationsLibrary/tdstat44_en.pdf

分析数据可以发现，发展中经济体作为生产者而言，其出口的农产品有 66% 的比例出口给了发展中经济体，在发展中经济体 66% 的比例中，59% 的农产品均出口给了亚洲和大洋洲，出口给非洲发展中经济体的仅为 3%，而出口给美洲发展中经济体的为 4%。发达经济体则占出口部分的 48%，而转型经济体中仅占 1%。即发展中经济体的农产品大部分都出口给了发展中经济体和发达经济体，而发展中经济体尤以亚洲和大洋洲最甚。

转型经济体作为生产者而言，其农产品的出口有 56% 的比例出口给了发展中经济体，53% 的农产品出口给了亚洲和大洋洲。发达经济体占其出口部分的 33%，而转型经济体占 11%。同发展中经济体作为生产者一样，转型经济体生产的大部分农产品都出口给了发展中经济体。

发达经济体作为生产者则与上述情况不同。它们生产的农产品仅有 39%

出口给了发展中经济体，有 59% 都是出口给了发达经济体，出口给转型经济体的则为 2%。

由此可见，无论是出口还是进口，发展中经济体和转型经济体在农产品进出口贸易中都占据了很大的比例。

4.3.2 “逆全球化”背景下世界农产品贸易国别分析

世界农产品进出口格局十分复杂，各个国家农产品贸易紧密相连。本书选取了美国和澳大利亚两个农业大国在 2017 年的农产品进、出口数据进行简单分析，从而探讨世界农产品贸易格局。

根据表 4–7 和表 4–8 可以看出，美国作为农产品贸易强国，其农产品进口和出口量都数额巨大。在 2017 年，美国进口农产品数额最大的两个国家是加拿大和墨西哥。上述两国与美国地理位置接近，农产品贸易联系密切。美国进口加拿大和墨西哥农产品的数额接近进口农产品总数额的一半。中国是美国农产品进口额第三的出口国，2017 年美国进口中国农产品总额约为 75 亿美元。

而在美国农产品出口额国家排名中，美国出口中国农产品数额为 206.8 亿美元，仅次于加拿大的 257.5 亿美元。在 2017 年美国进口中国农产品数额为 75.1 亿美元，远远大于美国进口中国的农产品贸易量。可以发现，就中美双方的农产品贸易而言，我国与美国农产品贸易逆差数额巨大。在美国农产品出口额最大的前 15 位国家中，亚洲国家或地区共有 8 位。数据显示，美国已成为亚洲农产品最大的进口国。

表 4–7　美国 2017 年农产品进口额前 15 的国家（地区）

国家（地区）	墨西哥	加拿大	中国	法国	智利	意大利	印度	印度尼西亚
进口额 / 万美元	2 740 370	2 604 846	750 083	599 872	524 402	513 344	506 891	460 739
国家（地区）	巴西	越南	泰国	澳大利亚	英国	哥伦比亚	新西兰	
进口额 / 万美元	402 286	385 540	354 855	340 376	298 367	292 600	283 659	

数据来源：国际农产品统计年鉴 2018（以下美国农产品出口额排名和澳大利亚农产品进口、出口额排名均来自国际农产品统计年鉴 2018），http: //www.mczx.agri.cn/

表 4-8　美国 2017 年农产品出口额前 15 的国家（地区）

国家（地区）	加拿大	中国	墨西哥	日本	韩国	中国香港	荷兰	印度尼西亚
出口额 / 万美元	2 575 127	2 068 226	1 916 680	1 281 985	740 057	444 544	342 717	292 204
国家（地区）	菲律宾	越南	哥伦比亚	德国	英国	印度	泰国	
出口额 / 万美元	266 381	262 561	258 361	217 204	198 471	192 244	191 751	

根据表 4-9 和表 4-10，2017 年澳大利亚进口农产品数额最大的为美国，为 165 153 万美元，其次为中国，是 97 618 万美元。泰国为第 3，为 86 323 万美元。而澳大利亚农产品出口额前 15 的国家排名中，中国位居榜首，是 826 461 万美元；日本其次，是 364 307 万美元；美国排名第 3，是 298 048 万美元。

表 4-9　澳大利亚 2017 年农产品进口额前 15 的国家（地区）

国家（地区）	中国	日本	美国	印度尼西亚	印度	韩国	越南	新西兰
出口额 / 万美元	826 461	364 307	298 048	224 438	190 123	187 443	131 770	124 147
国家（地区）	中国香港	新加坡	马来西亚	菲律宾	孟加拉国	阿拉伯联合酋长国	德国	
出口额 / 万美元	107 355	88 942	81 537	71 055	70 639	67 592	62 422	

分析数据可以发现，除美国外，澳大利亚农产品进口国家或地区的贸易额分布均匀。而除中国外，澳大利亚农产品出口国家或地区的贸易额也分布较为均匀。澳大利亚作为世界上农产品出口大国之一，种植面积大，农产品资源丰富，其农产品国际贸易对商品贸易有很大的推动作用。

表 4-10　澳大利亚 2017 年农产品出口额前 15 的国家（地区）

国家（地区）	新西兰	美国	中国	泰国	意大利	新加坡	法国	英国
进口额 / 万美元	305 781.7	165 153.2	97 618.4	86 322.5	63 340	57 950.4	55 441.6	55 032.5
国家（地区）	荷兰	马来西亚	越南	阿根廷	德国	印度尼西亚	丹麦	
进口额 / 万美元	54 091.5	51 246.2	45 009.5	42 370.3	36 414	29 100	28 125.1	

4.3.3 “逆全球化”背景下美国农产品相关政策分析

美国在支持“逆全球化”的同时，也对自己国内的许多贸易政策进行了调整，以更好地适应其农产品国际贸易的需求。笔者选择了其中两个作用较大且有代表性的美国农产品贸易政策进行简单分析，即农产品目标价格补贴政策和农业保险政策。他山之石可以攻玉，中国也可以对美国的相关政策进行借鉴，更好的保护我国的农产品贸易。

4.3.3.1 农产品目标价格补贴

美国农产品的目标价格补贴政策迄今为止已有 90 多年的历史，先后颁布了十几个农业法案来保护本国农业生产，形成了农产品生产较完善的一系列管理体系。这一政策的雏形是 1938 年农业法案所创立的“平价差额补贴”（parity payments），该政策的实质就是政府规定一个最低贷款利率，若是农产品的市场价格低于该贷款利益，农民们可以将农产品抵押给与政府合作的信贷公司，获得一笔贷款，减缓农产品销售压力，政府也扩大了农产品的库存。当市场价格较高时，政府向市场销售库存的农产品，在一定程度上缓解了农产品的价格增长，保护本国消费者的利益。这一政策在一定程度上保护了美国农民的利益，也保护了美国国内的农产品生产销售。至此开始，美国多次通过修改、废除或是新增相关的农业立法来改变美国的农产品贸易政策。

美国自加入 WTO 到 2008 年金融危机之前，一直采取的是固定直接补贴，所谓固定直接补贴是指在基期的标准下，计算出对农民的补贴水平后，在若干年内该补贴水平是固定不变的，不因特定农产品的市场价格变动而变动。① 但在此之后，美国出现金融危机，财政紧张，越来越多的学者和议员呼吁取消财政补贴，最终在 2014 年，固定直接补贴在农业法案中被废除。在新的农业法案中，美国把目标价格（target prices）提高，并将其改为“参考价格”（reference price），顺应农产品贸易者合理需求的同时，也回避使用“补贴”等称呼，回避世界贸易组织对其进行农产品补贴的指责。②

---

① 按照补贴的水平分类，农业直接补贴可以分为固定补贴和差价补贴。固定补贴是指对农民的补贴水平在基期的标准计算出来后，在若干年内被固定下来，与特定农产品的市场价格变动没有关系。

② 所谓目标价格差额补贴是指当生产者获得的市场价格或者贷款率中的较高价格相比于目标价格更低时，政府按照各个农户的实际农产品产量对其进行补贴。

4.3.3.2 农业保险政策

美国另一个重要的农产品贸易政策就是农业保险政策。美国农业保险政策可以追溯到1922年。当时美国政府开始将农业保险作为农产品贸易的一种政策。在1938年，美国颁布了《农业调整法》，自该法颁布后，美国开始实施联邦农作物保险政策。在当今世界"逆全球化"的背景下，美国的农业保险政策也出现了新的特征。

首先，随着世界经济不确定性的发展，美国联邦政府愈发重视农业保险政策对于其国民的保护。美国政府投入农业保险的财政补贴规模不断扩大，农业保险的覆盖的范围也越来越全面，提供的风险保障也愈发完善。

其次，美国农产品保险种类大致分为以产量判断和价格判断两类。以产量判断是一种传统保险判断标准，即投保人在产量达到一定损失可以获得保险赔偿。以价格为判断标准则是指农产品贸易的投保人在收入低于一定水平后可以申请保险赔偿。后者的保险赔偿覆盖面更为广泛，美国农产品保险也从侧重以产量判断过渡为以价格判断。

再次，美国针对种植地区、作物种类、农场规模等不同的农产品贸易条件，规定了十分详细具体的农产品保险政策。具体且分类详细的保险更能满足农产品贸易过程中不同贸易者的需求。

最后，美国政府充分调动了保险公司和农场主进行农产品投保的积极性。通过完善农产品保险的政策和相关的法律法规，美国构建了可持续的良性农产品贸易保险循环机制，全方面大范围的覆盖了农产品贸易保险。

面对"逆全球化"的政治和经济背景，美国在采取了上述农产品目标价格补贴政策，农业保险政策和其他相关政策的同时，积极根据本国农产品贸易形势变化做出调整和改变，旨在最大化的保护本国农产品贸易，保护本国农产品贸易者的利益。

中国和美国作为世界上两个农产品大国，对于美国所采取的农产品贸易政策，我国也可以取其精华去其糟粕，借鉴适合我国的部分来提升我国农产品贸易。

4.4 "逆全球化"背景下我国农产品出口竞争力分析

赵海燕和何忠伟（2013）指出在世界经济全球化发展的背景下，中国大国农业国际竞争力问题凸显重要。指出大国农业国际竞争力的内涵包括 2 个方面：直接体现的竞争力——可以通过具体指标的设计和计算获知的，参与国际市场竞争而直接表现出的状况；间接体现的竞争力——通过要素条件、企业和农户、需求条件、相关和支撑产业等方面表现出的状况。同时，政策支持和科技支撑构成大国农业竞争力的外围动力和内部动力。

赵树宽和刘冠宏（2013）认为农业竞争力的理论前提应为地域的异质性、产业的异质性和受各国进出口政策制约的不完全市场，内涵界定应为一国农业部门保障本国经济安全，在国际市场上比他国农业更多地占有、利用生产资源，实现产品价值，并由此提高该国现在及将来社会福利总体水平的能力；农业竞争力的影响因素应该包括生产资源、需求因素、相关支持产业、结构与竞争、政府政策、偶然因素；其评价体系应包括国家安全保障力、国际市场竞争力、可持续发展力 3 个方面。

《中国国际竞争力发展报告（1996）》将农业国际竞争力界定为：一个国家或地区农业的综合生产能力。农业国际竞争力有狭义和广义之分，狭义的农业国际竞争力包括一个国家或地区创造及增加农产品产量的能力及生产率水平；广义的农业国际竞争力除了包含狭义的范畴外，还包括能为农业发展后劲的农业基础设施水平、农业科技水平、农业人口素质以及影响农业良性循环的管理体制与金融环境条件（Maskus，1995）。

翁鸣等（2003）认为，农业竞争力是指，在开放经济条件下一国家或地区农产品开拓及占据市场及盈利能力，决定农业竞争力直接因素为价格和质量，即质量与价格的比值，农产品竞争力亦表现为市场拓展能力和抵抗国外农产品冲击能力。

刘秀琴和黄耀斌（2014）在生产竞争力、技术竞争力、市场竞争力、资本竞争力 4 个指标的基础上，建立了中国农业国际竞争力评价指标体系，采用主成分分析法，对 11 个国家 2011 年农业竞争力的综合排名进行研究。

全世文和于晓华（2016）在开放经济体中，农业的国际竞争力是指一国在国际市场上出售其农产品的能力，即保持农产品的贸易顺差或贸易平衡的能力。农业的国际竞争力在很大程度上反映了一国农业的综合生产能力和盈利能力。

万宝瑞（2016）农业竞争力还包括另一个重要内涵，即抵御国际贸易环境变化的风险与不确定性，维持国内农产品市场供应的稳定和农户生计可持续。

由此，农业竞争力也表现为农业安全保障力。

由此可见，目前学术界对于农产品出口竞争力没有确切的定义，现有文献对农产品出口竞争力的定义是在解读农产品国际竞争力的定义的基础上进一步挖掘出来的。"农产品国际竞争力是指在开放的市场条件下，一国（地区）或者一个农产品生产经营者生产的农产品参与国际市场竞争并能够持续获取利润的能力。（Yang，2001）"徐屹晖（2018）将农产品出口竞争力定义为一国农产品在全球农产品市场中所具有的竞争优势，这种竞争优势包括价格优势、占领市场以及参与国际竞争并获取利润的能力（Tanaka，2007）。

通过研究大量的相关文献，本书将农产品出口竞争力定义为：一国生产的农产品由于具有价格和质量上的比较优势，能够参与国际竞争并持续获取利润的能力。本书选取了农产品国际市场占有率（MS）、显示性比较优势指数（RCA指数）以及贸易竞争指数（TC 指数）3 个指标来测算 2009—2017 年我国农产品出口竞争力，有关我国以及世界农产品贸易额的数据来自 UNCOMTRADE 数据库。目前，国际贸易采用的统计贸易数据的产品分类方法是 HS 体系，且 WTO 农产品协议把农产品定义为 HS 分类中的前 24 章的产品。

目前学术界对于农产品出口竞争力没有确切的定义，现有文献对农产品出口竞争力的定义是在解读农产品国际竞争力的定义的基础上进一步挖掘出来的。通过研究大量的相关文献，本书将农产品出口竞争力定义为：一国生产的农产品由于具有价格和质量上的比较优势，能够参与国际竞争并持续获取利润的能力。本书选取了农产品国际市场占有率（MS）、显示性比较优势指数（RCA指数）以及贸易竞争指数（TC 指数）3 个指标来测算 2009—2017 年我国农产品出口竞争力，有关我国以及世界农产品贸易额的数据来自 UNCOMTRADE 数据库。目前，国际贸易采用的统计贸易数据的产品分类方法是 HS 体系，且 WTO 农产品协议把农产品定义为 HS 分类中的前 24 章的产品。

4.4.1 国际市场占有率

国际市场占有率（international market share，简称 MS）是指一国的出口额占世界出口总额的比重，可反映一国某产业或产品的出口竞争力或竞争地位的变化，计算公式为：

$$MS=\frac{X_{ij}}{X_{iw}}$$

其中，X_{ij} 表示 j 国第 i 产业的出口额，X_{iw} 表示世界农产品出口总额。MS 数值越高，代表该产品所处的产业出口竞争力越强，反之则越弱[①]。经过计算，2009—2017 年，我国农产品的国际市场占有率总体呈现不断上升的趋势（图 4–7），说明我国农产品在国际市场上的份额越来越大，主要得益于我国的对外开放程度不断提高。

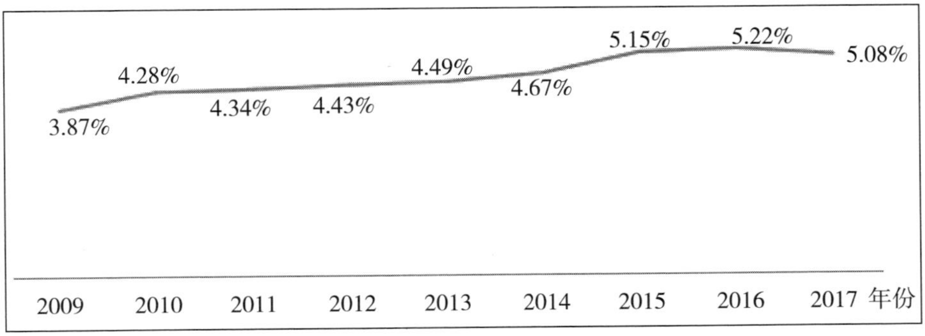

图 4–7 2009—2017 年我国农产品国际市场占有率

4.4.2 显示性比较优势指数

显示性比较优势指数（revealed comparative advantage index，简称 RCA 指数）是指该产业的出口额在该国出口所占份额与世界贸易中该产业出口额占世界出口总额的份额之比，用公式表示为：

$$RCA=\frac{\frac{X_{ij}}{X_j}}{\frac{X_{iw}}{X_w}}$$

其中，X_j 表示 j 国的出口总额，X_w 表示世界出口总额。与 MS 相比，RCA 指数剔除了各地区以及世界总量波动的影响，可以较为准确地反映一个国家的产业在国际市场上是否具有竞争力。

经过计算，2009—2017 年我国农产品 RCA 指数在 0.35 ~ 0.42 波动，一直都小于 0.8（图 4–8），根据 RCA 指数的划分标准，当 $0 < RCA < 0.8$ 时，表明该经济体出口产品的竞争力很弱，说明我国农产品的出口竞争力处于很弱的地位。

① 资料来源于 https：//baike.so.com/doc/3847375–4039623.html.

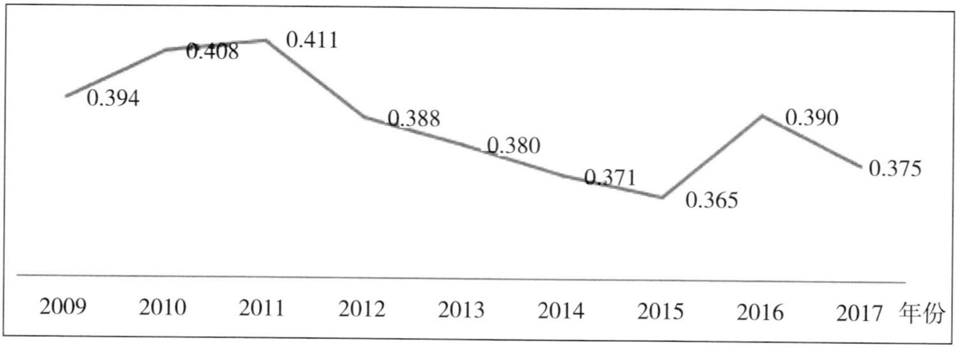

图 4-8　2009—2017 年我国农产品 RCA 指数

4.4.3 贸易竞争力指数

贸易竞争力指数（trade competitiveness，简称 TC 指数）是指一国某产业的净出口额与该国进出口额的比重，反映了一个国家该产业的生产效率、竞争地位以及国际水平，计算公式为：

$$TC=\frac{X_{ij}-M_{ij}}{X_{ij}+M_{ij}}$$

TC 指数是一个相对值，不受价格水平、汇率等宏观波动的影响，也排除了其他国家进出口变动的影响。$TC>0$，表明该类商品具有较强的国际竞争力，越接近于 1，竞争力越强；$TC<0$，则表明该类商品不具国际竞争力，越接近于 -1，竞争力越弱。

经过计算，可以发现 2009—2017 年我国农产品 TC 指数一直都小于 0，表明我国农产品不具有国际竞争力。TC 指数在 -0.29 ~ -0.14 波动（图 4-9），根据 TC 指数的划分标准，当 $-0.3<TC\leqslant 0$ 时，表明产业有微弱的竞争劣势，说明我国农产品有微弱的竞争劣势。

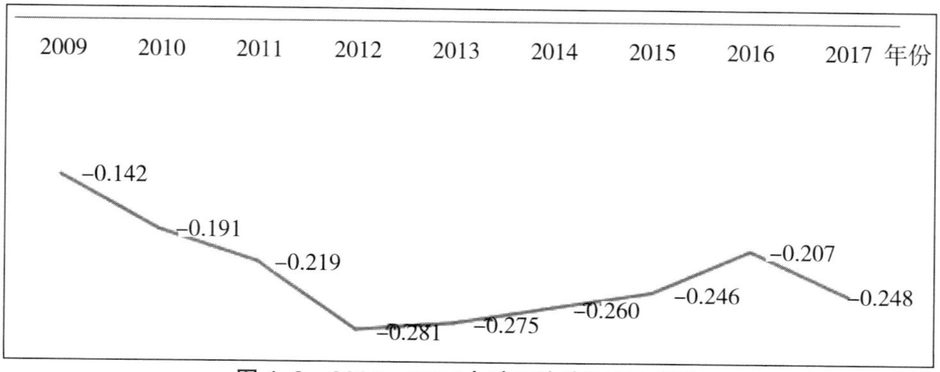

图 4-9　2009—2017 年我国农产品 TC 指数

4.5 我国种业的国际竞争力

种业是种子产业的简称，是以种子商品化为核心而形成的一种自称系统的物质性生产行业，也是一个为农作物生产提供基本生产资料的特殊行业。从市场和产品形成过程看，种业涵盖了科研育种、种子繁殖、种子处理和市场营销 4 个主要环节，以及种质资源收集、新品种选育、品种实验、品种审定、原种（亲本）繁殖，种子繁殖、精选加工、种子包衣、质量检验、包装标识、贮藏运输、推广销售、售后服务等若干过程。从知识产权角度看，种业的产业过程集聚着大量的人类智力活动，从新品种选育、种子的生产繁殖、种子产品的市场推广活动中，知识产权作为一种核心资产发挥着日益显著的作用。特别是当前世界经济一体化程度日益加深、生物技术在种业的广泛应用、以品种创新为核心的知识产权保护在世界范围内都成为农业安全与可持续发展的重要影响因素。

种子是农业现代化的基础，被称为农业“芯片”。近年来，中国种子研发能力逐步增强，市场占有率稳步提升，但仍有部分作物依赖“洋种子”。以黑龙江省海伦市向秋蔬菜种植农民专业合作社为例，该合作社 2020 年种了 1 万多亩辣椒，其中 1700 亩尖椒和近 1000 亩圆椒使用的是以色列种子[①]。农业农村部数据显示，截至 2021 年 1 月中国农作物良种覆盖率在 96% 以上，自主选育品种面积占比超过 95%，其中，水稻、小麦两大口粮作物品种已实现完全自给。良种对粮食增产贡献率已超过 45%。[②]需要高度关注的是，当前，我国农业生产用种在一些品种、环节和领域还有不少短板和弱项，比如：在培育玉米品种源头的种质资源或育种技术方面，与国外还有差距；资源保护利用不够，一些领域育种创新特别是基础原始创新与国际先进水平有差距；玉米、个别蔬菜品种等竞争力不强。

没有优良的种子，不仅粮食安全保证不了，农业安全也容易被人扼住要害。加大种业创新是中国抢占国际种业科技制高点的迫切要求，是保障国家粮食安全、端牢中国饭碗的现实需要。种业的竞争关系到整个国家、整个农业产业的竞争能力。中国社会科学院农村发展研究所研究员李国祥认为，要把中国人的

① 信息来源：新华社新媒体，https：//baijiahao.baidu.com/s？ id=1692360280236722445&wfr=spider&for=pc.

② 数据来源：人民日报，http：//www.mofcom.gov.cn/article/i/jyjl/j/202101/20210103031795.shtml.

饭碗牢牢端在自己手上，必须更加清醒地认识种业的基础性、战略性意义，加快农业现代化，更迫切需要打种业翻身仗。特别是掌控种质资源，加大科技攻关，选育优良品种，从种源上解决农业生产面临的实际瓶颈制约，立志打一场种业翻身仗，为端稳中国饭碗提供坚实支撑。①

马述忠和陈颖等（2013）认为农业对跨国资本的吸引力持续增大。尤其是在粮食产业链的上游环节，外国资本愈加青睐中国农业的种子研发和生产环节，大肆吞噬着中国种业的市场份额。虽然跨国种业公司进入中国市场在一定程度上有助于中国种业实现更替和升级，但是，拥有较强研发能力的外国资本可以利用知识产权保护制度轻而易举地巩固自身的技术优势，从而形成垄断势力，这对中国农业传统的种植模式、组织方式等都会产生冲击和影响（Helpman，1993）。

鉴于此，本书就我国种子行业的国际竞争力展开专门研究。

4.5.1 全球种业进出口贸易状况

4.5.1.1 全球种子出口贸易状况

全球各国和地区的种业发展情况参差不齐，其进出口贸易量也存在着较大的差异。根据世界种业联盟组织官方发布的数据，笔者统计了 2011—2018 年种业出口贸易总额和贸易出口额排名前几的国家和中国的出口贸易情况，如表 4–11 所示。由表中数据可知，世界种业贸易出口总额从 2011 年以来，一直处于增长状态，仅 2015、2016 年略有回落，2018 年增长的幅度较大，增长率达到 15.83%。而种业的出口贸易总额也主要是由几个贸易出口大国的贸易出口额组成，其中贸易出口排名前 10 的国家分别是荷兰、法国、美国、德国、丹麦、匈牙利、意大利、智利、罗马尼亚和加拿大，其他国家和地区出口额都相对较小。就 2018 年来说，前 10 个国家的贸易额将占全球出口贸易额的 71.62%，其他年份也是 70% 左右。特别是像荷兰、法国、美国和德国等国际种业大国出口份额也是特别的高，分别占比达到 20.47%、14.28%、13.91% 和 6.75%。而其他的种业出口大国的占比相对较小。

① 信息来源：大公报，http：//www.takungpao.com/news/ 232108/2021/0222/554520.html.

表 4-11 2011—2018 年世界种业出口贸易情况 （单位：百万美元）

年份	世界总额	荷兰	法国	美国	德国	丹麦	匈牙利	意大利	智利	罗马尼亚	加拿大	中国
2011	9 987	1476	1616	1394	745	280	392	319	380	214	259	195
2012	10 543	1583	1804	1531	727	265	385	315	388	218	323	251
2013	11 679	1683	1891	1563	793	325	413	335	491	302	307	235
2014	11 947	1808	1860	1632	778	376	435	336	464	322	303	262
2015	10 665	1525	1623	1596	679	286	418	322	279	231	287	244
2016	11 378	1829	1708	1672	739	291	446	352	274	277	286	197
2017	11 924	2040	1801	1712	783	312	480	267	285	296	282	205
2018	13 812	2828	1973	1921	933	457	453	369	327	317	314	208

数据来源：国际种业贸易联盟

4.5.1.2 全球种子进口贸易状况

随着全球化的深入进行，各国进出口贸易量不断增加，当然种业也不例外。笔者根据世界种业贸易联盟官方发布的统计数据，整理统计了 2011—2018 年全球种业总进口贸易额和贸易进口额排名前 10 的国家的进口贸易额情况，见表 4-12。从表中数据可知。从 2011 年到 2018 年，世界种业贸易进口额不断增加，2015、2016 年贸易额稍有回落而已，总体呈上升趋势，且 2018 年较 2017 年增加量特别大，其增长率达 15.39%。其中全球种子进口贸易额前 10 的国家主要是荷兰、美国、法国、德国、西班牙、意大利、墨西哥、俄罗斯、比利时和中国，据 2018 年数据，种子进口贸易前 10 的国家占世界总额的 52.33%。而相比于出口而言，各国贸易额差距较小，其集中度也较小，前 4 个国家即荷兰、美国、法国和德国的占比分别为 9.18%、8.33%、6.36% 和 5.77%，其占比也较大。

表 4-12 2011—2018 年世界种业进口情况 （单位：百万美元）

年份	世界总额	荷兰	美国	法国	德国	西班牙	意大利	墨西哥	俄罗斯	比利时	中国
2011	9098	628	908	683	714	384	417	338	387	187	237
2012	9749	685	1312	687	700	374	422	355	373	228	268
2013	10 848	779	1340	778	737	438	486	357	407	334	269
2014	11 154	836	1286	867	726	491	492	386	447	244	297
2015	10 313	770	981	692	651	449	529	420	419	185	314

续表

年份	世界总额	荷兰	美国	法国	德国	西班牙	意大利	墨西哥	俄罗斯	比利时	中国
2016	10 954	836	977	747	702	540	571	462	432	291	318
2017	11 289	1017	1003	769	693	531	540	455	442	272	366
2018	13 026	1196	1085	828	751	631	582	508	451	411	374

数据来源：国际种业贸易联盟

4.5.2 中国种业进出口贸易额状况

4.5.2.1 中国种子进口贸易状况

中国种业发展历史并不悠久，加之中华人民共和国成立初期的外交政策的影响，所以中国种业的进出口贸易量较西方发达国家而言，还有较大的差距。笔者根据海关总署和国际种业贸易联盟官方发布的数据，选取大田作物种子、蔬菜种子和花卉种子三大类统计了 2011—2018 年我国种子进口贸易情况。由表 4–12 中数据可知，中国种子进口贸易总额从 2011 年至 2018 年呈递增的趋势，10 年间增长幅度较大，2018 年较 2011 年的增长率高达 57.8%，增长额为 1.37 亿美元。但中国较其他的种业贸易大国而言，差距还是相当大的。就 2018 年的进口数据。中国种子进口贸易额仅为 3.74 亿美元，而荷兰的种子进口贸易总额高达 11.96 亿美元，中国仅为荷兰的三分之一。而中国进口额占世界进口总额也仅 2.9%，近几年中国的进口份额也在 3% 左右，这充分说明中国的进口贸易额在全球种子进口贸易中是很小的。

中国的农作物种子主要分为大田作物种子、花卉种子和蔬菜种子。通过统计数据，中国花卉种子进口额很小，一般约占 5%，而在 2018 年中国的花卉种子的进口为零。而中国的种子进口主要是大田作物种子和蔬菜种子。中国的蔬菜种子在近几年增长较大，其进口额由 2011 年与大田作物种子持平，而在 2018 年已经远远超过大田作物种子。在 2017 年其蔬菜种子的占比达到 56% 之高。而大田作物种子进口也有下降的趋势，在 2017 年达到最低，其占比仅为 34%。但整体数额还是较大，占比也近 40%。

表 4–13　中国 2011—2018 年种业进口情况　（单位：百万美元）

年份	进口总额	大田作物种子	大田作物种子占比	花卉种子	花卉种子占比	蔬菜种子
2011	237	113	48%	10	4%	114
2012	268	143	53%	14	5%	111
2013	269	132	49%	12	5%	125
2014	297	134	45%	11	4%	152
2015	314	124	39%	18	6%	172
2016	318	127	40%	14	4%	177
2017	366	125	34%	36	10%	205
2018	374	145	39%	0	0%	227

数据来源：国际种业贸易联盟

4.5.2.2 中国种子出口贸易状况

中国种子出口贸易在中国对外开放的背景下也慢慢发展起来，特别是近几年发展的较为快速，其贸易规模较之前也有很大的提升。本研究根据中国海关总署及国际种业贸易联盟官方发布的数据，整理总结了 2011—2018 年中国种子出口贸易情况，见表 4–14。中国种子出口贸易总额在 2011—2014 年增长得较快，而在 2015 年、2016 年有所回落，2017 年、2018 年仅小幅增长，但整体而言，中国种子出口贸易情况在这 8 年间变化不是很大。中国种子出口贸易在世界种子出口贸易市场中，其份额也是较小的，在 2018 年，中国种子出口总额仅为 2.08 亿美元，而种子贸易强国荷兰的出口高达 28.28 亿美元，中国仅为荷兰的十分之一，而中国在世界种子出口贸易中的份额也仅为 1.5%，这个份额的确太小，中国种子出口额还有很大的增长空间。

在中国种子出口贸易中，花卉种子的出口量很小，其占比也较低，一般在 5% 左右，出口数额在 0.14 亿美元，但其从 2015 年以来呈增长态势。在种子出口贸易中占比最大是蔬菜种子，一般在 60% 左右，出口数额在 1.3 亿美元左右，在近几年中，中国蔬菜种子的出口额呈下降态势，2017 年和 2018 年略有回升。而中国的大田作物种子的出口占比在 35% 左右，出口数额在 75% 左右，大田作物的变化趋势与出口总额变动基本一致，而在近一两年基本保持稳定。

表 4-14　中国 2011—2018 年种业出口情况　（单位：百万美元）

年份	出口贸易总额	大田作物种子	大田作物种子占比	花卉种子	花卉种子占比	蔬菜种子	蔬菜种子占比
2011	195	75	39%	15	8%	105	53%
2012	251	79	31%	14	6%	158	63%
2013	235	75	32%	14	6%	146	62%
2014	262	77	29%	9	4%	176	67%
2015	244	70	29%	13	5%	161	66%
2016	197	69	35%	15	8%	113	57%
2017	205	70	34%	14	7%	121	59%
2018	208	69	34%	16	8%	120	58%

数据来源：国际种业贸易联盟

4.5.2.3 中国种子国际贸易商品结构

根据中国海关总署的数据及国际种子贸易联盟发布的数据，中国种子进出口贸易中，中国一直处于贸易逆差的状态，种子进口贸易总额远远大于种子出口贸易总额。从 2011 年至 2018 年，其贸易差额且有不断增加的趋势，在 2012 年，其贸易逆差额仅为 0.17 亿美元，而在 2018 年，其贸易逆差额则达到了 1.66 亿美元，增长了近 10 倍，这也是中国实行对外开放后中国的种子市场被国际种子大企业吞噬的结果。

对比中国大田作物种子、花卉种子和蔬菜种子的进出口贸易情况，不难发现，花卉种子进出口贸易额较小，其贸易逆差也是最小的，进出口贸易基本持平，仅在 2018 年出现贸易顺差额最高，达到 0.16 亿美元，而最大贸易逆差额出现在 2017 年，逆产额达 0.22 亿美元。大田作物种子的贸易逆差在近几年保持平稳，大约在 0.56 亿美元，在 2018 年贸易逆差增长的较快，达到 0.76 亿美元。而蔬菜种子的进出口贸易情况变化最大，从 2012 年的贸易顺差不断变成贸易逆差，在 2015 年前，蔬菜种子一直处于贸易顺差，其贸易顺差额在 2012 年最大，数值为 0.47 亿美元，但其贸易顺差额在不断缩小，在 2015 年及其后几年，中国蔬菜种子贸易则处于贸易逆差状态，在 2018 年其贸易逆差额达到最大，贸易逆差数额高达为 1.07 亿美元。

4.5.2.4 中国种子国际贸易地区机构

根据海关总署查询的相关数据显示，中国的大田作物种子的进口品类主要是粮食作物种子、油料作物种子和糖料作物种子，进口贸易大多数是从美国，法国和丹麦等种子贸易大国进口，其出口品类主要是稻米种子，出口贸易大多数是出口到巴基斯坦、越南和印度尼西亚等发展中国家。中国的蔬菜种子进口贸易大多数是从日本和意大利等国家进口，而出口贸易大多数是出口到西班牙、荷兰和美国等国家。中国的花卉种子进口贸易大多数是从朝鲜和美国等国家进口，出口贸易大多数是出口到韩国和荷兰等国家。中国的进口贸易大多数是从西方发达国家的种子贸易强国中进口，而出口贸易则多出口到东南亚许多发展中国家。

4.5.3 中国种业国际竞争力——以大田作物种子、花卉种子和蔬菜种子为例

4.5.3.1 大田作物种子的国际竞争力分析

（1）大田作物种子的国际市场占有率分析。

某种商品的国际市场占有率也指其市场份额，是该国这种商品的出口量在世界市场中该种商品出口量的份额，是衡量一个国家该种商品国际竞争力的一种有效的工具。本研究根据相关数据，整理计算出了近 10 个大田作物种子贸易强国和中国的 2011—2018 年大田作物种子的国际市场占有率（表 4–15）。

中国大田作物市场占有率在近几年一直处于比较稳定的状态，平均占有率为 1% 左右，最高的年份即在 2011 和 2012 年，但数值也没有很高，仅仅在 1.2% 左右。值得注意的是，在近一两年中市场占有率略有下降的趋势，但整体比较稳定。而对比中国与其他种业贸易强国，中国的市场占有率就显得很小了。如表中所见，以 2018 年的数据为例，与其他贸易强国进行横向比较，做出如下分析：大田作物种子国际市场占有率较大的主要有法国、美国和德国，仅这 3 个国家的国际市场占有率就高达 42.1%，其中法国大田作物种子的国际市场占有率最高，为 17%。而与法国相比，中国大田作物种子的国际市场占有率仅为其十八分之一，而与美国、德国大田作物种子的国际市场占有率的差距也是很大的。这也可见中国的大田作物的国际竞争力还是很弱的，急需进一步提高。

表 4-15　2011—2018 年各国大田作物种子的国际市场占有率　（单位：%）

年份	法国	美国	德国	匈牙利	荷兰	加拿大	丹麦	智利	罗马尼亚	比利时	中国
2011	19.3	12.8	10.0	5.9	4.0	4.0	3.6	3.4	3.4	3.2	1.2
2012	21.2	13.7	9.4	5.5	3.8	4.7	3.3	3.2	3.2	3.0	1.2
2013	18.8	12.1	8.9	5.2	4.4	3.9	3.3	4.1	3.9	3.1	1.0
2014	18.0	12.5	8.5	5.3	4.6	3.8	4.0	4.1	4.2	3.1	1.0
2015	18.0	13.3	8.5	5.9	3.6	4.1	3.4	2.0	3.4	2.6	1.0
2016	17.5	13.1	8.7	6.0	4.0	4.0	3.2	1.8	3.9	2.7	1.0
2017	17.5	13.6	8.9	6.3	4.8	3.7	3.4	1.7	4.0	3.0	0.9
2018	17.0	15.5	9.6	5.6	4.2	3.5	4.3	1.6	4.0	2.5	0.9

数据来源：国际种业贸易联盟，中国海关总署

（2）大田作物种子的国际竞争优势指数分析。

贸易竞争优势指数的计算公式为：贸易竞争优势指数 TC= 一国某种商品进出口差额 / 一国该种商品进出口总额。这个指数其优点在于其能够很好地分析某一行业结构国家竞争力，能够体现本国的该种商品相对于世界市场上其他国家供给该种产品是处于贸易的竞争优势还是竞争劣势以及优劣势的程度。根据其计算原理可知，TC 指数的范围是 [–1，1]，当一个国家该种商品仅进口而完全不出口时，此时 TC 指数便为 –1，若仅出口而完全没有进口则 TC 指数为 1，当一个国家该种商品的 TC 指数靠近 0 时，说明竞争优势接近平均水平，TC 指数大于 0 时，说明这个国家该种商品处于竞争优势，TC 指数越靠近 1，其竞争优势程度也高，TC 指数小于 0 时，说明这个国家该种商品处于竞争劣势，TC 指数越靠近 –1，其竞争劣势程度越高。

笔者根据国际种子联盟和中国海关总署官方发布的数据，整理计算出了 7 个大田作物种子贸易强国和中国的 2011—2018 年大田作物种子的贸易竞争优势指数 TC，见表 4–16。如表中所见，中国大田作物种子 TC 指数在这几年中，基本上都是负值，这几年的 TC 指数平均值为 –0.2825，这说明中国大田作物种子国际贸易一直处于贸易竞争的劣势，其劣势程度相对较高，特别是在 2018 年其劣势程度达到这几年中最高，其值为 –0.36。同时中国大田作物种子 TC 指数在这几年有下降的趋势，尤其是 2018 年相对于 2017 年下降的特别的快，这表明中国大田作物种子国际贸易竞争劣势程度有上升的趋向。以 2018 年数据

为例，将中国与其他几个大田作物种子贸易强国进行横向比较，做如下分析：2018 年大田作物种子 TC 指数最高的是丹麦，其 TC 指数为 0.46，这说明其竞争优势程度较高，而其他的几个国家的 TC 指数基本上也是为正数且数值较大，大约都在 0.35，说明这几个国家的大田作物种子国际贸易竞争处于优势状态且优势程度相对较高，仅荷兰的值为负，但相比于中国，其劣势程度相对较低。

表 4–16　2011—2018 年各国大田作物种子的贸易竞争优势指数 TC

年份	法国	美国	德国	匈牙利	荷兰	中国	加拿大	丹麦
2011	0.40	0.22	0.03	0.53	–0.16	–0.2	0.33	0.49
2012	0.45	0.03	0.04	0.50	–0.01	–0.29	0.41	0.46
2013	0.41	0.02	0.04	0.43	0.06	–0.28	0.37	0.48
2014	0.33	0.08	0.04	0.42	0.02	–0.27	0.35	0.5
2015	0.38	0.25	0.02	0.25	–0.12	–0.28	0.32	0.42
2016	0.37	0.26	0.06	0.31	–0.09	–0.3	0.31	0.39
2017	0.38	0.29	0.09	0.45	–0.09	–0.28	0.33	0.23
2018	0.39	0.35	0.17	0.37	–0.22	–0.36	0.37	0.46

数据来源：国际种业贸易联盟，中国海关总署

4.5.3.2 花卉种子的国际竞争力分析

（1）花卉种子的国际市场占有率分析。

花卉种子其本身相对于大田作物种子和蔬菜种子而言，其国际贸易量较小，很多国家都可以自给自足，故不对其进行国际贸易，进而花卉种子国际市场集中度较高，市场份额被主要的几个花卉种子贸易强国瓜分。笔者整理计算了 2011—2018 年主要的花卉种子贸易强国和中国的国际市场占有率，见表 4–17。

从 2011 年到 2018 年，中国花卉种子的国际市场占有率具有较小的波动，从 2011 年到 2014 年处于小幅度下降状态，在 2014 年达到最低，为 2.9%，而在 2015 年开始上升。这几年其平均市场占有率为 4.5%，最高年份达到过 5.2%，即在 2016 年，这说明中国花卉种子的国际竞争力慢慢凸显。以 2018 年的数据为例，横向对比其他几个花卉种子贸易强国的国际市场占有率，我们不难发现，其市场占有率最高的是荷兰，其市场占有率高达 24.6%，相当于其拥有四分之一的国际市场分额，其他国家的市场占有率也较高例如美国和德国，其市场占有率分别为 22.5% 和 10.8%，中国与荷兰、美国等强国而言，其市场占有率还

是很低的，具有较大的差距，但中国在2018年的市场占有率与法国基本一致，甚至超过了智利的市场占有率，成为并列第5的花卉种子贸易大国。

表4-17　2011—2018年各国花卉作物种子的国际市场占有率　（单位：%）

年份	荷兰	美国	德国	日本	智利	法国	中国
2011	24.7	24.7	11.4	4.3	10.4	6.0	5.0
2012	23.7	23.7	10.2	6.9	6.6	5.9	4.6
2013	20.1	23.0	11.3	6.9	5.6	6.3	4.4
2014	28.9	22.7	11.0	7.5	4.9	5.2	2.9
2015	21.4	25.3	11.4	11.0	5.3	5.7	4.6
2016	19.6	24.4	11.3	12.0	3.8	5.5	5.2
2017	20.7	24.7	11.5	10.8	5.1	4.7	4.7
2018	24.6	22.5	10.8	9.9	4.5	4.8	4.8

数据来源：国际种业贸易联盟，中国海关总署

（2）花卉种子的贸易竞争优势指数分析。

中国花卉种子的进出口贸易一直处于波动状态，且数值本身较小，这也使得中国花卉种子的贸易竞争优势指数TC也处于较大的波动中，见表4-18。根据相关数据计算出的中国近几年的花卉种子的贸易竞争优势指数在有的年份为正值，而在有的年份却为负值，这说明我国花卉种子进出口贸易波动较大。中国花卉种子TC值最大的时候高达1，即在2018年，这一年中国花卉种子的进口量特别特别小，几乎可以被忽略，2011年其TC值也较大，数值为0.20。而竞争劣势程度最大的一年是2017年，数值为-0.44，这也是值得注意的。而其他年份，中国的花卉种子的TC值基本在0左右，这说明中国的花卉种子的国际竞争力处于平均水平。以2018年的数据为例，将中国花卉种子的贸易竞争优势指数与其他几个花卉种子贸易大国进行比较，可以明显看出，国际上花卉种子贸易竞争力最强的是智利，其TC值高达0.88，完全是具有很强的竞争力，而其他的几个花卉种子贸易大国如法国，德国等也是处于竞争优势的，但其优势程度没有很强，中国在这几个国家中波动性是最大的，中国的花卉种子TC值与智利、法国相比，还有很大的差距。但一般情况下其花卉种子的竞争力与日本、美国竞争力相当，这说明我国其国际竞争力其还是有很大的前景的。

表 4-18　2011—2018 年各国花卉种子的贸易竞争优势指数 TC

年份	荷兰	美国	德国	日本	智利	法国	中国
2011	0.21	0.05	0.21	–0.19	0.94	0.24	0.20
2012	0.19	0.01	0.22	0.02	0.90	0.29	0.00
2013	0.09	0.01	0.26	0.02	0.80	0.33	0.08
2014	0.23	–0.01	0.28	0.05	0.76	0.28	–0.10
2015	0.21	0.12	0.28	0.13	0.88	0.39	–0.16
2016	0.18	0.14	0.20	0.19	0.83	0.39	0.03
2017	–0.03	0.14	0.26	0.19	1.00	0.33	–0.44
2018	0.16	0.10	0.18	0.18	0.88	0.23	1.00

数据来源：国际种业贸易联盟，中国海关总署

4.5.3.3 蔬菜种子的国际竞争力分析

（1）蔬菜种子的国际市场占有率分析。

蔬菜种子国际进出口贸易总额总体很大，集中度较高。根据国际种业贸易联盟官方发布的数据，整理计算国际蔬菜种子主要贸易大国和中国的市场占有率。见表 4-19。中国蔬菜种子市场占有率总体还是较高的，平均国际市场占有率为 3.7%，全球排名也基本居于第 4、第 5 左右。在 2011—2015 年，市场占有率较高，但 2016 年开始有所下降，且下降幅度较大，这是需要注意的。中国在 2012 和 2014 年蔬菜种子的国际市场占有率达到最高，数值为 4.6%，在世界贸易中排名第 4，而在 2018 年时下降到最低，这一年的国际市场占有率仅为 2.6%，世界贸易中排名下降到第 5。以 2018 年蔬菜种子国际市场占有率为例，横向比较中国与其他国家的市场占有率发现，市场占有率最高的荷兰，其市场占有率高达 40% 左右，美国和法国的市场占有率也较高，分别为 13.1% 和 10.6%，与它们相比，中国花卉种子的国际市场占有率还是较低的，有很大的差距，中国与智利、以色列等国的市场占有率相当，近几年中国较低于智利而言，这说明我国其国际竞争力在国际上还是较强的。

表 4-19　2011—2018 年各国蔬菜种子的国际市场占有率　（单位：%）

年份	荷兰	美国	法国	智利	中国	以色列	意大利	日本
2011	34.6	15.3	11.1	4.0	3.2	3.5	3.6	3.4
2012	36.4	15.3	10.1	4.4	4.6	3.0	3.4	2.6

续表

年份	荷兰	美国	法国	智利	中国	以色列	意大利	日本
2013	35.7	15.4	11.3	4.2	4.1	2.9	3.4	2.6
2014	35.9	15.3	11.5	3.3	4.6	3.0	3.4	2.5
2015	33.6	17.2	11.3	3.7	4.4	3.6	3.1	2.6
2016	37.2	16.9	11.1	3.5	2.8	3.3	3.0	2.5
2017	38.5	14.9	11.6	3.5	2.9	3.0	2.8	2.3
2018	40.8	13.1	10.6	4.0	2.6	2.5	2.7	1.7

数据来源：国际种业贸易联盟，中国海关总署

（2）蔬菜种子的贸易竞争优势指数分析。

从蔬菜种子的世界市场贸易额和其市场占有率情况看，我国的蔬菜种子的国际竞争力较强，下面从贸易竞争优势指数分析其国际竞争力，根据国际种业贸易联盟和中国海关总署官方发布的数据，对中国和几个蔬菜种子贸易强国的贸易优势指数做了计算，见表 4–20。中国蔬菜种子 TC 值仅在 2012、2013 和 2014 年为正值，且数值较小，其竞争优势程度很低，而在其他年份均为负值，这说明中国蔬菜种子大多数年份处于贸易竞争劣势，少有的年份处于平均水平。从 2011 年至 2018 年中国蔬菜种子的 TC 值的平均值为 –0.07，这说明中国的劣势程度还是较低的，但值得关注的是，从 2015 年开始，中国蔬菜种子的 TC 值一直处于负值的状态，这说明其处于劣势状态且劣势程度在不断扩大，在 2018 年其值甚至是达到了最低，为 –0.31。以 2018 年的数据为例，横向对比其他几个蔬菜种子贸易大国，做如下分析：智利的 TC 值最大，数值高达 0.67，这说明智利的蔬菜种子的优势程度相当高。其他的几个国家，如荷兰、以色列和美国的 TC 也均为正值，其数值也是相对较大的，中国距离这些蔬菜种子贸易强国的国际优势还有较大的差距，但中国的劣势程度基本上和日本和意大利差不多。

表 4–20　2011—2018 年各国蔬菜种子的贸易竞争优势指数 TC

年份	荷兰	美国	法国	智利	中国	以色列	意大利	日本
2011	0.55	0.23	0.42	0.71	–0.04	0.6	–0.12	0.08
2012	0.54	0.18	0.44	0.76	0.17	0.56	–0.19	–0.11
2013	0.5	0.2	0.46	0.7	0.07	0.63	–0.22	–0.16

续表

年份	荷兰	美国	法国	智利	中国	以色列	意大利	日本
2014	0.51	0.21	0.48	0.67	0.07	0.59	–0.2	–0.13
2015	0.49	0.24	0.48	0.7	–0.03	0.71	–0.24	–0.14
2016	0.54	0.29	0.45	0.7	–0.22	0.69	–0.27	–0.15
2017	0.53	0.24	0.45	0.68	–0.26	0.63	–0.28	–0.18
2018	0.53	0.20	0.41	0.67	–0.31	0.55	–0.31	–0.33

数据来源：国际种业贸易联盟，中国海关总署

第 5 章　国际农业知识产权风险影响我国农产品出口竞争力的理论及实证分析

5.1 国际农业知识产权风险影响我国农产品出口竞争力的理论分析

5.1.1 传导机制分析

国际农业知识产权风险主要体现在技术风险、市场风险和政策风险，这三重风险影响到我国农业的技术竞争力、市场竞争力以及国际农业政策竞争力，从而影响到我国农产品出口竞争力。基于此判断，本书构建了国际农业知识产权风险对我国农产品出口竞争力影响的传导机制框架（图 5–1）

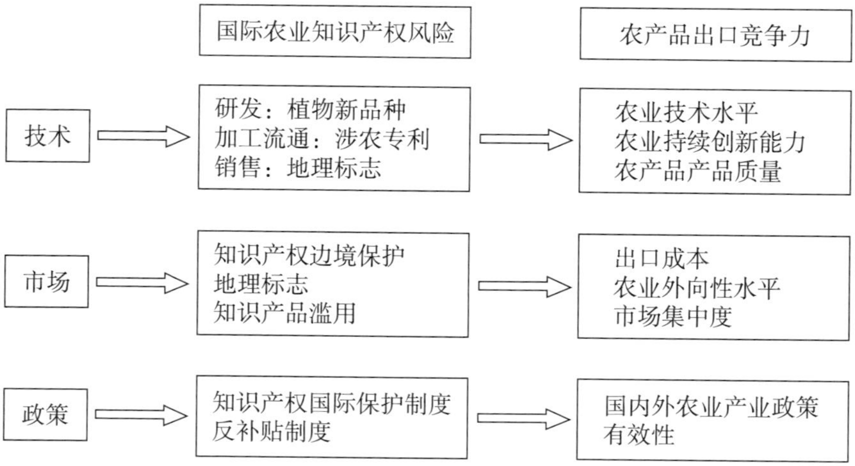

图 5–1　国际农业知识产权风险对我国农产品出口竞争力影响的传导机制框架

一方面，农产品出口国为了达到进口国的进口标准，减少国际农业知识产权风险对本国农产品出口的影响，必须增加研发投入，自主研发出具有国际竞争力的植物新品种或相关涉农专利，建设符合国际标准的合格检验程序，同时还要强化知识产权意识，完善相应的知识产权保护制度，这些措施必将使农产品的出口成本大大增加，加重农产品出口企业的经济负担，农产品价格也会水涨船高，使我国农产品出口逐步丧失原本的价格优势。另一方面，进口国凭借完善的农业知识产权保护制度和先进的农业技术创新能力，把侵权的农产品和不符标准的农产品拦在本国市场外，影响了发展中国家农产品出口国的出口能力、农业外向性水平，降低其国际市场占有率。除此之外，发达国家还可以通过提高本国农产品的品质以及知名度，以农产品地理标志为例，地理标志农产品在生产的过程中必须严格遵守特定的技术标准，对周围的环境和其他要求非常高，这就保证了农产品的质量；同时，通过申请农产品地理标志保护的农产品在本国市场极易形成知名度，民族情感能够激起本国消费者的购买欲望，所具有的过硬的产品质量和良好的产品声誉使其在具备了其他国家农产品所不具有的优势。

5.1.2 经济效应分析

（1）国际农业知识产权风险的贸易效应。

国际农业知识产权风险的存在对我国农产品出口产生的贸易效应主要是出口限制效应和市场转移效应。出口限制效应是指在遭遇了国际农业知识产权风险后，由于我国企业资金不足以及缺乏专业人才，应诉不积极，导致大部分企业因不符合进口国的标准而难以进入市场，只有少部分企业能及时改进生产技术，培育科技创新型农产品，树立农业知识产权意识，克服国际农业知识产权风险，而因此也会使出口成本大大增加，出口量随之减少，从而产生了贸易限制的效果。市场转移效应是指，当我国农产品出口遭遇国际农业知识产权风险，从而农产品出口竞争力下降，农产品在设限国的市场份额随之下降，出口企业为了弥补这一部分损失，会及时寻找新的贸易伙伴，新的市场对农业知识产权的管理较宽松，从而产生了市场转移的效果。

基于国际农业知识产权风险对我国农产品出口产生的贸易效应的分析，我们可以得到一个启示：在出口贸易中，要尽可能避免出口对象过于单一，尽量做到贸易对象多元化。

（2）国际农业知识产权风险的结构效应。

美国著名经济学家、2018 年诺贝尔经济学家得主保罗・罗默的主要理论贡献之一是内生增长模型（新经济增长理论），该模型除的创新之处在于考虑到了人力资本和技术水平。区别于一般的劳动要素，人力资本特指经历了长期的职业培训的熟练劳动，这样一来，就把知识和教育水平在经济增长中所发挥的作用考虑进去了；技术水平主要体现在新的厂房设备、原材料上面，它们都是技术创新的成果。

我国出口的农产品主要是原料型农产品和初级加工农产品，主要依靠劳动力密集优势，农产品创新能力不足，农业品牌在国际上缺乏知名度，导致我国农产品附加值低，出口创利能力较差，因此，我国开展农业领域的知识产权工作十分的必要和紧迫。我国在 2010 年实施了农业知识产权战略，该战略实施以来，我国农业知识产权工作取得了显著的成就，农业知识产权指数从 2013 年开始超过 100%，表示农业知识产权的数量在不断增加，品质在不断完善进步（图 5–2）。

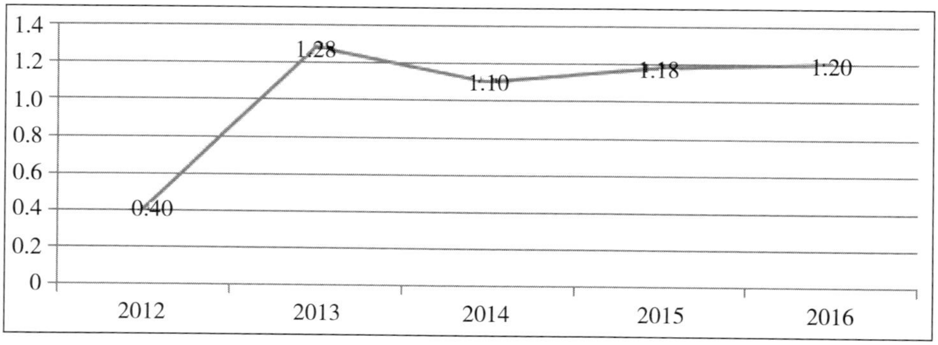

图 5–2　农业知识产权创造指数

注：资料来源于中国农业知识产权创造指数报告

因此，国际市场上日益严格的农业知识产权保护法律法规，会促使我国农产品贸易结构发生变化。一部分缺乏农业技术创新能力的企业会因为市场减少而遭到淘汰；同时，也会激励其他企业更加注重农业知识产权的创造、运用、保护和管理工作。随着新的植物品种的研发、农产品地理标志的获得、涉农专利的研发，出口农产品的技术含量将明显提升，我国农产品出口结构将由劳动密集型转向知识密集型和技术密集型。

基于罗默的内生增长思想，我们可以得出的结论有：包括中国在内的发展中国家为了避免在农产品国际贸易中长期处于不利地位，需要具备一种使新知识和技术能产生和使用的机制，这就要求政府必须重视教育和农业科技投入，激励和保护农业创新。

（3）国际农业知识产权风险的福利效应。

本书借助国际经济学研究关税的经济效应的方法来研究来探究国际农业知识产权风险的福利效应，为了简化分析，本书做出以下假设：①除了国际农业知识产权比外，没有关税或影响国际贸易自由进行的其他壁垒。②采用局部均衡分析法，假定市场是完全竞争市场。③假定国际市场上只有两个国家，即一个进口国和一个出口国，且进口数量的变动不会影响到世界市场的价格。④没有运输成本。

在图 5-3 中，在自由贸易的情况下，国内市场价格等于国际市场价格 Pw，此时，进口国对农产品的需求为 OD_2，国内生产的数量为 OS_1，此时，进口量为 S_1D_2。当农产品出口国遭遇进口国的国际农业知识产权后，出口成本增加，导致农产品价格上升为 $P'w$，进口商品价格的上升会降低进口需求，则国内产量为 OS_2，国内需求为 D_1，进口量减少为 S_2D_1。在此过程中，消费者剩余减少了 $a+b+c+d$，生产者剩余增加了 a，假设 c 为进口国政府获得的侵权赔偿费，则社会福利净损失为 $b+d$。

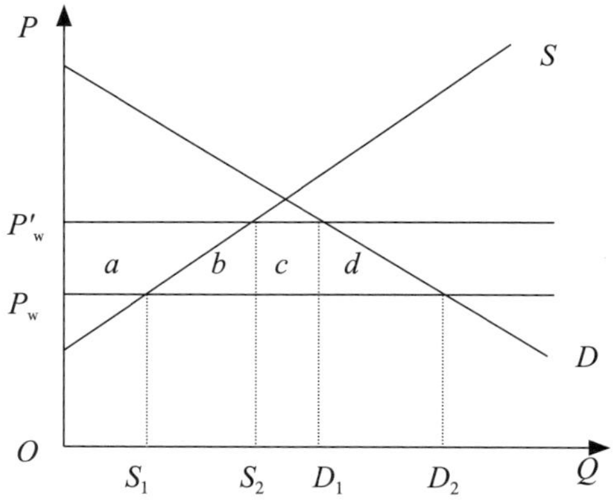

图 5-3　国际农业知识产权风险福利效应分析

5.2 国际农业知识产权风险影响我国农产品出口竞争力的实证检验

农业知识产权是将农业领域的创新成果转化为国家、产业和企业发展战略资源的有效途径，能够使相关权利主体在一定的保护期限内获得排他性的收益，是促进农业产业结构升级调整的不竭动力源泉。应对国际农业知识产权风险，最根本的途径就是提升自身的农业知识产权发展水平，本书基于农业知识产权这种正向的促进作用，采用知识产权密集程度来衡量一国应对国际知识产权风险的能力，进而研究国际农业知识产权风险对我国农产品出口竞争力的影响。

5.2.1 变量选取

研究农业知识产权密集程度对农产品出口竞争力的影响，由于RCA指数能够较为准确的衡量农产品出口竞争力，本书选取2008—2017年的RCA指数作为被解释变量。考虑到数据的可获得性，本书选取农副食品加工业、食品制造业、饮料制造业和烟草制造业这4个代表行业2008—2017的有效发明专利数（为了方便，用IP表示）来衡量农业知识产权密集程度，具体数据来源于国家统计年鉴，为了克服异方差现象，对原始数据进行取自然对数处理。

5.2.2 向量自回归模型（VAR）分析

VAR模型要求数据平稳，首先要对数据进行平稳性检查，本书采取EVIEWS7.0软件对数据进行AFD单位根检验。经检验，两个变量在经过一阶差分后平稳。接着需要确立合适的滞后阶数，在综合考虑了LR、AIC、SC、FPE以及HQ等统计变量后，本书最终选定最佳的滞后阶数为1，因此确定建立VAR（1）模型（表5-1）。

表5-1 滞后阶数的选择

滞后阶数	LogL	LR	FPE	AIC	SC	HQ
0	16.38 907	NA	9.42e-05	-3.597 267	-3.577 407	-3.731 218
1	3 448 128	22.61 527*	2.99e-06*	-7.120 321*	-7.060 739*	-7.522 171*
2	36.90 602	1.818 552	6.33e-06	-6.726 505	-6.627 203	-7.396 256

利用AR根检验模型的平稳性，结果现实全部根都落在了单位圆以内，表示所建立的VAR（2）模型是稳定的，检验结果如表5-2所示，模均小于1，表明VAR模型稳定。

表5-2 AR根平稳性检验

Root	Modulus
0.878 093	0.878 093
0.300 626	0.300 626

为了进一步农业知识产权密集程度与出口竞争力之间是否构成因果关系，须进一步对这两个变量进行Granger因果检验，结果如表5-3所示，表明IP与

RCA 之间存在双向的因果关系。

表 5-3　Granger 因果检验

原假设	Chi-sq	Prob.
IP 不能 Granger 引起 RCA	4.821 519	0.0281
RCA 不能 Granger 引起 IP	1.529 383	0.2162

5.2.3 脉冲响应函数分析

脉冲响应函数检验就是对变量给一个随机冲击，观察系统内其他变量的长期反应，以此来刻画系统的动态特征。由 AR 根稳定性检验得出结论 VAR（2）模型是稳定的，再此基础上进行脉冲函数分析的结果也是稳健可靠的。本书设定脉冲响应函数的追踪器为 10，得到的脉冲响应函数如图 5-4 所示。

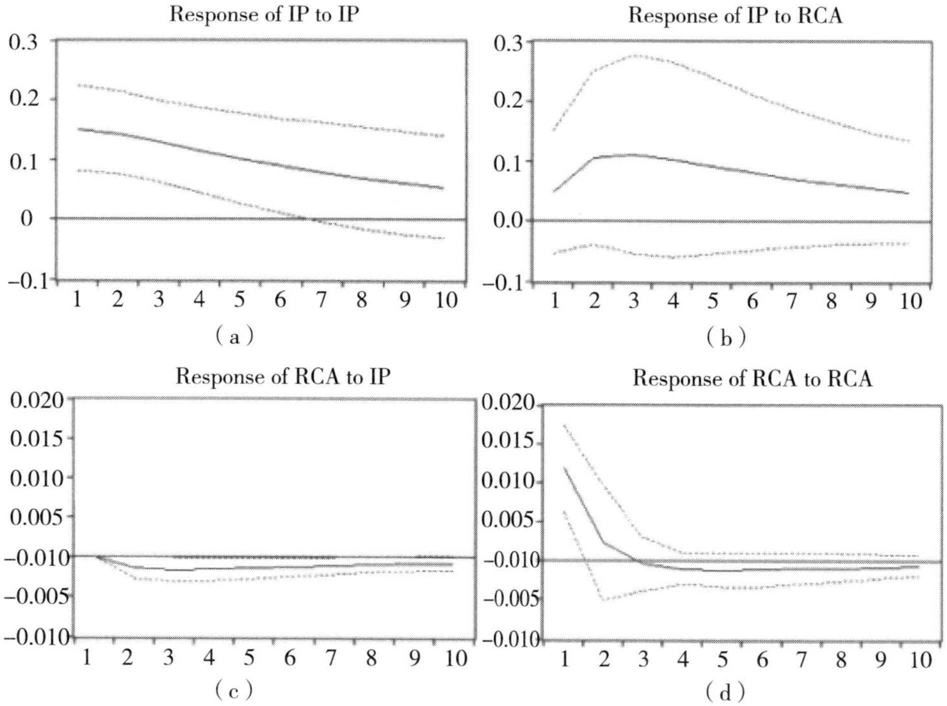

图 5-4　脉冲响应函数

由图 5-4（a）可知，农业知识产权密集程度 IP 给自己一个冲击后，立即对自身做出响应，最初影响程度较大且方向为正。在第五期与第六期之间由正向反应变为负向反应，第六期之后为负向反应且反应程度逐渐平稳。由图 5-4（b）可知，农业知识产权密集程度 IP 给农产品出口竞争力 RCA 一个冲击后，出口竞争力开始是正向响应，在第三期达到正向最大响应，之后便一直下降，随着时间的推移，知识产权密集程度 IP 对出口竞争力 RCA 的影响逐渐趋于稳定。由图 5-4（c）可知，出口竞争力 RCA 给农业知识产权密集程度 IP 一个冲击后，IP 做出负向反应，在第二期达到负向最大反应，之后在较长的一段时间里都是负向响应，但是在慢慢上升并趋于收敛。由图 5-4（d）可知，农产品出口竞争力 RCA 给自己一个冲击后，对自身立即做出响应并且方向为正，在第二期都第三期之间变为负向反应且达到最小，从第四期开始慢慢趋于稳定。

5.2.4 实证研究结论

实证研究结果表明，农业知识产权密集程度与农产品出口竞争力之间存在双向的因果关系，即农业知识产权密集程度变化是农产品出口竞争力变化的原因，农产品出口竞争力的变化也是知识产权密集程度变化的原因；进一步，农业知识产权密集程度与农产品出口竞争力之间存在着动态关系，并且农业知识产权密集程度对农产品出口竞争力的影响更大。基于此结论，可以得出：增强我国农业知识产权密集程度可以提高我国农产品出口竞争力。换言之，知识产权密集程度越强，在一定程度上可以使我国遭遇农产品出口遭遇国际知识产权风险的概率下降，从而提高我国农产品出口竞争力。

第 6 章 种业国际竞争力对国家农业产业安全影响的实证分析：基于种业知识产权视角

6.1 种业知识产权的范围

品种创新是种业核心竞争力的重要组成，根据目前世界知识产权组织和国际保护工业产权协会对知识产权范围的划分来看，种子产业链条中，除植物新品种外，还涉及专利权、地理标志、商标权、商业秘密、著作权等。因此，种业知识产权的范围与构成是多层次的。种业知识产权在种子产业链中包括如下几种形态。

6.1.1 科研育种阶段的种业知识产权

从计划培育一种植物新品种开始，到实际培育出改植物新品种，整个育种过程，主要涉及商业秘密、著作权以及专利权。商业秘密主要包括种质资源、育种材料、亲本、育种技术方案、实验材料数据等商业信息。专利权主要集中在育种技术、基因专利等。在此期间发表的文章、论文及专著等形成了著作权。

6.1.2 申请和获得植物新品种权

这一阶段是指从植物新品种选育出来到获得植物新品种权为止的阶段。主要涉及植物新品种权的保护，以及对新品种全本身的保护。在这个阶段中如果同时申请了其他类型的权力（如在美国还可以申请普通专利权或植物专利权），则对于其他类型权力也需要进行保护。

6.1.3 生产经营阶段的种业知识产权

种子生产经营阶段的知识产权保护主要是发挥新品种权的保护作用。同时，商业秘密、商标、知名品种的品种名称、种子包装的装饰、装潢等也应采取不同的法律手段加以保护。在法律关系中还会涉及知识产权的许多合同和转让合同纠纷等问题。这个阶段是种业知识产权保护中法律问题最集中的阶段，也是种子企业、育种者最终实现自己的利益和社会价值的阶段。

当前，我国逐步建立起各种法律制度，如专利制度、版权制度、商标权制度、植物新品种制度、地理标志制度等，而且商业秘密保护也在不同的法律制度中得到了体现。从知识产权管理体系来说，我国已经建立国家知识产权局为主体，各业务管理机构具体负责为支撑的管理体系。

6.2 知识产权保护对世界种业发展的影响

世界种业的发展主要来自技术创新和制度创新。促进现代种业实现第一次快速发展的核心创新是杂交育种技术的出现和应用，推动现代种业实现第二次革命性的发展的是以转基因技术为代表的生物技术的出现与应用。在这两次技术创新之间，在 20 世纪 70—80 年代种业跨越性发展，来自于事关种业核心竞争力的知识产权保护制度的创立，尤其是国际植物新品种保护联盟（UPOV）的创建。知识产权保护对世界种业发展的影响主要体现在以下几个方面。

6.2.1 知识产权保护刺激了社会对种业的投入

实施知识产权保护，极大地鼓励了社会对种业领域的投资与研发热情，也促进了跨国种业的投资。20 世纪 60 年代以来，1960—1970 年世界公共部门在植物育种研发投资中占到 81.20%，随着 UPOV 的成立和公约的完善，1991—1996 年世界公共部门在植物育种研发投资中的比例已经下降到 38.43%，而私人部门的投资比重则上升至 61.60%。同时，随着知识产权的强化，也推动了种业的世界一体化进程。跨国种业公司在决定是否进入他国种业市场或者开展科研育种工作时，该国是否具备有效的知识产权保护制度是重要的考虑因素。

6.2.2 知识产权保护逐步使科技创新成为企业发展的核心竞争力

种子企业的生存与发展日益与科技创新能力的提升密切相关，其知识产权拥有量成为核心竞争力的集中体现。世界大型种子企业均投入巨资，创造和产生大量的知识产权。特别是生物技术在种业中得到广泛应用之，从第一代转基因种子开始，便形成了一个相当复杂的植物新品种知识产权系谱，位于知识产权高端的企业，对位于低端的技术应用型企业的生产经营行为产生着显著的影响。而低端企业为了降低研发成本，减轻知识产权诉讼威胁，以便安全使用新技术，便积极地与持有相关品种权或权利的公司进行合作或整合。在世界种子企业并购活动中，孟山都公司借助其在生物技术中的领先地位，充分发挥着知识产权带来的合法权益，在近些年来掀起了新一轮的种业并购浪潮，先后受够了嘉吉、迪卡、圣尼斯等多家大型跨国种子企业，一举超过先锋种子公司成为世界第一大种子企业。

6.2.3 知识产权带动种业上、下游产业的整合

由于农业生物研发具有投资大、时间长、风险高的特点，目前，世界上生物技术专利呈现高度集中化趋势。世界前 7 家技术企业占了世界转基因技术相关专利的 82%，形成了超强的技术垄断势力。这些公司通过整合，逐步成为生命科学公司，不仅垄断了种子市场，而且垄断了农业化工、制药、疾病诊断及疫苗市场，在生物技术、农业化工及种子领域的研发中保持着绝对领先的地位，并不断地将产业向上、下游发展，甚至还将垄断下游的种植业。生物技术通过改变农产品的品质，如改进加工特点、味道、延长保存期，提升农产品功效等，对提高产品的获利能力以及加强供应链中同类产品的垄断提供了强大的技术支持，知识产权对这种支持给予了强有力的保护和羌胡。由此，下游的饲料和农产品加工企业也具有强烈的动机与产品供应商建立更紧密的联系。如通过控制南美大豆生产，ADM、邦基、嘉吉、路易达孚 4 家公司垄断了中国 80% 的大豆进口货源，与此同时，还在中国拥有 40% 以上的压榨能力。（郑秉秀，2002）

知识产权保护对种业的发展有深远的影响，对育种者的创造发明提供知识产权保护，可以有效刺激种业领域的投资，特别是在我国种业发展的初级阶段，有利于吸引外资、诱发企业之间的并购与重组，扩大经营规模，形成大规模—高投入—高研发—高产出的良性循环。但同时高度关注，随着知识保护的强化，国外种子企业进入，增加了国内种子企业发展压力，特别是对我国农业长期可持续发展带来了严峻挑战。

6.3 种业安全影响国家农业安全的理论分析

“十四五”规划突出强调要办好发展和安全两件大事，关于“安全”的提法和系统部署，彰显我们党在实践中不断完善的总体国家安全观。粮食安全，无疑是其中重要内容。强调种源安全和牢牢守住 18 亿亩耕地红线，必须上升到国家安全的战略层面来加以审视。我国种业自主创新水平与发达国家还有差

距，特别是核心技术创新不足。突破“卡脖子”问题，关键靠创新。如果我国种业不能及时补上研发短板，那么我国的“菜篮子”“米袋子”就可能受制于人。

当前，我国社会主要矛盾已经转化为人民日益增长的美好生活需要和不平衡不充分的发展之间的矛盾。在“一粒种子”上下更大功夫、做更大文章，不只是要把饭碗端得更牢，也是为了让 14 亿人吃得更好。“十四五”提出以保障安全为前提，以科技自立自强为支撑，服务人民美好生活需求——解决好种子这个“卡脖子”问题，是新起点上以新发展格局应对世纪变局的大战略。

充分保护种业知识产权，是促进种业创新、推进种业振兴的一项重要而紧迫的任务。自 2020 年 12 月以来，我国高度重视种业发展，并逐步开展系列工作，2020 年 12 月以来陆续出台的相关政策。

2020 年 12 月，中央经济工作会议强调 2021 年要抓好八大重点任务，“解决好种子和耕地问题”被列为其中之一。

2020 年 12 月 20 日，试行实质性派生品种制度签约。缺失种业知识产权保护是导致我国当前种业创新性较差的原因之一，“实质性派生品种制度”的建立有望提升企业育种创新动力。种质资源原始品种创新由于具有“投资大、周期长、见效慢”的特点，我国之前缺乏对原始品种产权保护的立法制度，因此原始品种创新利益始终无法得到有效保障，这也直接导致了我国原始品种创新积极性普遍不足。此外，种质资源利用水平不高、育成品种低水平上逐渐导致我国原始品种品类数量丧失严重，我国种业也面临长期停滞不前的困境。在此背景下，实质性派生品种制度的建立切实保护了原始品种的利益，有助于提高我国原始品种创新的积极性，增强企业育种创新动力，是加强我国种质资源保护利用的重要保障。

2021 年 2 月，“中央一号”文件提出卡脖子技术攻关、种业翻身仗等内容。2021 年“中央一号”文件是 21 世纪以来第 18 个指导“三农”工作的“中央一号”文件，打好种业翻身仗是 2021 年“中央一号”文件的重要内容。加快实施农业生物育种重大科技项目。深入实施农作物和畜禽良种联合攻关。实施新一轮畜禽遗传改良计划和现代种业提升工程。尊重科学、严格监管，有序推进生物育种产业化应用。加强育种领域知识产权保护。

2021 年 3 月，农业农村部提出“三品一标”提升行动方案，计划培育一批有自主知识产权的核心种源和节水高抗新品种

2021 年 5 月，农业农村部种业管理司、法规司在京组织召开修改《种子法》座谈会，会议围绕《种子法》修改的重要性和紧迫性，建立实质性派生品种制度，以及提高植物新品种保护水平等进行了深入研讨。建立实质性派生品种制度是加强种业知识产权保护的核心，是本次《种子法》修改的重点。

当前我国对种业发展的重视程度不断提高的同时，普遍认为种业安全等于粮食安全等于农业安全，可见大多数对种业安全的地位放置的有多高，但这三者并不是等同的概念，种业安全是描述一个行业的安全，更多是行业本身发展情况和受国外竞争的冲击，而对于粮食安全，联合国粮农组织对其的定义是：粮食安全是确保所有人在任何时候既能买得到又能买得起所需要的基本食品。而国家农业安全是一个国家基础性产业的安全性考虑，其范围远远大于粮食安全和种业安全。故三者并不是完全等同的，但三者之间的联系确实是紧密的。

一国的种子生产是一国农业生产的前提条件。种业所强调的是种子的生产与供应，而种子是农业生产最基本的生产资料，对于农业生产，其是不可或缺的一部分，正所谓巧妇难为无米之炊，而对于一个农民来说，也可谓是巧农难为无种之产。在农业生产活动中第一步便是播种，而种子数量有没有、质量好不好以及从何而来对于农业生产而言，是前提条件。种子的生产与供给其最终的走向是粮食的生产，从植物学的角度来说，是果实走向果实，而从逻辑的角度来说，是因走向果，有因才有果，而对于农业生产来说，有种子才会有粮食。

一国种业安全是一国农业安全的前提条件。在国际全球化的当今时代，各国间的贸易日益频繁，各国之间的贸易竞争也日渐激烈，国内本土企业的发展不仅是面向国内的，也是面向世界的，在经济全球化的进程中，某国的民族企业发展被外国跨国公司所冲击、国内市场份额被外来企业瓜分的例子比比皆是，特别是在发展中国家和经济发展相对落后的地区。种业这一行业当然也不例外，正如我国随着近些年种业对开开放程度的加深，我国种业市场到处都是国外种子，中国的种业市场份额也被美国、荷兰等种业强国的种业企业所吞噬，我国种业安全受到了冲击，致使我国种业的供给能力也受到影响，若我国种业安全得不到保障，这我国国内种业的本土种子企业慢慢削弱其竞争力，其生存空间也将受到挤压，其市场供给积极性也将受到冲击，届时农民所买到的种子便是外国所提供的种子，其价格和供给量都掌握在他国种业手中，那我国的农业安全又将从何谈起？

从中国与世界种子公司的竞争力来看，中国种业的整体竞争力不强，产业分散度高。在种子供需方面，目前中国国外种子巨头除了在华建设合资企业或者独资企业外，还针对中国对外资进入种业的限制，通过各种方式绕开监管曲线进入。一是通过"代理人"注册公司进行并购；二是以低成本与大专院校、科研院所共建实验室，合作开发，支持课题等多种形式，获取中国研究成果和种质资源，并将触角延伸至省级甚至市级研究机构；三是外资花钱买断中方成果在国际上的专利权。总体来看，中国种子行业整体竞争力偏弱，部分农作物对进口种子依赖度偏高，并呈进一步强化趋势，而且外资正通过各种途径进一步控制中国种子行业，这些都会在一定程度上削弱中国对粮食安全和种子安全的控制能力。

6.4 我国种业国际竞争力影响国家农业产业安全的实证分析

本研究选取我国种业国际市场份额和我国种业的国际竞争优势指数 TC 值来衡量我国种业的国际竞争力。但衡量一个国家某一产业安全程度的指标目前并没有固定标准，很多学者对产业安全的衡量都有较多的研究，很多学者所采取的研究方法是建立一个合理的指标体系，目前认可度较高的是李孟刚的观点，其认为产业安全由两部分组成，即产业生产安全和产业发展安全。目前国内许多学者也都依据自身的考量来建立相关的评价体系对我国农业产业安全进行测度。本研究借鉴国内许多学者的指标体系的建立以及数据的可获得性，将对我国农业产业安全的测量建立如下体系，见表 6-1。从其国际竞争力、对外依存度和产业控制力 3 个方面来衡量我国农业产业安全程度。并对各个指标做简单介绍及 2011—2018 年的相关数据分析。

表 6-1　农业安全衡量指标体系

一级指标	二级指标
我国农业产业国际竞争力	农业产业世界市场份额
	农业生产指数
	农业生产竞争优势 TC
我国农业对外依存度	农业产业出口对外依存度
	农业产业进口对外依存度
农业产业控制力	农业产业外资相对依存度
	农业产业外资股权控制率

产业国际竞争力是衡量一个国家产业的国际市场贸易情况的。本研究主要选取了世界市场份额、农业生产指数和农业竞争优势 TC 指数这 3 个指标。我国农业世界市场份额主要是指我国农产品出口在世界农产品出口中的比重，其主要衡量我国农产品在世界农产品市场中贸易的情况，其对我国农业产品国际竞争力有很好的解释力度。农业生产指数是衡量我国农业发展的均衡性和平稳性的指标。而竞争优势指数是运用我国农产品进出口情况来衡量我国农产品的国际竞争优势。对我国农业竞争力有较好的解释力度。笔者根据我国统计年鉴和世贸组织官方发布的数据分析计算了这 3 个指标 2011—2018 年的相关情况。见表 6–2。如表中数据所见，我国农产品世界市场份额基本保持在百分之四点几，其变动幅度并不是很大。而我国农产品世界市场份额越大，说明我国农业产业国际竞争力越大。我国农业生产指数这几年都较高，说明我国农业近几年发展较好。我国农业的竞争优势 TC 值一直为负，这充分说明我国农业产业在世界贸易中处于劣势，且劣势程度较高，这很不利于我国农业产业安全。

表 6–2　2011—2018 年我国农业产业国际竞争力相关指标情况

年份	我国农产品出口额 / 亿美元	我国农产品进口额 / 亿美元	世界农产品出口额 / 亿美元	世界市场份额 /%	农业生产指数 /%	农业产业竞争优势 TC
2011	682.71	3284.93	16 595.24	4.11	104.4	–0.66
2012	695.51	3218.49	16 567.11	4.20	104.9	–0.64
2013	734.82	3729.21	16 527.80	4.45	104.0	–0.67
2014	782.46	3301.84	17 654.05	4.43	104.3	–0.62
2015	760.25	2734.68	15 683.37	4.85	104.0	–0.56
2016	782.84	2645.29	15 906.62	4.92	103.5	–0.54
2017	823.44	3300.21	17 329.20	4.75	104.0	–0.60
2018	882.71	3523.88	19 472.00	4.53	103.5	–0.60

数据来源：世贸组织，中国统计年鉴。

农业产业对外依存度主要是指我国农产品出口对外依存度和农产品进口对外依存度，其计算公式为我国农产品进出口额在我国总产值中的比重。如果我国农产品进口依存度和和出口依存度较低，这说明我国农业对外依存度较低，我国的农业安全度也较高，若其较高，这说明我国农业安全度较低。根据相关数据统计对我国农业进出口对外依存度计算如下，见表 6–3。如表中数据所见，我国农业出口依存度较低，而进口依存度较高，但我国农产品进出口对外依存度在2011—2016年都有所下降，近两年较高。

表6-3　2011—2018年我国农业对外依存度情况

年份	农业总产值/亿元	农产品出口额/亿元	农产品进口额/亿元	农业产业出口对外依存度/%	农业产业进口对外依存度/%	农业产业进出口依存度/%
2011	81 303.9	4409.49	21 216.71	5.42	26.10	31.52
2012	89 453.0	4390.41	20 316.72	4.91	22.71	27.62
2013	96 995.3	4561.40	23 149.07	4.70	23.87	28.57
2014	102 226.1	4806.65	20 183.20	4.70	19.74	24.44
2015	107 056.4	4721.53	16 983.73	4.41	15.86	20.27
2016	112 091.3	5168.40	17 476.73	4.61	15.59	20.20
2017	109 331.7	5575.69	22 361.26	5.10	20.45	25.55
2018	113 579.5	5827.70	23 224.40	5.13	20.45	25.58

数据来源：中国统计年鉴

产业控制力是衡量我国农业产业安全的重要指标，这关乎农业控制权的问题，也决定着我国农业产业发展是否会受到威胁，如果我国产业控制力较强，则说明我国农业产业安全度高，如果我国控制力较低，这说明我国农业产业安全度较低。本书主要采用了外资相对依存度和外资股权控制率来衡量我国的农业产业的控制力，并根据现有的相关数据对其进行测量和计算，见表6-4。见表中数据可知，我国外资相对依存度较低，2018年更是下降的特别厉害，这对我国农业产业安全是有利的，但值得注意的是，我国农业外资股权控制率一直保持很高，且近年来上升的较快，这是不利于我国农业产业安全的。

表6-4　2011—2018年我国农业产业控制力相关指标情况

年份	对农业的投资/万美元	外资总投资/万美元	外资相对依存度/%	外资股权控制企业的注册资本数额/亿美元	全部企业的注册资本数额/亿美元	农业外资股权控制率/%
2011	200 888	11 601 100	10.07	202	233	86.70
2012	206 220	11 171 614	10.71	202	233	86.70
2013	180 003	11 758 620	9.00	245	279	87.81
2014	152 227	11 956 156	7.92	270	314	86.00
2015	153 386	12 626 660	7.78	300	363	82.64
2016	189 770	12 600 142	10.00	452	525	86.10

续表

年份	对农业的投资 / 万美元	外资总投资 / 万美元	外资相对依存度 /%	外资股权控制企业的注册资本数额 / 亿美元	全部企业的注册资本数额 / 亿美元	农业外资股权控制率 /%
2017	107 492	13 103 513	6.21	589	711	82.84
2018	80 131	13 496 589	4.70	1035	1158	89.38

数据来源：中国统计年鉴

6.4.1 我国农业安全度的测量

为使得数据的客观性和后面的分析更加合理，本书主要采取熵值法。根据以上各个指标的数据使用熵值法对 3 个一级指标和 7 个二级指标进行赋值，其计算结果如下，见表 6–5。

表 6–5　我国农业安全度评价体系权重

一级指标	二级指标	权重 /%	
国际竞争力	世界市场份额	0.1454	0.437
	农业生产指数	0.1333	
	竞争优势 TC	0.1583	
对外依存度	出口对外依存度	0.1133	0.242
	进口对外依存度	0.1287	
产业控制力	外资相对依存度	0.1912	0.321
	外资股权控制率	0.1298	

并根据其权重和相应数据来计算 2011—2018 年我国农业产业安全度数据及其国际竞争力、对外依存度和农业产业控制力的数据，本数据仅用来衡量不同年份的相比较而言的发展情况，其数据大小本身并不能单个说明我国农业产业的安全程度及相关指标的发展水平。数据见表 6–6。

表 6–6　2011—2018 年我国农业安全度及相关指标的情况

年份	农业安全度	国际竞争力	对外依存度	产业控制力	我国种业世界市场份额 /%	种业 TC 值
2011	−2.742 56	14.409 64	3.973 156	13.179 04	1.95	−0.0972
2012	−2.287 95	14.492 54	3.479 08	13.301 41	2.38	−0.0328
2013	−2.318 95	14.404 17	3.604 579	13.118 54	2.01	−0.0675
2014	−1.300 99	14.449 17	3.073 048	12.677 10	2.19	−0.0626

续表

年份	农业安全度	国际竞争力	对外依存度	产业控制力	我国种业世界市场份额 /%	种业 TC 值
2015	−0.275 30	14.479 74	2.540 835	12.214 21	2.29	−0.1254
2016	−1.190 09	14.426 44	2.528 746	13.087 78	1.73	−0.2350
2017	−0.690 86	14.458 87	3.209 745	11.939 98	1.72	−0.2820
2018	−1.353 08	14.360 23	3.213 144	12.500 16	1.51	−0.2852

6.4.2 实证检验

第一步：平稳性检验。

本书主要采取时间序列分析，先对农业产业安全度（Y）、农业产业国际竞争力（X_1）、农业产业对外依存度（X_2）、农业产业控制力（X_3）、我国种业世界市场份额（X_4）和我国种业 TC 值（X_5）进行平稳性检验，主要是运用计量分析软件 EViews进行 ADF 检验，其检验结果如下，见表 6–7，如表中结果所见，仅农业产业国际竞争力（X_1）、农业产业控制力（X_3）和我国种业世界市场份额（X_4）通过了平稳性检验，而其他的几个变量均为通过平稳性检验，说明其都是不稳定序列。但值得注意的是所有变量的一阶差分均通过了平稳性检验，这表明它们具有一阶单整性，它们可能存在长期稳定的关系。

表 6–7　各变量平稳性检验结果

变量	ADF 检验值	P 值	1% 的临界值	5% 的临界值	10% 的临界值	结论
Y	−1.495 737	0.1190	−2.937 216	−2.006 292	−1.598 068	不平稳
D_Y	−2.401 576	0.0264	−3.007 406	−2.021 193	−1.597 291	平稳
X_1	−3.807 234	0.0309	−4.803 492	−3.403 313	−2.841 819	平稳
D_{X1}	−5.339 163	0.0005	−3.007 406	−2.021 193	−1.597 291	平稳
X_2	−0.905 622	0.2896	−2.937 216	−2.006 292	−1.598 068	不平稳
D_{X2}	−2.205 185	0.0369	−3.007 406	−2.021 193	−1.597 291	平稳
X_3	−4.586 192	0.0452	−6.292 057	−4.450 425	−3.701 534	平稳
D_{X3}	−4.832 440	0.0008	−3.007 406	−2.021 193	−1.597 291	平稳
X_4	−1.470 152	0.1235	−3.007 406	−2.021 193	−1.597 291	平稳
D_{X4}	−137.692 200	0.0001	−8.235 570	−5.338 346	−4.187 634	平稳
X_5	−2.859 354	0.2387	−6.292 057	−4.450 425	−3.701 534	不平稳
D_{X5}	−1.641 992	0.0930	−3.007 406	−2.021 193	−1.597 291	平稳

第二步：协整检验。

根据以上的平稳性检测，推测我国种业国际市场占有率和我国种业 *TC* 值可能与另外变量之间可能存在着长期稳定的关系，需要对其进行进一步的协整检验，同样的借用 EViews 软件，以我国种业国际市场占有率（X_4）和我国种业 TC 值（X_5）为解释变量，我国农业产业安全度（Y）、农业产业国际竞争力（X_1）、农业产业对外依存度（X_2）和农业产业控制力（X_3）为被解释变量，对其相互间做回归分析，并将其残差项分别令为 e_1、e_2、e_3 和 e_4，并对这 4 个残差项进行 *ADF* 检验，其检验结果见表 6–8。根据表中检验结果可知，其都通过了平稳性检验。这说明我国种业国际市场份额对我国农业安全度、农业国际竞争力、农业对外依存度、农业产业控制力的关系具有长期稳定性，即我国种业国际竞争力对我国农业安全度、农业国际竞争力、农业对外依存度、农业产业控制力都有影响。

表 6–8　各残差额平稳性检验结果情况

变量	ADF 检验值	*P* 值	1% 的临界值	5% 的临界值	10% 的临界值	结论
e_1	−7.326 895	0.0017	−5.119 81	−3.519 60	−2.898 42	平稳
e_1	−3.756 670	0.0034	−3.007 41	−2.021 19	−1.597 29	平稳
e_3	−2.607 930	0.0175	−2.937 22	−2.006 29	−1.598 07	平稳
e_4	−3.504 180	0.0048	−3.007 41	−2.021 19	−1.597 29	平稳

第三步：回归分析。

在 EViews 软件中使用普通最小二乘法估计参数。得到 4 个协整方程如下：

$$Y = -11.716\,92 + 4.046\,332 \quad X_4 - 14.923\,33 \quad X_5$$

$$(2.942\,065)\ (1.241\,010)\qquad (3.673\,276)$$

$$(-3.982\,549)\ (3.260\,517)\qquad (-4.062676)$$

$$R^2=0.771\,460 \quad \bar{R}^2=0.680\,044 \quad F=8.439\,014$$

$$X_1 = 13.883\,35 + 0.244\,974 \quad X_4 - 0.461\,655 \quad X_5$$

$$(0.119\,808)\ (0.050\,537)\qquad (0.149\,585)$$

$$(115.879\,8)\ (4.847\,412)\qquad (-3.086\,243)$$

$$R^2=0.853\,857 \quad \bar{R}^2=0.795\,400 \quad F=14.606\,54$$

$$X_2 = 8.365\,550 - 2.077\,352 \quad X_4 + 7.174\,748 \quad X_5$$

$$(2.490\,465)\ (1.050\,518)\qquad (3.109\,437)$$

$$(3.359\,032)\quad(-1.97\,7456)\qquad(2.307\,411)$$

$$R^2=0.516\,053\quad \overline{R}^2=0.322\,474\quad F=2.665\,856$$

$$X_3=17.234\,72-1.724\,006\quad X_4+7.286\,926\quad X_5$$

$$(2.274\,357)\quad(0.959\,360)\qquad(2.839\,618)$$

$$(7.577\,842)\quad(-1.797\,039)\qquad(2.566\,164)$$

$$R^2=0.598\,289\quad \overline{R}^2=0.437\,604\quad F=2.665\,856$$

从回归结果来看，我国种业的世界市场份额和竞争优势指数和我国农业产业安全、农业国际竞争力和农业对外依存度的相关性比较明显，其相关系数通过了 t 检验，而与农业产业控制力的相关系数并没有通过 t 检验。特别是种业的世界市场份额（X_4）其解释力度较弱。其存在的原因主要有：一是样本数量有限，导致趋势凸显得并不是很明显；二是由于我国农业产业控制力的两个指标在不同的年份变化较大，有的年份甚至变化趋势完全相反，对实证结果有较大的影响。

6.4.3 实证结果分析

从整体上分析，以平稳性检验和协整检验的检验结果看，我国种业的国际竞争力和我国农业产业安全的关系具有长期稳定性。与其国际竞争力、对外依存度和产业控制力的关系也具有长期稳定性。这也印证了我国种业的国际竞争力对我国农业产业安全存在着影响，我国相关部门应该重视我国种业的发展，提高其国际竞争力以保障我国农业安全。

具体而言，从回归方程来看，一方面我国种业世界市场份额对我国农业安全具有正向效应，即在其他条件不变的情况下，我国种业世界市场份额每增加4.046 332%，我国农业产业安全就增加一个单位，这要求我国要增强我国种业的出口，以谋取在种业世界市场份额中占据更大的份额，以保障我国农业产业安全。另一方面我国种业国际竞争指数对我国农业产业安全具有负向的冲击，其与预期的结果有较大的偏差，按正常逻辑，我国种业的国际竞争指数应对我国农业产业安全具有正向效用，即我国种业的国际竞争指数越大，我国农业产业安全度越高。但回归结果与其相驳。在查阅相关文献资料，发现其存在负向冲击的原因是：我国种业国际竞争指数是指我国种业进出口差额占我国种业进出口的比例，由于目前我国种业市场主要以国外种子为主，我国种业市场份额主要被国外种业所占据，如我国蔬菜种子市场中 50% 以上的份额由国际种业强企所占领，甜菜种子市场份额更是达到了 95% 以上被国际种业强企所控制，这使得我国种业进口不断增加，我国种业的国际竞争指数不断下降，但由于国外的部分优质种子产量确实比国内品种产量高，使得我国农业产量增加，以广东省为例，其罗平镇新村因为种植了进口的辣椒种子，其收成好而使得农民脱贫致富。在本书的测量指标体系建立中测度我国农业产业安全度其主要考虑了我国农业产量，即我国农业产量越高，我国农业产业安全度越高，故出现了我国种业进口越大，我国种业国际竞争优势指数越低，我国农业产业安全度越高的趋势，一方面这也是本书指标建立可能存在不合理所引起的。另一方面这也说明我国种业企业在培育优良品种方面与国外种业企业还存在着差距，使得我国种业市场被国外种业企业所控制，若任其继续发展下去，我国种业将完全由国外控制时，我国农业意味着被外国控制，这对我国农业产业安全将是致命打击。

第 7 章　国际地理标志制度对我国农业产业安全的影响

当前，地理标志正成为一个热点话题，其原因有三。一是国际背景，中欧正式签订《中欧地理标志协定》，以及在中美贸易第一阶段的贸易协定中也有关于地理标志的 3 个条款。二是 2020 年 5 月通过的《中华人民共和国民法典》第 123 条,将地理标志作为一个独立的知识产权客体进行保护,让它区别于商标、区别于其他知识产权保护的客体，作为一个独立的客体来进行保护，给予民事主体就地理标志一个专有性的权利。三是 2018 年党中央国务院机构改革方案中将原质监总局原产地地理标志的职能和原工商行政管理总局商标局负责的商标注册的职能都划归到了国家知识产权局，地理标志领域是“三驾马车”的制度演变为“两分天下”的根据。

7.1 欧盟地理标志保护制度变迁

7.1.1 欧盟内部地理标志保护制度日臻完善

欧洲地理标志保护制度起源于 20 世纪初的法国，当时法国制定了原产地名称控制制度，通过政府划定生产区域、对原产地给予命名等一系列措施以保护该国的葡萄酒。该制度对之后欧盟制定地理标志保护制度具有重要意义。1992 年之前，虽然欧洲一些国家如法国、西班牙等在其国内对地理标志保护实行了专门法，但欧盟尚未统一建立适用于全境的保护政策。为加强地理标志保护，1992 年，欧盟通过了关于保护农产品和食品地理标志和原产地名称条例，首次建立了对欧盟所有成员国具有约束力的地理标志单一监管制度，这也是欧盟首次对农产品进行专门立法保护。

2008 年，欧盟颁布了关于酒类的地理标志保护法规 *Council Regulation*（EC）No.110/2008，对地理标志产品的定义，描述，表现，标识以及保护等方面做了明确的规定。欧盟地理标志保护起步早，法律法规较为完善。

现行的欧盟地理标志保护条例是欧盟在 2012 年颁布，2013 年起，欧盟最新版地理标志保护制度——《关于农产品和食品的质量规划条例》（1151/2012 号条例）生效并实施，“1151 /2012 号条例”是继“2081 /92 号条例”之后，欧盟又一次修改地理标志保护制度。该法规将地理标志保护作为欧盟的质量政策，缩短了审查程序，提升了保护水平，明确了监管体系建设和要求。与之前的法律法规相比，该法规首次以立法的形式建立了一个专门的明确监管体系，对每个获得保护的产品实施监控计划，进行全过程的质量监管。之前，监控措施在各成员国层面各自实施，现在整个欧盟有了统一的监控程序。按照法规，欧盟将指导成员国进行监管，而成员国的监管部门则依靠各自的监管机构按照统一的监管要求进行监管。

目前，欧盟的“地理标识体系”（geographic indications）可分为“原产地保护”体系（protected designation of origin），和“地理标志保护”体系（protected geographic indication），两个体系均有各自标志，这样既可以鼓励农产品的多样性，又保护产品名称以防被误用和仿冒，为消费者提供关于获得地理标识体系产品的相关特征、长处优点等信息。不断完善的地理标志保护制度让欧盟的农产品地理标志保护水平一直处于世界领先地位。

7.1.2 欧盟注重推动地理标志国际保护

近年来，随着地理标志产品在地域经济中发挥着越来越重要的作用，由于在 WTO 的承诺中减少农业出口补贴，欧盟在积极通过双边、区域 FTA 推广本土地理标志（李萍，2011）。欧盟一方面不断加大对欧盟内产品的保护，陆续将具有地理标志特性的产品纳入保护范围；另一方面不断调整完善法律法规，加强与国际社会的对话与合作，谋求建立一个互利共赢的地理标志产业贸易格局（徐元，2012）。

通过 FTA 保护地理标志是欧盟的一项重要国际贸易战略和政策。欧盟利用 FTA 保护地理标志，目的在于使其地理标志在对方国家以及相关的第三国得到尊重，从而保持和提高欧盟成员国地理标志产品的竞争力。（周文光 等，2010）早在 2002 年左右，欧盟就与南非、墨西哥、澳大利亚和智利等国缔结了关于葡萄酒或烈性酒类地理标志保护的双边协定。2011 年 5 月，欧盟与瑞士、列支敦士登签署地理标志保护协定，相互承认并保护包括奶酪、熟食、烘烤食品及啤酒等地理标志产品，并规定未来新注册的地理标志产品也将纳入保护范围。[①]此后，欧盟还与韩国、加拿大、新加坡等国签订了 FTA。截至 2016 年底，欧盟与越南 FTA 已达成原则性一致，并将在 2018 年内签署和生效。[②]除此之外，欧盟目前还在与日本、泰国、马来西亚、菲律宾以及中国等国家和地区进行类似的谈判和沟通。从已经缔结的 FTA 内容来看，欧盟特别重视对地理标志的保护。比如在欧盟—韩国的 FTA 中，已将地理标志的保护范围扩大到了包括奶制品和肉类等农产品，而且还规定，在地理标志发生冲突时，欧盟享有地理标志优先权。在欧盟—越南 FTA 中，相互承认和保护地理标志也是一项重要内容。更引人瞩目的是，欧盟—越南的 FTA 还建立了一个争议处理框架，用以解决欧盟与越南之间在协定的解释和执行方面可能产生的分歧。这一争议处理框架适用于包括地理标志等在内的大部分领域，在很多方面，它比 WTO 的争端解决机制更迅捷、更有效。[③]

欧盟在下一步与其他国家和地区的 FTA 谈判中，很可能将以相同或类似的方式，充分利用 FTA 机制提升其地理标志保护力度和水平。欧盟与中国在内的多个国家和地区进行自由贸易协定谈判，将地理标志保护纳入其谈判重点，在推广欧盟地理标志保护标准的同时，也在一定程度上推动了欧盟地理标志保护制度不断完善。正如欧盟农业委员会委员亚努兹·沃伊切霍夫斯基（Janusz Wojciechowski）所说，地理标志是欧盟进行贸易协定谈判的关键部分，通过签署地理标志协定，在全球范围内保护欧盟的地理标志产品，防止欺诈性使用产品名称，从而保证欧盟地理标志产品的良好声誉。

此外，在成员国层面，地理标志大国也有自己的推广措施。意大利通过食品旅游项目推广地理标志产品，建立产品信息追溯系统以方便产品监管，并通过多方合作保护和推广地理产品，如政府部门与电商平台阿里巴巴、亚马逊、eBay 等签署合作协议宣传地理标志产品。

① 参见《欧盟与瑞士及列支敦士登正式签署地理标识保护协定》，http：//www.mofcom.gov.cn/aarticle/i/jyjl/m/201105/20110507564716. html，最后访问日期：2018 年 11 月 15 日。

② 参见《〈越南与欧盟自贸协定〉将于 2018 年 生 效》，http：//www.ccpit.org/Contents/Channel_4114/2016/1221/735917/ content_735917.htm，最后访问日期：2018 年 11 月 15 日。

③ 参见《〈欧盟—越南自由贸易协定〉将为欧盟带来十大好处》，http：//intl.ce.cn/specials/zxgjzh/201508/13/t20150813_6215532.shtml，最后访问日期：2018 年 11 月 15 日。

7.2 《中欧地理标志协定》签署及重要性

2020 年 9 月 14 日中欧正式签署《中华人民共和国政府与欧洲联盟地理标志保护与合作协定》（简称《中欧地理标志协定》），该协定于 2021 年 3 月 1 日起正式生效。协定文本共 14 条，对地理标志产品设定了高水平的保护规则，保护欧盟和中国各 100 项地标产品，防止它们被模仿或侵犯；协定生效四年后，双方还将各增加 175 项地标产品。中欧地理标志协定是中国对外商签的第一个全面、高水平的地理标志协定①，对深化中欧经贸合作具有里程碑式的意义，显示出中方对中欧双边经贸关系的高度重视，体现了中方推动新一轮高水平开放和加强包括地理标志在内的知识产权保护的坚定决心。中国和欧盟都是地理标志资源非常丰富的经济体，中欧协定达成和实施后有助于加强对双方地理标志产品的保护力度，保障区域品牌基本利益、提升地理标志产品竞争力，为双方带来互惠的贸易利益和对高质量产品的需求，推动中欧贸易向优质优价、优进优出转变，平衡双边贸易，为中欧双方民众带来新的福利，将促进中欧经贸关系健康、可持续发展。

《中欧地理标志协定》的重要性体现 3 个方面：一是保护数量多。这是中欧之间首次大规模互认对方的地理标志，总数量超过 500 个，都是双方久负盛名、家喻户晓的地理标志，比如我国的绍兴酒、六安瓜片、安溪铁观音、吐鲁番葡萄干；欧洲的香槟、巴伐利亚啤酒、帕尔玛火腿、马吉那山脉橄榄油等（具体名单见附录 1、2）。二是保护种类丰富。中方列入协定清单的地理标志不仅涉及酒类、茶叶、农产品、食品等，还涉及代表中国传统文化的宣纸、蜀锦等中国特色地理标志。此前，欧盟对外商签的地理标志协定中仅涉及农产品、食品和酒类，这是欧盟第一次在其协定中纳入此类地理标志。三是保护待遇高。双方纳入协定保护的地理标志不仅可在对方获得高水平保护，还可使用对方的地理标志官方标志，有利于相关产品有效开拓市场。

7.3 《中欧地理标志协定》对中欧双边农产品贸易的影响

7.3.1 保障区域品牌基本利益

国家地理标志是产品出自原产地的身份象征，签订地理标志协定，是整顿

① 商务部：中欧地理标志协定将为双方地理标志提供高水平保护 .

市场的重大措施。如果产品没有纳入国家地理标志保护体系，那么其标签标识可能存在不规范的现象，产品本身的属性、成分、含量、原产地等信息难以真实反映，消费者可能会被混淆视听，原产地商家蒙受信誉损失和经济损失。我国一大批地理标志受到欧盟保护。随着协定生效，我国首批 100 个地理标志正式获得欧盟保护。这 100 个地理标志中，既有已对欧出口的产品，如婺源绿茶、吐鲁番葡萄干、普洱咖啡等，也有对欧可能有出口潜力的产品，如烟台苹果、安岳柠檬、绍兴酒等。此外，协定还纳入了我国第二批 175 个地理标志，将在协定生效后四年内获得保护。地理标志的信用属性和差异化特点意味着，在一定的区域范围内的农产品可以形成品牌效应，因而相比同类农产品而言可以提高竞争力，农户不用过多担忧产品的销路问题。

《中欧地理标志协定》是中欧双方在互信互认基础上的贸易突破，在国内营商环境不断优化、中欧班列货运物流稳步增长的当下，协定相当于中欧双方在货物贸易过程中对商品品质品牌的背书。《中欧地理标志协定》通过公司权利保护保障生产经营者的基本利益，并强化农产品地理起源和传统专业知识相关的独特特征，保障消费者的知情权。协定将有助于提升我国地理标志产品的品牌价值和国际竞争力，推动我国优质的茶叶、果蔬、酒类等产品拓展在欧盟市场的销售，增加农民收入；同时也能丰富国内消费者的选择空间，大家可以在国内购买到更多来自欧盟的优质地理标志产品。《中欧地理标志协定》规范的主要是中欧农产品流通，通过制度规范来保护农业生产者的尊严和声誉，提高双方农业技术的价值，有望为农业生产者打开增值空间。

7.3.2 平衡中欧双边贸易

海关数据显示，2019 年，欧盟 27 国同中国双边货物贸易额为 5596 亿欧元，增长 5.6%。其中，中欧农业和农产品贸易规模逐年扩大，中国是欧盟农产品第二大出口目的地国，是欧盟第四大农产品进口来源国，也是欧洲地标产品核心市场之一。2019 年欧盟对中国出口农产品额达 153 亿欧元，同比增长 37.9%；进口额 61 亿欧元，同比增长 7.3%。2020 年上半年，中欧双边农产品贸易额达到 144 亿美元，较 2019 年上半年增长 12.8%。其中，中国向欧盟出口农产品 38 亿美元，较 2019 年上半年下降 14.9%；中国从欧盟进口农产品 106 亿美元，同比增长 27.8%。2020 年全年，中欧贸易额增长 4.9%，达到 6495 亿美元，中国首次成为欧盟第一大贸易伙伴。欧盟内，中国农产品出口前 5 名分别是德国、荷兰、西班牙、意大利和法国，合计占据中国对欧盟农产品出口总值的 74.4%；中国农产品进口前 5 名分别是法国、德国、荷兰、西班牙和丹麦，合计占据中国进口欧盟农产品总值的 82.4%。由此看出，中国从欧盟进口农产品的需求依然旺盛，但中国对欧盟出口农产品的情况却不太乐观。

中欧农产品贸易产品集中度较高，《中欧地理标志协定》保护商品种类丰富，有望提升欧盟对国产品牌的认知度，更多种类的农产品有望走向欧盟市场。从具体的产品来看，上半年，中国对欧盟出口的前五大农产品分别是鱼类、蔬菜、肠衣、坚果、食用籽油，出口额合计 16.8 亿美元，占据中国向欧盟出口农产品总值的 43.9%；中国从欧盟进口的前五大农产品分别是生猪产品、乳品、酒精及酒类、小麦产品和麻类产品，进口额合计 82.8 亿美元，占据中国从欧盟进口农产品进口总值的 78.5%。

《中欧地理标志协定》的签订是欧盟首次通过国际条约允许外国地理标志持有人使用其官方标志。加贴欧盟地理标志官方标志，意味着产品声誉获得欧盟认可，有利于我相关产品获得海外消费者的认可，提升知名度，对中国农产品品质提升和品牌保护起到重要作用，开拓海外市场，有望逐步平衡中欧农产品进出口。

目前，国内各地已纳入国家地理标志体系的新鲜水果、调味品也能走向欧盟市场，此项协定对于帮助国内区域地理品牌拓展欧盟市场起到重要作用。（洪少枝 等，2011）

国际层面来看，《中欧地理标志协定》有利于维护中欧双方在国际贸易中的形象。《中欧地理标志协定》有助于提升双方消费者的认知度和接纳度，在扩大贸易总量的同时，从品质源头和品牌保护的角度维护中欧商品的美誉度和正常的市场流通秩序，从而维护中欧双方在国际贸易中的地位。

国家层面来看，“双循环”新发展格局下《中欧地理标志协定》签订恰逢其时。《中欧地理标志协定》规格高、保护范围的全、保护力度大、保护待遇高，预示着中欧贸易将迎来新局面。目前欧盟对华进口农产品集中度偏高，某种程度上代表着欧盟消费者对国内商品的需求单一、固有印象或认知不足。地理标志是特色产业、优质产品的代名词，它具有生产区域性、产品独特性、品质差异性、品种稀缺性、工艺传承性、文脉悠久性、命名地缘性、使用公共性、两权分离性和特色专属性十大特征，还具有经济、法律、生态、旅游、文化和教育六大价值。可以解决信息不对称、降低信息搜集成本，满足国内消费者对欧盟商品的需求，同时将国内区域地理标志商品推向欧盟市场。

市场层面来看，《中欧地理标志协定》本质就是双方对国家地理标志商品的共同保护，是杜绝"黑色经济"、维护市场秩序的措施。长久以来，商品流通的难题之一就是假冒伪劣盛行扰乱市场秩序，破坏供应链，受损的是链条上所有的市场参与者，最终伤害的是整个社会民生。《中欧地理标志协定》体现出中欧双方整顿商品流通市场的长期持续努力，纳入协定的商品在双方市场均受法律保护。地理标志在促进产业集聚方面的作用是明显，在农产品的生产过程中，地理标志的规范化、标准化生产流程可以为农户的农业生产提供指导，降低生产成本；并且在大规模生产过程中，农户只需付出与产量相关的可变费用，而诸如固定生产成本（如农业生产机械）、宣传等费用则并不会明显增加，因而可以实现规模经济。

企业层面来看，《中欧地理标志协定》保护的是产业链、供应链中所有的参与者，体现在3个方面。一是节约成本，通过协定，中欧互认对方的地理标志，相关地理标志产品即可获得欧盟的保护。地理标志持有人不需要自己去欧盟申请，节省了大笔国际旅费和聘请律师等费用，以及人工成本。二是待遇更高中欧双方纳入协定保护的地理标志不仅可在对方获得法律保护，还可使用对方的地理标志官方标致，有利于我国相关农产品有效开拓海外市场。三是条约保障。协定涉及的地理标志，不仅受到法律保护，遇到问题还可以通过条约建立的双边机制来解决，使相关地理标志持有人的合法权利受到双重保障。

以该协定保护面最广的农产品为例，农户、农业合作社、农产品加工企业、经销商、超市、消费者均受益于协定对商品的品牌保护。当商品进入对方市场，有国家地理标志的商品相较于其他商品而言多了一层制度保护，是让消费者消除后顾之忧的保障，同时保障生产经营者的利益。

7.3.3 《中欧地理标志协定》对具体农产品双边贸易的影响

欧盟产品放心"引进来"，中国产品积极"走出去"。中欧地理标志协定的生效，为中欧消费者、企业和相关产业带来了实实在在的好处，有助于充分挖掘地理标志产品潜力，助力地理标志产业高质量发展，让"养在深闺"的地理标志产品在全球市场上打响名号。

7.3.3.1 葡萄酒

我国是世界葡萄酒第五大消费国及第六大生产国，但葡萄酒市场仍对于进口依赖较大，澳大利亚、法国、智利、意大利及西班牙包揽了主要葡萄酒来源国前 5 名。根据联合国商品贸易数据库数据显示，2018 年全球葡萄酒进口额超过 20 亿美元的国家有美国、英国、中国、德国、加拿大，中国居第 3 位，约占全球总进口额的 8.3%。据中国海关数据统计，2019 年中国酒精及酒类产品进口额为 50 亿美元，其中葡萄酒居首位，占 70.5%。2010—2019 年，中国葡萄酒进口额总体呈波动上升趋势，年均增长率为 11.4%。2019 年，中国葡萄酒进口额为 35 亿美元，比上年下降 9.7%。受新冠肺炎疫情影响，2020 年第一季度中国葡萄酒进口额为 6 亿美元，比上年同期下降 26%。2019 年，法国、澳大利亚、智利、意大利和西班牙居中国葡萄酒进口来源地前 5 位。约 60% 的进口葡萄酒来自欧洲。

在 2010—2019 年，中国进口葡萄酒的前三大来源国中，法国稳居第 1 位，但其占比呈下降趋势。2019 年中国自法国进口葡萄酒 18 亿美元，占进口总额的 50.2%，比上年下降 16.2%。2018 年法国向中国出口的葡萄酒占其葡萄酒出口总额的 8.2%，中国也是法国葡萄酒第三大出口市场。法国、意大利、西班牙等欧洲国家是中国葡萄酒重要进口来源国，而葡萄酒产业也是欧盟第一大农产品出口产业。随着新冠肺炎疫情在欧洲各国蔓延，欧洲葡萄酒消费和出口需求均呈现大幅下跌，法国、意大利等国葡萄酒出口遭受严重打击，2020 年第一季度中国自欧盟进口葡萄酒 3 亿美元，比上年同期下降 34.9%；其中从法国进口 2 亿美元，同比下降 39.4%；自意大利进口 3480 万美元，同比下降 16.1%；自西班牙进口 3186 万美元，同比下降 14.9%。欧洲议会的法国议员埃里克·安德列（EricAndrieu）预计欧洲葡萄酒过剩量将达 10 亿升。

在《中欧地理标志协定》中，葡萄酒是欧盟清单产品中的最大类别，占据所有欧盟地理标志产品的一半以上。欧盟的地理标志葡萄酒产品，例如来自法国的香槟、来自西班牙的里奥哈等受益于该协定对地理标志产品的法律保护，有效阻止假冒和篡改行为。

随着新冠肺炎疫情在欧洲各国蔓延，欧洲葡萄酒消费和出口需求均呈现大幅下跌，法国、意大利等国葡萄酒出口遭受严重打击。2020 年，在疫情和对原产于澳大利亚进口葡萄酒反倾销调查等因素影响下，我国葡萄酒进口量同比下降 28.8%，葡萄酒进口金额同比下降 19.9%。2021 年 1 月，海关总署发布的《中华人民共和国海关进出口商品规范申报目录》，对葡萄酒进口方式及品牌做了重大调整和规范。

7.3.3.2 奶酪

随着全球化进程的不断深入，世界各国的饮食文化也不断交流与传播。作为世界三大烹饪王国之一的法国，其法式大餐更是闻名世界，法国人细腻浪漫、精致考究的民族特点更是融入料理中。法国料理的品种有很多，但最为法国人所喜爱的是一块小小的奶酪。奶酪在法国人的日常饮食中占有举足轻重的地位，法国人甚至自我调侃道：“Un jour sans fromage，cest un jour sans soleil”，意思是说，如果哪天少了奶酪，哪天就没了阳光。奶酪可以称得上法国饮食文化的灵魂。法国奶酪品种非常多，据说“一个乡村，一种奶酪”，至今超过 400 种，法国堪称名副其实的“奶酪之乡”。在法国众多优秀奶酪品种中，孔泰奶酪是法国排名第一、最受欢迎的法国原产地控制命名标志（AOC）奶酪。孔泰奶酪不仅深受法国人的喜爱，在国际市场上也广受欢迎。2011 年，在中国与欧盟“10 + 10”地理标志保护项目中，孔泰奶酪成功获得中国国家地理标志保护，有利于其进一步扩大中国市场。

弗朗什—孔泰大区位于法国东部，东靠汝拉山，境内多森林山地，属于大陆性气候，降水量较多。汝拉山脉主要由石灰岩构成，这种独特性使其保证了高降雨量期的水量平衡。谷底是由卵石和黏土堆积而成的侵蚀地块，这种独特的地形形成了有利于种植牧草的富饶土壤，可以生长多汁的牧草，有助于酝酿丰富多彩的奶酪味道。土壤、气候、草原的多样性增强了孔泰奶酪的丰富口感。孔泰奶酪有一套严格的制作工序，从制作奶源开始，每一步都得到生产者的精心管理和呵护。得天独厚的自然环境加上纯天然的制作工艺与过程最终创造出风味独特、营养丰富的孔泰奶酪。

孔泰奶酪是法国人最喜爱的奶酪之一，在法国，不论何时何地，都可以品尝到孔泰奶酪。奶酪作为西方的传统食物之一，在欧洲拥有广阔的市场，是法国重要的出口农产品。随着经济全球化的不断发展，孔泰奶酪面临着突破贸易壁垒、占有更多海外市场的挑战。通过中国与欧盟“10+10”地理标志保护项目，孔泰奶酪正式获批中国国家地理标志保护产品，这标志着孔泰奶酪达到中国质量技术标准要求，获得中国法律的承认与保护，有利于孔泰奶酪更好地打入中国市场，提高经济效益。

菲达乳酪是希腊有名的乳酪之一，原是以羊乳作为原料制作的奶酪，但现今也有用牛奶制作的。因为在乳清和盐水中发酵，又称为盐水乳酪。菲达乳酪的乳脂肪含量一般在 40% ~ 50%，色泽乳白，质地柔软，且必须浸泡于盐水中保存。食用时，为了减低咸味，应先浸泡于冷水或牛奶中几分钟。2005 年，菲达奶酪获得了欧盟原产地保护。

7.3.4 《中欧地理标志协定》对意大利的影响

截至 2020 年 3 月底，欧盟受保护的地理标志产品总数为 3322 个，此次入选中欧地理标志协定名单中的地理标志产品，有不少已经凭借优质的产品质量闻名遐迩。根据欧盟委员会最新发布一项研究显示，享有欧盟地理标志名称保护的农业食品和饮料产品销售总额达 747.6 亿欧元，其中五分之一以上来自出口。也正是由于欧盟不断加强对地理标志的保护，产品质量得到保障，更多来自欧盟的地理标志保护产品才得以享誉全球。

意大利拥有悠久的地理标志保护历史，是欧洲拥有地理标志最多的国家，截至 2018 年，欧盟在全球范围内注册的 3036 件地理标志中有 822 件来自意大利，主要集中在葡萄酒（522 件）、果蔬和谷物（112 件）、奶酪（53 件）、橄榄油（46 件）等产品领域，数量远超其后的法国（685 件）、西班牙（329 件）、希腊（254 件）和葡萄牙（179 件）等国。（洪少枝　等，2011）意大利在欧洲乃至世界范围内都是地理标志的主要受益国。

2010 年意大利蒙扎和布里安扎省商会开展的一项研究对地理标志的具体价值进行了估计，帕玛火腿 （Prosciutto di Parma）估值为 23 亿欧元，帕马森雷加诺干酪（Parmigiano R eggiano）估值为 13 亿欧元，哥瑞纳 – 帕达诺奶酪（Grana Padano）为 11 亿欧元。其中帕马森雷加诺干酪还被选为意大利国内最具影响力的 10 个品牌之一（ 其他 9 个均为著名跨国公司）（黄广龙　等，2001）。

地理标志产品在意大利农产品中占有重要地位。2017 年，意大利地理标志产品（食品和葡萄酒）产值达到 152 亿欧元，占农产品总产值的 18% ，覆盖近 20 万家企业，地理标志产品出口额达到 88 亿欧元，占农产品出口总额的 21%。

食品领域的地理标志产品产值为70亿欧元，销售额为147亿欧元，出口额35亿欧元，覆盖8.3万家运营商，主要集中在奶酪（产值39亿欧元，销售额7627亿欧元）和肉制品（产值21亿欧元，销售额4687亿欧元）方面。葡萄酒方面，2017年共生产2470万升葡萄酒，瓶装葡萄酒30亿瓶，产值达到83亿欧元，出口额53亿欧元，覆盖11.3万家企业。（农业农村部国际合作司，2020）

7.4 我国地理标志农产品"走出去"的路径探讨

当前乡村振兴战略实施背景下，保护地理标志更成为我国实现乡村产业经济振兴的一项关键性制度安排，其重要性不言而喻。然而，我国地理标志农产品并未广泛"走入"国际市场，利用地理标志促进增加我国农产业出口竞争力仍然任重道远。

7.4.1 借FTA拓我国地理标志农产品国际市场

公开数据显示我国在国际注册的商标、原产地名称数量远低于亚太地区的其他发展中国家。在中国目前签署的自由贸易协定中，涉及地理标志合作的国家只有秘鲁与哥斯达黎加，并只有少数地理标志被写入附件。其中，哥斯达黎加提交了包含10个地理标志的清单，我国并未提交清单。秘鲁提交了包含4个地理标志的清单，我国提交了22个。其他含有地理标志条款的自贸协定，仅承认地理标志保护是对知识产权的保护，尊重Trips的安排。（杨帆 等，2018）

地理标志国际保护新发展路径的继续背道而驰，充分体现出欧美发达国家为获取各自最大利益而高度现实化的决策思路，及其所主导的地理标志国际保护体制面临的现实困境。作为地理标志国际保护领域的新实践、新趋势——FTA模式的生长和蔓延，既给地理标志国际保护的发展注入了新活力，同时也对当前的地理标志国际保护秩序带来了冲击和挑战。我国积极争取地理标志保护谈判的国际话语权，推动构建科学、合理的地理标志国际保护体系创造了机遇和条件。

7.4.2 沿"一带一路"促我国地理标志农产品漂洋过海

2013年习近平主席提出"一带一路"倡议，这是一个开放、包容和突破地域、文化界限的国际倡议，强调沿线 65 个国家和地区要打造互利共赢的“利益共同体”和共同发展繁荣的“命运共同体”，为中国新时期对外开放打开了新的格局。地理标志产品作为重要的农耕文化的优秀遗产之一，特殊的产品特性归因于原产地的自然因素和人文环境因素，和高端食品、文化、旅游等行业有着天然的血缘关系，纵深产业拓展性很强，成为我国在“一带一路”沿线拓展对外贸易的优势资源。

“一带一路” 自古以来就承担着不同地域特色产品流通的重任。在古代，沿着“一带一路”，驼队和商船将丝绸、瓷器、漆器传到西方，同时带来了胡椒、亚麻、香料、葡萄和石榴，实现了互通有无。现在，在各个国家间的商品流通中，各个地方的特色产品依然占据很大的份额。中国立足于绿色发展，壮大地方特色经济和实施精准扶贫，不断加大地理标志产品培育和保护力度，取得了显著的经济和社会效益。

7.4.3 乘机构改革东风优我国地理标志运行机制

为解决商标、专利分头管理和重复执法问题，完善知识产权管理体制，国务院机构改革方案提出，将国家知识产权局的职责、国家工商行政管理总局的商标管理职责、国家质量监督检验检疫总局的原产地地理标志管理职责整合，重新组建国家知识产权局，由国家市场监督管理总局管理。即原国家工商行政总局的地理标志商标和原国家质量监督检验检疫总局的国家地理标志保护产品统归国家知识产权局管理，而农产品地理标志归农业农村部管理。

重新组建的国家知识产权局，负责保护知识产权工作，推动知识产权保护体系建设，负责商标、专利、原产地地理标志的注册登记和行政裁决，指导专利、商标执法等工作，这为有效保护地理标志产品奠定了更加高效的体制机制基础。国家知识产权局政务服务平台分为专利、商标、地理标志等 3 个板块，这带来了极大的便利。地理标志板块初始包括原产地综合服务平台和地理标志两个部分，原产地综合服务平台链接到国家质检总局的原产地服务平台，地理标志则链接到国家知识产权局商标局的地理标志板块，后来二者又合并为一个平台地理标志，链接到中国地理标志网。

从 2018 年国家知识产权局发布的统计公告来看，2018 年注册的地理标志件数为 961 件，批准的地理标志产品件数为 67 件。明显，地理标志产品批准节奏在放缓。从农业农村部发布的统计信息来看，2018 年认证的农产品地理标志总数为 280 件。2020 年，受理地理标志产品保护申请 10 个，批准保护地理标志产品 6 个，核准使用地理标志专用标志企业 1052 家，核准注册地理标志商标 765 件。截至 2020 年底，累计批准地理标志产品 2391 个，核准专用标志使用企业 9479 家，累计注册地理标志商标 6085 件。

中国的行政管理机关可以直接进行行政执法，这是中国知识产权保护的特色。而这一次改革，实际上就是在这个问题上要迈开实质性的一步，就是要把知识产权的行政执法与行政管理加以分离，解决长期以来存在的两者不分的问题。中国正在推动知识产权行政执法走向集中化、专业化。特别是中国知识产权行政管理模式将向相对集中的模式转变，这为地理标志品牌法律保护协调统一提供了机遇。

7.4.4 凭资源整合强我国地理标志服务供给

第一，加快地理标志品牌大数据平台建设。经过国务院机构改革，多部门平行管理有所改善，但这几个部门均未有效开展大数据建设。由于地理标志品牌认定具有巨大经济效益与政治效益，地理标志数据成为企业谋利的工具，更有甚者，地理标志管理部门将它作为核心机密。认定公示文件信息不全、认定公示后文件删除、年终总结公开数据“遮遮掩掩”等情况多见。相比其他国家，我国地理标志品牌大数据建设严重滞后。以欧盟为例，欧委会在 2016 年 4 月正式启动欧盟层面的云计算行动计划（ECI），致力于在欧盟科技界和技术工程界实现跨成员国、跨区域、跨行业、跨领域的云计算服务无缝衔接互联互通，然后逐步向全社会拓展云用户群，促进欧盟数字融合技术创新，加速欧盟数字经济转型升级。地理标志是一种识别性的知识产权，不属于特定的主体，它是一种全国性或地区性的共有权或共用权，大数据的公开符合其属性。

此外，地理标志产品的信息应该多元化、透明化，应该形成产品、产地、生产者、消费者等多元利益主体互联互通的体系，通过地理标志品牌大数据平台建设，为各省、市、县提供展示产品的平台，为消费者提供消费的决策依据，为政府部门提供监测评估的管理工具，为企业树立地理标志品牌样板，为生产者提供典型示范。急需政府部门建设地理标志品牌大数据平台，加强共享，推动地理标志品牌事业健康发展。

第二，加快中国地理标志品牌国际贸易全球集采服务平台建设。中国地理标志品牌具有强大的品牌竞争力和社会美誉度，但在国际贸易中常常面临一系列的风险点：找不到优质供应商、采购价格没有优势、预付款高、产品质量无法监控、跨国纠纷成本高等。如果能够建立一个全球集采服务的第三方平台，履行移动端下单、采购信息智能汇总、国内认证供应商发货、买家验收等步骤，并在此过程中合理使用追溯核销工具、地标认证工具，设置地标体验中心，线上线下销售相结合，让目标顾客看得到、吃得到、买得到，就能够极大地降低双方风险，提高贸易效率。

国家知识产权局发布了《国家地理标志产品保护示范区建设管理办法（试行）》（下称《办法》），为全国地理标志产品保护示范区建设管理工作提供行动指南。示范区是指以国家知识产权局认定的地理标志为对象，具有较大产业规模、较显著社会经济效益、较高保护水平，制度健全、机制完善、管理规范，产品特色鲜明、知名度高，对国内地理标志保护起示范、引领、推广作用的保护地域。示范区可以示范一个或多个地理标志保护。

《办法》要求，示范区建设要以保护当地优势特色和经深加工附加值高的地理标志为主，优先选择传承历史文化技艺并预期可取得较大经济、社会和生态效益的地理标志。《办法》强调，建设地理标志产品保护示范区应当坚持高标准建设、高水平保护、高质量发展的原则。《办法》规定，示范区建设将围绕夯实保护制度、健全工作体系、加大保护力度、强化保护宣传、加强合作共赢等 5 个方面主要任务开展。

遵循“严保护、大保护、快保护、同保护”的工作思路，开展国家地理标志产品保护示范区建设，是推进我国地理标志统一认定保护的重要举措，对于提高地理标志产品竞争力，支撑推进乡村振兴，服务经济社会高质量发展具有重要意义。

第 8 章　研究结论与对策建议

本书以对产业安全、农业产业安全、农业知识产权及农业知识产权风险进行文献综述和理论分析为起点；在对我国遭遇国际农业知识产权风险的现状进行分析的基础上，利用层次分析和隶属度转换的新算法对我国面临的国际农业知识产权风险展开了实证测度；在剖析“逆全球化”背景下我国及世界农产品贸易格局的基础上，对我国农业整体及种子产业的国际竞争力进行了研究；在对国际农业知识产权风险影响我国农产品出口竞争力进行理论分析的基础上，利用向量自回归模型进行了实证分析；基于种业知识产权视角，实证分析了种业国际竞争力对国家农业产业安全影响机理；并对国际地理标志制度对我国农业产业安全的影响进行了深入分析。最后总结了本书的主要结论与启示，并提出了“逆全球化”背景下，我国面向农业产业安全反制国际农业知识产权风险的对策和建议。

8.1 研究结论

（1）当前中国面临的国际农业知识产权风险类型。

技术屏障型风险：新产品研发环节的国际农业知识产权风险如植物新品种；生产流通环节的国际农业知识产权风险如涉农专利；销售环节的国际农业知识产权风险如农产品地理标志。

市场防御型风险：农业知识产权边境保护、农产品地理标志、农业知识产权滥用。

政策规划型风险：农产品知识产权国际保护制度、反补贴制度。

国际农业知识产权风险的特征表现为：名义上的合理性、范围广泛、影响深远。

我国农产品出口遭遇国际知识产权风险的外部原因在于：“逆全球化”背景下，农产品国际贸易的竞争日趋激烈；发达国家的利用农业知识产权优势筑造国际农业贸易壁垒；我国农产品出口市场集中度较高受国际农业知识产权壁垒的影响程度高。内部原因在于：我国农业的知识产权创造水平较低，国内企业缺乏农业技术创新能力；农业经营者的机会主义行为；农民及涉农企业知识产权意识薄弱，应对知识产权风险的能力差。

国际农业知识产权风险形成机理为：赢者通吃、技术锁定、垄断定价、政府参与、法律护航，形成国际知识产权壁垒的动力机制包括动力引擎和外部推力两个部分，动力引擎部分提出经济、政治、法律、技术等“四轮驱动”引擎模型，外部推力包括经济全球化驱动力、产业变革驱动力、规则国际化驱动力等。建立“技术（布局安全）—市场（组织安全）—政策（政策安全）”三维影响的风险预警体系，采用 *M*（1，2，3）隶属度新算法判定我国 2019 年我国国际农业知识产权风险状况为“基本安全”等级，应该对我国面临的国际农业知识产权风险给予高度的重视和警惕。其中，农业产业布局安全和农业产业市场安全这 2 方面是影响该我国新鲜水果安全性的主要方面，应重点加强。

（2）分析“逆全球化”背景下我国农产品进出口贸易状况。

我国农产品国际贸易一直处于逆差状态，且逆差数额持续扩大。造成我国农产品贸易长期处于逆差状态的原因有：国内农产品的有效供给不足以满足国内消费者的需求；我国农产品出口频遭遇种种贸易壁垒；我国农产品出口企业的组织形式缺乏国际竞争力有关；我国出口贸易依存度也较低，但仍须提防中美贸易摩擦对我国农产品出口造成的不利影响。从提高农产品质量保障、增强我国农产品国际竞争力、完善农业支持保护制度和高度重视农业知识产权 4 个方面对“逆全球化”背景下我国农业政策进行解读，发现“逆全球化”背景下我国农业政策主题为：推进农业现代化发展，增强国际竞争力。

选取国际市场占有率、显示性比较优势指数、贸易竞争力指数 3 个指标分析逆全球化背景下我国农产品出口竞争力。我国农产品的国际市场占有率总体呈现不断上升的趋势，说明我国农产品在国际市场上的份额越来越大，主要得益于我国的对外开放程度不断提高。我国显性比较优势指数 一直都小于 0.8，表明该经济体出口产品的竞争力很弱，说明我国农产品的出口竞争力处于很弱的地位。我国的贸易竞争力指数在 –0.29 ～ –0.14 波动，表明我国农产品不具有国际竞争力。

2011—2018 年，世界种业贸易进出口总额均处于增长状态，世界种业的市场集中度高，荷兰、法国、美国、德国、丹麦、匈牙利、意大利、智利、罗马尼亚和加拿大十大种业出口大国占全球种子出口贸易额的 70% 左右，荷兰、美国、法国、德国、西班牙、意大利、墨西哥、俄罗斯、比利时和中国十大种业进口大国占全球种子进口贸易总额的 50% 左右。

对种业的国际竞争力进行了专题研究，发现 2011—2018 年中国种子进口贸易总额大幅递增，中国的种子进口主要是大田作物种子和蔬菜种子；中国在世界种子出口贸易中的份额也仅为 1.5%；中国种子进出口贸易中，中国一直处于贸易逆差的状态，种子进口贸易总额远远大于种子出口贸易总额。中国的大田作物种子的进口品类主要是粮食作物种子、油料作物种子和糖料作物种子，进口贸易大多数是从美国，法国和丹麦等种子贸易大国进口，其出口品类主要是稻米种子，出口贸易大多数是出口到巴基斯坦、越南和印度尼西亚等发展中国家。

选取大田作物种子、蔬菜种子和花卉种子三大类考察 2011—2018 年中国种业的国际竞争力。中国大田作物国际市场占有率为 1% 左右，国际竞争力指数平均为 –0.2825，中国大田作物种子国际贸易一直处于贸易竞争的劣势，其劣势程度相对较高。中国花卉种子平均市场占有率为 4.5%，蔬菜种子国际进出口贸易总额总体很大，集中度较高，但处于贸易竞争劣势。

（3）构建了国际农业知识产权风险对我国农产品出口竞争力影响的传导机制框架。

国际农业知识产权风险——在技术风险、市场风险和政策风险，影响到我国农业的技术竞争力、市场竞争力以及国际农业政策竞争力，从而影响到我国农产品出口竞争力。

分析了国际农业知识产权风险经济效应：贸易效应（出口限制效应和市场转移效应）、结构效应和福利效应。国际农业知识产权风险的结构效应分析表明，包括中国在内的发展中国家为了避免在农产品国际贸易中长期处于不利地位，需要具备一种使新知识和技术能产生和使用的机制，这就要求政府必须重视教育和农业科技投入，激励和保护农业创新。

采用知识产权密集程度来衡量一国应对国际知识产权风险的能力，进而研究国际农业知识产权风险对我国农产品出口竞争力的影响，实证研究结果表明：农业知识产权密集程度与农产品出口竞争力之间存在双向的因果关系，即农业知识产权密集程度变化是农产品出口竞争力变化的原因，农产品出口竞争力的变化也是知识产权密集程度变化的原因；进一步，农业知识产权密集程度与农产品出口竞争力之间存在着动态关系，并且农业知识产权密集程度对农产品出口竞争力的影响更大。基于此结论，提出：增强我国农业知识产权密集程度可以提高我国农产品出口竞争力。换言之，知识产权密集程度越强，在一定程度上可以使我国遭遇农产品出口遭遇国际知识产权风险的概率下降，从而提高我国农产品出口竞争力。

（4）基于种业知识产权视角，就种业国际竞争力影响我国农业产业安全展开专题研究。

分析了种业知识产权的范围：科研育种阶段的种业知识产权、申请和获得植物新品种权、生产经营阶段的种业知识产权。剖析了知识产权保护对世界种业发展的影响：知识产权保护刺激了社会对种业的投入、知识产权保护逐步使科技创新成为企业发展的核心竞争力、知识产权带动种业上、下游产业的整合种业安全是国家农业安全的前提条件。

选取了我国种业国际市场份额和我国种业的国际竞争优势指数 TC 值来衡量我国种业的国际竞争力，从其国际竞争力、对外依存度和产业控制力三个方面来衡量我国农业产业安全程度。我国种业的国际竞争力和我国农业产业安全的关系具有长期稳定性。与其国际竞争力、对外依存度和产业控制力的关系也具有长期稳定性。这也印证了我国种业的国际竞争力对我国农业产业安全存在着影响，我国相关部门应该重视我国种业的发展，提高其国际竞争力以保障我国农业安全。

（5）就国际地理标志制度对我国农业产业安全的影响展开专题研究。

剖析了欧盟地理标志保护制度变迁，发现：欧盟内部地理标志保护制度日臻完善、欧盟注重推动地理标志国际保护。分析了《中欧地理标志协定》签署及重要性，其重要性体现在：保护数量多、保护种类丰富、保护待遇高。解析了《中欧地理标志协定》对中欧双边农产品贸易的影响：保障区域品牌基本利益、平衡中欧双边贸易，并选取《中欧地理标志协定》中两种重要农产品——葡萄酒、奶酪分析了协定对中欧双边贸易的影响，以及协定对特定国家（意大利）的影响。探讨了

我国地理标志农产品“走出去”的路径：借 FTA 拓我国地理标志农产品国

际市场、沿"一带一路"促我国地理标志农产品漂洋过海、乘机构改革东风优我国地理标志运行机制、凭资源整合强我国地理标志服务供给。

8.2 对策建议

"逆全球化"背景下，全球经济贸易发展面临多方面风险因素，叠加新冠疫情全球蔓延，长期内会使全球经贸体系发生持久的结构性变化，全球农产品贸易发展面临的风险增多。在宏观经济层次，各国经济增速普遍下滑已成定局，总需求萎缩成为影响全球贸易发展的主导因素。在农业部门层次，疫情导致供应链失灵势必干扰农业生产活动的正常进行，进而影响到全球农产品供给，国际社会对农产品出口采取限制措施的情况也会增多。联合国粮农组织总干事屈冬玉、世界卫生组织总干事谭德塞、世界贸易组织总干事阿泽维多 2020 年 4 月 2 日发表联合声明说，应谨防为遏制新冠肺炎疫情所采取的措施对粮食供应可能产生的不利影响。声明指出，当务之急是加强而非弱化国际合作。

"逆全球化"背景下更应准确判断国际形势新变化、深刻把握国家"双循环"发展战略和构建开放型经济新体制的新要求，在推进更高水平的对外开放过程中，国际农产品市场竞争不断加剧，农业知识产权作为打击竞争对手，占领市场优势的主要手段，将会越来越频繁地被外国政府和大型跨国涉农综合企业使用，可以预料，我国农业面临的知识产权问题也会越来越多且越来越复杂。国际农业知识产权风险不仅拖缓我国农业走出的步伐，甚至会威胁到我国农业产业安全。夯实农业知识产权地基决定我国农业高质量与可持续发展的前景，应对可能的国际农业知识产权风险，我国企业、行业协会和政府必须有所准备，有所作为。

8.2.1 建立农业企业、行业协会及政府三级预警机制

（1）识别国际农业知识产权风险，加强风险预警机制建设。

农业作为国民经济的基础性产业，农业安全事关国家安全，需要从国家层面高度重视和统筹考虑，但也要正确认识经济全球化发展的新趋势和国家构建开放型经济新体制的新要求，从国家战略高度把农业产业安全作为一个整体统筹考虑，树立"大农业安全观"，确保农业产业安全和国家安全，把确保农业产业安全与国家对外开放要求相统一，为国家实行更加积极主动的开放战略和

构建开放型经济新体制提供安全保障。

首先，我国大型涉农企业苦练内功，提升知识产权能力，我国大型涉农企业要建立本企业的知识产权战略，加大研发力度，应该采取加强专利分析、建立专利池等举措，快速形成具有自主知识产权的专利群，从而达到专利合理布局、共同应对、降低外来专利威胁的目的。其次，补齐行业协会知识产权第三方服务的短板，发挥其对农业产业的支撑作用，农业行业协会应依靠强大的企业资源基础和信息网络，在相关政府部门指导下建立健全农业高科技与国际知识产权风险的动态监测及预警系统，正确把握高科技行业发展态势、预测国际农业知识产权风险壁垒，制定相关的宏观指导政策，帮助国内农业企业有效规避突围植物品种权及农业专利权风险，站在巨人的肩膀上获得跨越式发展。最后，政府引导，搭平台促发展，一是在国家层面，有针对性的在全国范围内布局农业高科技产业的集聚区，明确各聚集区的发展规划、目标、产业链中的定位和优惠政策等，鼓励农业高科技企业做大做强；二是中国大型农业企业走出去面临资金、管理、贸易摩擦等诸多风险和隐患，政府需要建立完善的政策体系给予支持和保障；三是借鉴美国等国家的先进经验，从最急迫和对农业发展影响最大的种业入手，制定出一些有助于种业企业发展壮大的政策体系，为我国种业企业走上高速发展铺平道路。

（2）农业企业积极应对。

第一，提高主动应对风险的能力。

农产品出口企业要想实现可持续发展，不得不了解国际贸易中的相关规则，只有这样，才能使自己生产出来的产品符合国家化的要求。这就要求我国农产品出口要冷静理智地面对国际农业知识产权风险。我国农产品出口企业应勇于借助 WTO 的规则来积极应对国际农业知识产权风险带来的消极影响，运用法律手段来维护企业的合法权益。

第二，坚持自主创新，“迂回突围”和“追踪跨越”。

要想改变我国农业企业在国际农业知识产权风险的被动局面，最重要的是增强企业的自主创新能力，增加科研投入，形成独立、自主的技术创新能力。要掌握主动权，就必须掌握核心技术，创新是形成和提高企业核心技术的关键，决定着企业的竞争力。企业需要加大 R&D 资金投入，加强研究开发的基础设施建设，掌握自主专利技术，提高产品竞争力，提高附加值，同时还要加强同高校、科研机构的合作，增强自身技术发展能力。只有依靠创新，才能使我国涉农企业掌握更多关键领域的自主知识产权，才能在国际竞争中变被动为主动。

第三，追踪跨越。

所谓追踪跨越战略就是追踪农业主要专利技术发展趋势，尤其是大型跨国农业公司专利技术的发展走向，通过投入新的开发力量并加以提升，形成有实质性提高、突出效果的新的专利技术。我国农业高科技企业应该建立一套适合本企业适用的独立专利检索系统，一套成熟的专利检索系统可以帮助企业在一项产品或技术开发前进行相应的市场调研，进行专项课题的纵向专利调查、分析，掌握该专题技术的发展规律；可帮助企业通过对竞争对手的专利分析可了解其主攻方向，通过对专利信息的调查分析加工成情报，使产品开发和市场分配更加具有针对性。这也是农业高新技术企业运用追踪跨越战略所必备的一项技术本领。

第四，"以其道还治"，主动迎击。

中国种业公司要树立走国际化的意识。中国大多数种业公司的发展目前主要还是立足于国内市场，目标也是提高我国种业的自给能力，保证我国的种业安全，从而保护我国农业安全，但中国种业公司也应树立走国际化道路的意识，参与国际竞争来不断提升自身的竞争力，这也有利于提高我国种业国际竞争力，提高我国在世界种子市场中的话语权。

我国的农业高科技企业作为全国农业企业发展的典范，未来目标是国际市场，必须要转变应对国际农业知识产权诉讼的观念，积极应对国际知识产权侵权之诉，改变对待知识产权纠纷的消极态度，不要因担心诉讼会影响到企业发展而放弃应诉的机会而"出卖"自身权益以求安稳。而应对跨国农业公司知识产权诉讼的前提就是要有一定程度是专利布局，而这正是跨国农业公司构筑知识产权壁垒的基础，我们要把它拿来为自己所用，而且还要用它来对抗跨国公司的进攻。

第五，整合资源，强强联手。

种业公司要整合资源，提供企业间的兼并重组来增强自身的实力。西方发达国家的种业发展水平和发展历史较中国而言，都具有较大的优势，且其种业的发展也日趋成熟，追溯它们种业发展的进程，不难发现，这些国家种业的发展具有一个较为明显的特点便是其行业发展日渐集中，这也是中国种业发展所不具有的。以美国为例，其国内市场种子企业在 1000 家左右，部分种业大企业甚至可以达到市场份额的三分之一甚至更高，而对比中国，却发现其发展状况完全不同，中国的种子企业数量多且单个企业的市场份额却很低，这也说明中国种业行业发展分散，并没有出现大而强的种子企业，而在国内如此，其在国际市场上的竞争力更将进一步削弱，在中国强调集中力量办大事的道理，同样的，我国种业企业若想增强其国际竞争力，占据更大的国际市场份额，则必须做大做强企业本身，通过兼并重组，集中更多的资本，优化资源配置，才有可能和国际上的种子强企竞争。

总之，我国企业要想在种业市场上占有一席之地，必须要加强自主创新、大力培育自主知识产权。①要强化知识产权意识，包括知识产权的获取意识、保护意识、发展意识和竞争意识，为策略的制定提供理论基础。②要建立健全知识产权预警机制，完善的知识产权预警机制可以让企业充分了解各领域专利的申请和授权情况，为策略制定提供决策基础。③要充分重视知识产权战略，要设立独立的部门执行知识产权战略，有专项资金投入并纳入考核业绩。④积极使专利与标准相结合，目前知识产权已越来越多地进入了标准领域，标准已成为全球新的竞争目标。⑤要加强知识产权的法律保障体系，在尊重他人知识产权的同时维护好自己的知识产权。

（3）补齐行业协会的短板，发挥其对产业的支撑作用。

当前，我国高科技行业协会力量薄弱，高科技企业参与积极性不高，因此，继续补齐行业协会的短板，使其发挥对产业的支撑作用。农业知识产权服务是在农业知识产权确认、利用和保护过程中，农业知识产权的服务机构，为客户提供的咨询、代理、检索、评估、投资、诉讼等与农业知识产权有关的专业性的服务行为。农业知识产权服务机构以独立性、公平性和专业性服务于市场，进行规范市场运作，能够有效促进农业知识产权的利用和发展。农业知识产权服务主要包括农业知识产权代理、农业知识产权价值评估、农业知识产权保险和农业知识产权托管。

第一，加强农业知识产权服务业人才队伍建设。

我国已经建立了以农业专利代理、农产品商标代理、农业知识产权信息检索、农业知识产权诉讼代理等为主要核心的农业知识产权服务体系，但我国农业知识产权服务业人才队伍建设有待加强，人才队伍综合素质有待提升。从农业知识产权代理的需求考虑，需要培养更多兼具专利代理人资格又有农学专业知识的农业专利代理人。从农业知识产权法律服务方面，实行专利律师制度，体现其较强的专业性，加强保障农业知识产权人在诉讼中的各种合法权益。在农业知识产权价值评估方面，应逐步建立对植物新品种、农业专利和农产品地理标志等价值评估标准，保障农业知识产权人在进行农业知识产权质押和交易中的经济利益。在农业知识产权保险方面，我国应主导实行政策性农业知识产权保险，对农业知识产权人收取较低保费，若保险公司或商业保险机构发生亏损，国家财政将给予一定的补偿。在农业知识产权托管方面，亟须推进在农业知识产权领域的知识产权托管，不仅可以帮助农业知识产权人解决在制定战略、申请、使用、投融资和维权等方面的困境，还可以使中介机构拓展相关业务。

第二，建立产业与知识产权贸易壁垒的动态监测及预警系统。

建立产业与知识产权贸易壁垒的动态监测及预警系统对正确把握行业发展态势、预测和解决产业国际知识产权贸易壁垒具有重大的战略意义。行业协会依靠强大的企业资源基础和信息网络，可在相关政府部门指导下建立健全产业检测和产业安全预警系统。一方面，全面调研和搜集行业检测数据（包括产值规模、开工率、产能利用率、出口贸易规模、专利申请等数据），实施检测产业整体发展态势。另一方面，及时搜集和分析产业国外贸易法规、标准认证、专利布局、典型案例等信息，对可能设置贸易壁垒的重要领域、危害程度等进行全面检测，形成集数据收集、翻译、分析、通报、预警等功能为一体的出口贸易壁垒动态监测和风险预警的长效工作机制。

第三，组建农业知识产权联盟。

以行业协会为核心，以农业企业为主题，建立产业专利联盟，可以将全国相关农业知识产权组合起来，增强我国农业国际知识产权的谈判能力；可以提供农业专利预警服务使农业企业资源利用最大化，同时也可以减少农业知识产权重复研发和技术创新；还可以整合资源，提供指导、帮助、建议，从大局观上把握整体产业的航向，可以更有力地形成一个保护的实体。农业知识产权联盟对于中国农业产业发展已经初现其存在的必要性，分散的中小型农业企业通过成立专利联盟，加强专利战略研究、专利合理布局，防御侵权行为；同时，联盟的成立，能整合区域内产业资源战略、获取自主知识，应对农业国际巨头的"围剿"。

按照技术知识产权化、知识产权标准化、成果产业化的发展模式，农业知识产权联盟的建立主要完成下面 3 个方面的工作：①建立企业知识产权联盟组织。在政府相关部门指导下，在农业行业龙头企业等单位的发起下，农业行业内的产、学、研等单位可以通过签署联盟协议或者承认盟章程，自发组建农业知识产权联盟组织，建立长期合作的战略联盟关系。联盟成员可以涵括农业产业链上、中、下游的合作伙伴和客户，也可以包括产学研用等各创新链成员。联盟要明确功能定位和任务分工，促进技术吸收再创新，发挥预警功能，建立培训机制、负责对联盟成员农业企业开展多种形式的培训，指导技术创新、专利申请、专利管理等工作，加强联盟成员间的合作与交流。②逐步构建农业知识产权联盟的专利池。研究分析国内外农业产业的专利状况，按相关农业产业环节和技术分支进行分类归纳和分析；完成自身重点产品发展领域的农业专利及植物新品种布局和专利创新，进而将农业专利及植物新品种申请和专利标准化结合起来，全方位、快速地开展农业专利及植物新品种的创新、管理、保护、应用等工作，促进农业知识产权成果的创造与实施，最终形成适合农业企业使用的农业知识产权联盟的专利和植物新品种应用系统。③建立农业知识产权联盟内农业企业专门的专利数据库。加强对农业知识产权研究中心的农业知识产权信息平台的建设，加强标准信息分析和相关技术咨询等标准化服务能力，逐步扩大农业知识产权相关基础信息和资源的共享范围，使各层次知识产权相关主体可以较低成本地获得大量的基础信息和资源。政府政策要注重构建“共享基础”农业知识产权池，特别是基于技术标准的核心技术专利池。与容纳障碍性专利和互补性专利的专利池不同，“共享基础”专利池是指农业企业组成技术联盟，分工研发，然后贡献各自的核心专利构建的专利池。“共享基础”型专利池可以避免研发资源的浪费，降低研发风险，使成员的技术领先于本行业的其他企业，这是推动农业产业发展，提高我国农业国际竞争力的关键。

（4）政府引导，搭平台促发展。

第一，健全国际农业知识产权风险应对机制。

政府要从事前预警、事中处理和事后防范 3 个方面健全国际农业知识产权风险应对机制。在风险出现之前，政府的相关职能部门要加强对宏观经济运行情况的预测，密切监视、分析我国农产品主要出口国的农业政策动态和农产品国际经济环境变化情况，借助电视、报刊杂志和互联网信息平台及时准确地发布变动情况，防止不确定性因素通过国际贸易对国内市场产生不利影响；同时还要在相关的农业部门和知识产权部门网站发布农产品出口企业遭遇国际农业知识产权风险的现实案例和处理措施，设立专门的农业知识产权服务机构，以便农产品出口企业能够对国际农业知识产权风险有充分的了解和准备。在风险发生时，对于遭遇了国际农业知识产权风险的农产品出口企业，政府要在资金和政策方面给予帮助，搭建应对知识产权风险的服务平台，为出口企业提供咨询服务，帮助企业积极应诉。在处理完风险后，政府要进一步完善我国农业知识产权有关的政策与法律，健全农产品地理标志、植物新品种以及涉农专利的注册、认证和保护制度，及时掌握国际最新出台的农业知识产权政策，使我国的农业知识产权标准与国际接轨。

第二，加大安全审查和监管。

在开放形势下，事中、事后监管与前置限制性措施同样重要。为了更好地确保农业产业安全，当前需加快实施以下几方面的安全审查和监管工作。①建立基于农业产业安全的信息统计与预警制度。例如，针对国际粮商、国外种子公司等外资控制问题，由于国内对外资实际控制情况至今缺乏权威的数据和分析，应从国家安全和国家战略高度，对重要领域外资实际控制程度等方面行一次普查摸底工作，并据此加强监管，做好应对工作。②加强对国际农产品市场的监测、研判和预警工作，提前做好应对准备工作。③加强重点领域的管制或审查工作。例如，加强生物制剂、转基因种子的进口管制（或审查）、种质资源的出口管制（或审查）等。针对农业产业安全问题，特别是非传统安全问题，借鉴美国、欧盟等发达国家在相关领域的立法经验，从国家立法层面，完善“大农业安全观”下的农业产业安全法律保障。例如，美国、欧盟等发达国家在农业恐怖主义等非传统安全领域的立法工作已经积累了很多经验，可在充分借鉴的基础上，结合中国国情，制定相应的法律法规。政府要实行严格的市场准入机制，优化种业的市场发展环境。中国种业市场上存在着很大部分的小型企业，政府要积极推动国内种业公司间的兼并重组，而对经营不善或发展存在问题企业进行整改，甚至依法取缔。以净化我国种业企业的发展环境，推动种业企业做大做强。

第三，统筹布局，重点支持。

在国家层面，需要通过对产业和技术在区域分布情况的分析，了解各区域产业发展和技术积累的现状，有针对性的在全国范围内布局产业的集聚区，明确各聚集区的发展规划、目标、产业链中的定位和优惠政策等。中国企业遭受知识产权贸易壁垒，根源在于企业自主创新能力较弱，核心技术对外依赖性较高。因此，政府相关部门应在正确把握国内外行业及市场创新趋势基础上，对产业的重大基础性技术问题，需要从国家层面投入资金、调动科研人员，开展公关，乃至举一国之力在上游产业关键技术方面赶超世界先进水平。同时加大政策支持力度，制定科技、人才、金融、财政、税收等各项鼓励政策措施，引导和鼓励生产企业开发拥有自主知识产权的技术，提升企业在核心技术及创新应用领域的自主研发能力、创新成果产业转化能力，逐步打破国外的技术垄断，并制定优惠鼓励企业在国内外申请取得具有技术创新性质的核心专利，正确引导和支持企业通过海内外并购、专利购买和交叉授权等进行知识产权国际化布局。政府直接资助的方式无疑是必须的，但要考虑资金的利用率与监管问题，同时还要考虑如何激发企业开展技术创新的内在动力，从根本上提高技术创新主体的创新活力与创新能力。

第四，进一步完善农业企业走出去的政策保障体系。

中国农业企业走出去面临资金、管理、贸易摩擦等诸多风险和隐患，政府需要建立完善的政策体系给予支持和保障。第一，完善财政保障政策，加快金融市场服务体系建设，双管齐下为农业企业走出去解决资金短缺问题。第二，是完善产业配套政策，规范农业企业的运营管理，加强对境内外投资的监督，健全风险评估和协调机制，提高农业企业防范投资风险、经营风险、制度风险等能力。第三，建立健全贸易法规和制度，为提高农业企业对外贸易话语权、有效应对国际贸易壁垒和摩擦案件提供法律保障。

第五，加大农业知识产权公共服务平台建设。

农业知识产权服务平台是农业知识产权服务的载体，农业知识产权服务依托于服务平台可以实现农业知识产权集成化管理，打包式服务等，极大程度上解决了服务分散，无系统化管理等问题，从而节约服务成本，实现系统的农业知识产权服务体系。对于充分发挥农业知识产权制度在促进技术创新中的作用，大力实施农业知识产权发展战略，促进科技、经济和社会的协调发展都具有十分重要的意义。我国农业国际竞争力提升及农业安全急需建立的农业知识产权公共服务平台主要有：涉农专利投融资综合服务平台，涉农专利数据库和相关信息网络检索平台，涉农专利分析与预警平台，农业知识产权代理平台，农业专利、植物新品种运营与托管平台等。

针对农业知识产权的特点和农业专利转化运用的实际情况，政府部门可以在研究构建农业专利价值评估体系、交易规则的基础上，探索建立了国际农业专利展示交易平台。平台包括农业知识产权大数据中心、农业专利展示和产权转化交易系统、农业知识产权维权援助等功能模块。农业知识产权大数据中心全面系统采集全球农业和生物专利技术、植物新品种、地理标志农产品和育种材料等智慧资源数据：建立专题数据资源中心，开发数据分析、查询诊断、推送等数据加工和信息提供传送系统；构建植物新品种权、农业及生物专利技术、品牌和农业技能等农业智慧资源展示推介、在线交易功能系统，育种材料身份登记和转移惠益分享系统，实现农业智慧资源及其产品在线展示、交易对接、履约支付全程贯通，一站式服务。

此外，平台还组建专门服务团队，提供包括农业知识产权交易经纪、托管代理、维权援助和投融资服务，以及农业知识产权信息检索查询、信息定制、评估鉴定、农业技术集成、众创孵化、示范推广、农资销售、技术指导等衍生服务，实现农业知识产权的高效配置，使农业专利等知识产权的市场价值最大化，促进高价值农业专利培育，补齐短板，实现价值，增加效益。

8.2.2 打造"全链条"的农业知识产权运作机制

（1）整体性。

第一，农业产业链前端：植物新品种。

种子安全被认为是国家安全的重要内容之一，是粮食安全及其他农作物产业安全的上游产业，是农业产业安全的基石，保持对种业的控制力和影响力，对促进经济发展和保障国家农业产业安全具有重大意义。如果国家的农业发展没有高水平的育种创新能力，不仅影响整个农业科技发展水平，还会由于没有核心竞争力而动摇在国际上的地位，进而影响国家整体经济持续、稳定的发展。因此，"种子安全"要求中国种业必须要具备一定的国际竞争力和自主性，不能过度依赖国外种业。①不断创新和发展品种权制度。在农业经济发展水平和育种技术不断发展的同时，国家要及时调整、完善品种权制度，这对提高制度的运行绩效具有明显效果。品种权制度所保护的植物品种对象与其他法律保护的对象不同，植物新品种是特别活跃的对象，一旦新的育种技术出现就会产生新的植物品种，原有植物品种就会被替代，进而整个社会利益关系就会产生新的调整；因此，品种权制度的保护内容不断完备、保护名录的不断增加、保护措施的不断完善均会直接影响品种权制度的运行效果。②加大育种支持力度。我国农业政府管理机构应增强对种业基础育种研究及高新育种技术开发的支持力度，如诱变育种、航天育种、转基因育种等，以弥补市场和品种权制度本身无法解决的问题。植物新品种保护办公室应不断提高 DUS 测试水平，运用审查机制优化品种权结构，提高品种权的质量，确保植物新品种权对农业经济增长持续、稳定的促进作用。③完善植物新品种保护制度。制定植物新品种保护法，将植物新品种保护条例的法律位阶从原来的行政法规提升到法律的高度，加强对植物新品种保护的力度。

第二，农业产业链中间：涉农专利保护。

农业专利的潜在价值是由专利的技术属性、法律属性和市场属性综合作用的结果。因此，培育高价值农业专利是一项需要从农业专利创造、保护、运用、管理和服务等多环节入手，全程全方位施策的系统工程。①需要在专利创造阶段加强知识产权诊断和创新导航，避免农业技术研发中的低水平重复，提高创新度。②需要加强知识产权全球布局，提升创新成果在全球的知识产权获权能力，形成国家市场竞争力。③是要加强专利转化运用的市场运营能力，尤其需要重点突破农业专利转让交易通道不畅这一瓶颈。通讨价值实现的态得感提升利发明人的质量意识和市场意识，自觉从自身利益出发，从片面追求专利数量向追求专利质量和高价值、高同报转变。

第三，农业产业链后端：地理标志保护。

地理标志保护作为舶来品，虽是制度移植的结果，但经过移花接木，在我国已然展示其嫁接优势，尤其是迎合了我国地方“土特产”和区域特色产业转型发展的现实需要。当前乡村振兴战略实施背景下，保护地理标志更成为我国实现乡村产业经济振兴的一项关键性制度安排，其重要性不言而喻。结合地理标志国际保护的新发展动态，针对我国地理标志保护在的问题和不足，我国地理标志保护的未来，不仅需要对相关行政管理体制作进一步调整和完善，更需要在充分立足我国作为地理标志资源大国的具体国情下，尽快实现体系化立法，破除现有地理标志保护体系的冲突性并存。通过构建地理标志产品质量监控与私权保护相结合的制度运行机制，从根本上实现对我国地理标志的充分保护。

只有创新生产出我国自主知识产权的名牌农产品，企业才能走出国门，具有更强的竞争力。在完善《商标法》的同时，尤其要加大对反向假冒行为的惩治手段和力度反向假冒即是将注册商标项下商品上的商标去掉以后贴上自己的商标以牟取暴利的经营行为。我国农业名牌商标的域名被抢注的现象也屡见不鲜，应尽快完善此方面的法律、法规建设。

此外，随着我国农业开放程度的提升，尤其是《中欧地理标志协定》签订，我国应把握好这次契机，国内法需要调整以回应《中欧地理标志协定》以及之后我国可能签署的其他双边、区域性的地理标志协定。同时，为保障协定履行，也需研究欧盟对域外地理标志保护制度，以明确欧盟对此如何衔接。

（2）系统性。

农业知识产权法律体系不仅应包括对专利权、商标权、著作权等知识产权保护的法律，对植物新品种、种子保护等涉农法律，对农业技术推广、促进科技成果转化等技术推广法律，还应包括与农业知识产权确认、利用和保护有关的各种法规、规章、办法、规定。建立统一完善的农业知识产权法律体系，不仅有利于保护和促进农业科技的创新，促进农业科技资源的合理配置，而且能够有效利用及保护农业知识产权人的积极性和创造性，强化我国农业科技竞争，是农业知识产权保护的制度保证。修订植物新品种保护法实施细则（农业部分和林业部分）、主要农作物品种审定办法、主要林木品种审定办法、科学技术成果鉴定办法、农作物种子生产经营许可证管理办法、农产品地理标志管理办法等与农业知识产权相关的法规、规章、办法、规定等配套规范性文件，在分析农业知识产权法律实施现状和存在主要问题的基础上，结合国际先进经验，增强可操作性。

（3）协调性。

构建农业知识产权保护体系是一个复杂的系统工程，各个构成要素之间必须相辅相成、相互作用。政策和规划的统领，法律是关键，管理是保证，服务是支撑，司法是保障，只有各个要素有机联系，彼此相互衔接，才能对农业知识产权真正起到保护作用，促进其良性发展。我国农业知识产权法律体系已经初步形成，将农业科技创新成果保护的相关法规上升至法律层面，有助于明确创新成果的认定标准、创新主体的权利与义务但还需进一步加强协调性。

第一，修订相关法律，扩大对农业知识产权保护的范围，加大惩罚力度。应明确相关不法行为的惩罚措施，比如，对农业科技创新过程中投机取巧，为谋取自身利益而研发伪劣产品、技术或剽窃他人创新成果的企业、个人等相关主体进行罚款，责令其补偿农业知识产权人或品种权人的损失，并督促其销毁虚假产品和技术，对于情节严重者，可对其行政拘留，以示惩戒。

第二，修订商标法、著作权法、反不正当竞争法、促进科技成果转化法、科学技术进步法等相关法律，从基本法的角度保护农业知识产权。

第三，制定生物技术知识产权保护的专门法律目前，我国对生物技术保护实行的是《专利法》与《基因工程安全管理条例》《植物新品种保护条例》等一些行政法规并存以行政法规为主的模式。但这种立法模式存在针对性不强缺乏对生物技术知识产权系统的、符合立法逻辑结构的法律规定和行政法规的效力层次低等方面的不足。因此，从生物技术发展的趋势来看，制定一部专门法律是保护生物技术知识产权的最佳方式。

第四，加强农业知识产权监管部门之间的配合。2018 年以来，习近平总书记在博鳌亚洲论坛 2018 年年会、首届中国国际进口博览会、向“一带一路”知识产权高级别会议所致贺信中等多处清晰阐明了中国在知识产权工作上的重大原则立场和重要政策取向，指出“加强知识产权保护是完善产权保护制度最重要的内容，也是提高中国经济竞争力最大的激励”，为农业知识产权事业发展提供了根本遵循和行动指南。过多的农业知识产权行政管理机构，从表面上看是对知识产权的全面保护，但事实上，冗杂的行政机构反而不利于农业知识产权的保护，各部门往往会不断扩张自己的权力范围，导致彼此职能上交叉，而在面对重大分歧时又相互推诿责任，协调不便，沟通不畅，给企业和社会公众造成不必要的困扰。精简合后的农业知识产权行政执法机构采用“一个部门”的模式，不仅能统一制度规章，而且还采取一致的对外标准，既能节约沟通成本，减少行政管理的制度障碍，提高行政管理效率，降低管理成本，又能节省当事人时间，有利于更好地保护知识产权。

第五，在完善立法的同时，还要加强对有关农业知识产权法律规范的宣传和教育工作，提高相关公众对农业知识产权法律保护意识和遵守农业知识产权法律的自觉性。

（4）开放性。

国际植物新品种保护联盟（UPOV）具有一系列不同版本的有关植物新品种申请、确权、保护的公约。作为UPOV的成员国，美国依据《国际植物新品种保护公约》1991年文本对其《植物新品种保护法》进行修正，使其与公约文本一致，甚至更为细致、严格；日本作为亚洲地区最早加入UPOV的国家，根据公约1991年文本修改其《农业种子和种苗法》；欧盟自2005年加入UPOV后，也根据公约1991年文本对其相关法规进行修正，1999年我国成为UPOV的成员国。虽然我国的《中华人民共和国植物新品种保护条例》于1997年开始实施，并于2013年修改完善，但该条例并未完全上升至法律层面，因而其法律约束力相对较弱。我国应争取加入《国际植物新品种保护公约》（1991年文本），扩大植物品种的国际保护范围，增强我国农业竞争力。

强化植物新品种保护战略性布局。发达国家和跨国种业集团非常重视植物新品种保护战略。品种权的海外部署是实现种子市场海外扩张的重要保障。我国政府和种子企业应当着眼于长远，就重点作物在相关国家或地区做好植物新品种保护部署。在制定海外发展战略时，应广泛调研各国的气候条件、品种要求、植物检疫措施、关税、市场需求、国民消费状况、进出口状况，该国政府对农业生产的鼓励措施等，根据各国不同的国情制定相应的发展计划。对于没有建立植物新品种保护制度的出口对象国家，尤其是“一带一路”沿线部分东南亚国家，我国应积极开展双边或多边谈判，签订互惠协议，积极开展宣传培训和技术支持，帮助其建立植物新品种保护制度。

我国农业知识产权保护制度处于国际化被动立法的地位，使我国农业知识产权保护工作在激烈复杂的国际化竞争中背离我国发展中国家的现实。加之我国知识产权保护意识的缺乏，这种低制度需求下的高制度供给会影响制度运行的效率。更为严重的是，如果一个低知识产权保护的发展中国家按发达国家知识产权的高标准保护要求来进行制度设计的话，很容易出现成本承担者与利益享受者的主体错位，发展中国家在承担知识产权保护的高额制度成本的同时，本土的知识产权包括技术创造仍处于长期的跟随和模仿地位。农业知识产权领域中的这种格局体现得更明显。实时更新现有农业知识产权创新成果的保护法规，使其与时俱进达到国际标准实时关注国际相关组织对农业科技创新成果保护法规的变动，并据此更新国内已有法规的内容，有助于以国际标准督促农业科技创新成果的产生，提升我国农业科技创新的国际竞争力。

在我国，品种权作为一项新的知识产权保护制度，涉及法律、技术和经济等方方面面的知识，我国知识新品种保护的审查、测试工作需要不断研究探索，也需要借鉴发达国家的成功经验。因此，我们应采取“走出去，引进来”的方针，邀请国外专家对我国从事知识新品种保护的工作人员进行培训，及时掌握国际上最新的植物新品种测试技术。

8.2.3 构建农业知识产权生命周期的联动机制

一为培育知识产权市场主体，二为培育知识产权的市场意识。从市场主体的培育来看，就是要强化知识产权在引导农业科技创新中的作用，促进市场主体将其成果的知识产权化、商品化和产业化，培育一批能运用知识产权制度形成竞争优势的大型农业企业、农业专利化合作组织和农业科研院所。从培育知识产权的市场意识来看，要着眼于培育一个高意识的知识产权市场，以形成公众对知识产权的强烈制度需求，并在这个基础上完善我国现有的知识产权保护制度体系。

科技创新是农业供给侧结构性改革的重要引擎，农业知识产权发展将成为我国农业现代化发展的重要方向。同时加强农业领域的知识产权保护和应用，进行全球知识产权布局，也是推动我国农业参与全球化竞争的重要条件。

根据本国国情和国际农业形势的发展变化，积极制定了农业知识产权方面的新战略及具体的实施措施，以激励和保护本国农业知识产权的发展。

农业产业化与现代化的建立，客观上需要以农业科技进步与发展作为技术支撑，而农业科技的相关成果必须知识产权化才能得到有效保护，这种知识产权的技术成果有必须得到市场认可才能最终实现价值。可见，农业知识产权与市场之间存在着一定的联系，这种联系是以知识产权产品为联系纽带的，即农业知识产权的高农产品依赖性。

（1）农业知识产权创造前沿化。

科技创新是我国现代农业发展的根本出路，发达国家农业科技创新对农业发展的贡献率超过了 80%，我国目前只有 57%。然而，市场竞争力是取决于独占的相对优势。因此，要提升我国农业竞争力，在加速农业科技创新的同时，还必须将创新成果转化为能被依法保护的知识产权，才能将科技创新优势转化为市场竞争优势。知识产权是提升农业产业竞争力的战略性资源，既需要落实创新发展理念，通过绿色发展，改善我国农产品的形象，增进消费者信任，也需要发挥我国多样化农业生态环境和劳动密集型农业的优势，从产品多样化、多功能性等方面下功夫。因此，重视农业知识产权，强调发展现代种业，加强育种创新，从而拥有更为丰富多样、拥有自主知识产权的新品种，是保证我国农业参与产品竞争、扬长避短提升竞争力的根本。

第一，创新我国农业知识产权创造模式。农业知识产权创造模式主要有政府供给主导型和农户需求主导型。政府供给主导型模式的特征是技术供给创造技术需求，从而实现新技术供求均衡，不足在于难以充分发挥市场对农业技术创新资源配置作用。农户需求主导型模式特点是技术需求引致技术供给，从而达到技术供求均衡，问题在于：农户经营规模较小，经济实力难以支撑技术创新；农户、推广部门和技术研究者之间的信息流通和反馈机制缺损。我国农业技术创新的实践表明，依靠单一的技术创新模式无法有效地实现科技与农户的有效对接，因此，现实选择是建立政府引导、市场主导、技术供给和需求双向互动、官产学研结合、科技链与产业链联动的农业技术创新模式。目前我国农业技术创新受到技术供给不足和技术需求不足的双向约束，从根本上讲则是受制度约束。建立供求双向互动模式，加快农业技术创新，必须以改革为动力，以制度创新为突破口，同时注重技术创新和制度创新，并使二者步入良性循环轨道，构建我国农业技术创新体系。

第二，建立有效激励和评价机制，保护农业知识产权创造利益。知识产权制度的创立根本目的是为了鼓励改革创新，发明人和创造者借助自己的智力成果所产生的物质财富可激励他们不断进行开拓研究，从而促进生产力的快速提高。完善农业科技知识产权的利益分配机制，首先要建立健全农业科研成果产权制度，赋予科研人员科技成果所有权。关于植物新品种商业模式创新不断，如品种权人以品种权入股，与企业共担分享，共享收益；品种权人与合作方协议分账，根据种植规模与销售规模，按比例支付授权费。品种选育，投入大、周期长、市场不确定性高。如何引入更加有效的利益分配机制，让育种家能够充分享受到相匹配的商业利益，是种业创新能够持续向前的动力所在。其次，要改革农业科技评价机制，将农业专利等知识产权作为农业科技成果评价的重要指标，不仅要与科技人员职称晋级挂钩，更要直接获得利益分配，使产权人真正得到应有的回报，充分调动广大农业科技工作者的积极性。我国农业知识产权转化运用效益还不够明显，特别是高校、科研院所的知识产权转化运用率低。意识不强、动力不足是非常重要的原因之一。要破除“四唯”，创新人才调动积极性，合理合法地富起来，让知识产权实现知识“产钱”，以促进科技与经济社会发展紧密结合为方向，创新知识产权创造、保护和运用机制，以实际利益调动创新人员的积极性。

第三，培养和树立农业创新主体的知识产权意识。①提高农业创新主体知识产权保护意识来保护创新成果能够降低创新活动的风险和不确定性，进而提高产出投入比、激励创新并实现可持续发展。②提高农业专利质量。政府部门有必要构建农业专利质量评估机制，杜绝产生大量的低质量专利。③鼓励开放式和合作创新。开放和合作创新能够促进创新效率和专利质量提高，也能为未来科技成果商业化和成果转移创造基础。④树立知识产权的资本意识。

第四，加强农业知识产权人才队伍和能力建设。知识产权人才培养是我国建设创新型国家与培养创新型人才，尤其是创新型科技人才的主要配套工程和重要实践路径。而知识产权制度正是用机制激励人才、用法制保障人才的最优化模式，知识产权运作正是用事业凝聚人才、用实践造就人才的最重要资源。未来世界的竞争，主要是知识产权的竞争；未来世界的知识产权竞争，主要在于知识产权人才的竞争。①我国应建设农业知识产权人才库，提高对农业知识产权人才的信息化水平，健全农业知识产权人才培养机制。②农业院校学生是未来农业生产发展的主力军，在农林院校开设知识产权课程，培养涉农专业学生的知识产权意识，有意识地对其进行农业知识产权文化的培训。③依托国家知识产权培训基地，聘请农业知识产权专家开展形式多样、不同层次的农业知识产权专项培训和学术交流，以培养更多各类农业知识产权专业人才。在设置培训内容上应强调前沿性、实效性和针对性，采取普及和定向相结合的原则，创新课程体系，针对不同对象开展不同类型的培训。在培训方法上除了面授学习外，还应包括网络远程教育、热线咨询等多种方式。

第五，加大对实际应用领域农业知识产权研发和应用的财政支持。2019 年中央财政三农支出安排 8183.4 亿，2020 年“中央一号”文件明确加大中央和地方财政“三农”投入力度。充分显示国家对农业的高度重视，但是，对农业经济甚至对中国国际竞争力都具有重大意义的农业知识产权研发尚未得到足够的财政支持和制度支持。农业科学研究获财政资助主体多局限于学术机构和科研机构，并且多停留在理论和试验层面，这对农业知识产权的推广和应用都较为不利。而日本战略目标有一项则特别强调农业知识产权在生产现场、农山渔村的应用，积极推进实用技术的形成和应用，并培训专业的农业技术推广人员。只有这样，农业知识产权才能真正地对经济发展发挥作用。因此，中国也应该重视农业知识产权的实际应用领域，加大对实际应用领域农业知识产权研发和应用的财政支持。

第六，着力打好种业保卫战、翻身战。①深化种业行业体制改革升级，促进市场化发展。深化行业体制改革升级，转变科研评价体系。中国对种业的科研研究文献数量在世界上都是名列前茅的，但中国却不是一个种业强国，其很大一部分是因为在国内衡量种业科研能力的指标是发表核心科研文献，而不是研发优良品种，这使得我国对种业的研究更多的是停留在理论上，而并没有将其转化为实实在在的产品，而政府的科研投入很大一部分也被文献研究所侵占。若想增强我国种业的市场竞争力，就急需深化行业体制改革，转变科研评价体系，将科研评价标准转变为研发种子品种的质量和数量，推动市场化发展。深化改革就需要转变发展方向。我国种业的发展很大程度上是以政府为主导的，而并不是以企业为主导，这就使得我国种业的发展仅仅停留在保证我国种业的国内市场供给能力。更多的品种研发也主要是政府扶持的科研院所，其研发产品和数量都是宏观规划的，且科研转化能力并没有很强，很多的品种仅仅是在实验室里，而不是流通在市场中，这就使得其研发与市场需求是脱节的。要增强我国种业竞争力，就需要以是市场为导向，以企业为导向，政府要引导人才资源、资本资源和土地资源等流向我国种业企业。②种业企业加强科技创新，加大研发投入以促进优良品种的研发。涉农企业提高自主创新能力是应对国际农业知识产权风险的关键一步。一方面，种业企业自身要加大研发投入，把科技创新放在首位。企业在市场上存活的根本是产品，种业企业要想在行业立足发展，那种子产品的质量是根本保证。企业唯有不断加大科研投入力度，培育出优良品种，才能获得更大的经济效应、提升其国际竞争力。而美国等种业贸易强国对此就早有意识，据相关数据统计，国外很多国际种业大公司每年的科研投入都达到了上百亿，而中国种业公司的科研投入与之相比就显得微薄了。国内种业公司应将盈利收入的较大部分投入到科研方面，以组建企业自身的科研团队、培育具有较强市场竞争力的品种，从而增强自身的科研优势，让科研实力成为企业的王牌。重视培育植物新品种，研发新的培育方法和专利产品，掌握自己的核心技术，拥有自主知识产权；及时申请农产品地理标志，在申请得到批准后立即注重地理标志商标，重视农产品地理标志的国际化认证；农产品出口企业要加强与农产品知识产权研发企业、高校及科研单位的合作交流合作，更好地推动农业知识产权的创造与成果转化。另外，企业要主动调整出口战略，使出口农产品种类多样化，出口市场多元化。要针对国际市场对我国农产品的需求状况来调整我国农产品出口的品种，我国农产品出口的品种主要是蔬菜水果以及水海产品，因此可以选择种植高端的蔬菜水果。充分利用自己的比较优势，形成生产、贸易的分工合作，打造农产品价值链，更好地发挥资源禀赋优势，形成在国际市场上独特的竞争力。当前，我国农产品出口区域集中在亚洲、欧盟和北美洲，集中程度非常高而我国遭遇国际农业知识产权风险也主要来自这些国家（地区）。因此，在战略上应密切关注国际农产品市场的变化，使农产品出口市场朝着多元化的方向发展，加强和各个国家贸易上的往来，挖掘发展中国家的市场潜力。③政府也需加大经济援助，成为我国种业发展的强大支柱。种业发展不仅仅是企业自身的事情。也关乎我国的农业安全，是我国战略性产业。因此我国政府也将对其进行经济扶持，加之种业的研发其本身就需要很大的资金，若要增强我国种业的科研创新来与国际种业巨头竞争，这仅仅靠企业是完全做不到的，我国政府也应重视，一方面加大对科研院所的资金投入，提高他们的研发投入及培养更多的优秀专业人才，为我国种业的发展储备人才资源。而与此同时，政府也需对部分企业的科研投入进行扶持，采取多种措施来积极鼓励种业企业加大科研投入。政府要加大力度继续实施农业知识产权战略，加强对农业的科技研发投入，加快培育优质的新品种，生产具有高技术含量、高附加值农产品，提高我国农业知识产权密集程度；设立农业知识产权成果奖励机制，引导企业把农业知识产权研发费用纳入预算支出之中，对于农业知识产权创造及转化运用能力强的企业颁发奖励金，鼓励企业继续加大对农业的科技研发投入；同时，针对我国农业知识产权工作东西部地区发展差距大的现状，政府应鼓励西部地区以科技支撑，借助土地资源优势和廉价劳动力优势来发展特色农业，缩小区域发展差距，从而提高整体的农业发展水平。④搭建全国种业信息平台，促进政企，企企间交流。一方面，种业行业的发展，其信息流通是关键。任何市场化的发展，其核心就是信息，这也是近些年大数据兴起的大背景，信息更是成为一种资源，若一个行业信息不流通，企业间，政府和企业间交流不畅，则行业也是很难发展起来的。而当前我国种业的发展也面临信息不流畅的现象，种业企业间合作较少，上下游企业间也没有做到良性互动，这也导致的资源的浪费和不合理配置。种业行业的发展既需要政府与种业企业间建立起政企交流机制，也需要企业间建立起企企交流机制，故我国政府应积极推动搭建全国种业信息交流平台，强化信息的流通和加强交流与合作，促进资源的合理配置，整体推动我国种业行业的健康发展。另一方面，"抱团式"发展，促进我国种业强企国际竞争力。当前我国种业企业单个的国际竞争力赶上国际种业企业巨头还有很长的路要走，但中国也可以走"抱团式"发展道路，形成种业企业联盟团体，这需要企业间强强联合、互通资源、交流信息，以占领更多的种子国际市场占有率为目标，也需要我国政府以扶持当前我国种业市场竞争力较强的几个企业，推动他们间的合作，打造中国种业联盟。从而整体提高我国种业的国际竞争力，增强我国种业的国际话语权，把种子价格权和供给权牢牢掌握在中国人自己的手中。⑤要加强与发达国家的技术交流与合作，积极主动的学习发达国家先进的农业生产技术和农业知识产权管理经验，根据国际标准及时调整我国农产品的质量和安全标准；同时应团结其他发展中国家，齐心协力在农业知识产权国际规则的制定中发出"统一的声音"，共同维护发展中国家的发展权益；借助"一带一路"平台，加强与沿线国家的农产品贸易交流与互补，分散我国农产品出口市场集中度。

（2）农业知识产权保护本土化。

农业生产需要以科技发展作为推动力，而科技发展过程中的技术创新又依赖于知识产权制度的保护，农业现代化需要知识产权制度在农业生产的自身特点下进行制度设计。完善的政策保障体系是农业科技创新能力得以提升的必要条件之一。国外一些经济较为发达的国家或地区很早以前就认识到保护农业科技创新成果的重要性，因此相应政策法规较为完善。比如，自 20 世纪 30 年代开始，美国便陆续颁布了一系列保护农业科技创新成果的法令；日本的法规也从不同的角度对其农业创新成果进行保护；欧盟也有一系列保护农业创新成果的法令。相对而言，我国农业科技创新成果的保护法规起步较晚，未形成单独的保护农业科技创新成果的法令。鉴于目前农业科技，尤其是农业知识产权对增强农业竞争力的作用，有必要形成以保护农业科技创新成果为目的的专有法令，实现农业科技创新成果政策保障体系从无到有的质变，完善并扩充我国农业知识产权相关法令。

第一，构建我国农业知识产权保护体系的总体目标。农业知识产权保护体系是一个涉及因素多，范围广的复杂系统，其构建的总目标应为以农业知识产权政策和规划为基本、法律法规和管理机制为核心、教育和中介服务为基础、司法和行政保护为辅助的有机体系。构建该体系能够明确农业知识产权在我国现代农业发展中的战略地位，充分调动各级各类农业科研机构、大专院校、社会各涉农单位和广大农民等主体参与农业知识产权建设的积极性，以提高我国农业的经济效益、生态效益和社会效益，实现农业的可持续发展。

第二，我国农业知识产权保护体系应该立足我国国情，符合农业知识产权发展实践。系时应该考虑我国农业知识产权发展的基本国情，要从农业知识产权保护水平不高的国情出发，要从农业科技转化率不高的国情出发，要从农业知识产权服务和管理水平不高的国情出发，要从利用农业知识产权的相对人认知水平不高的国情出发。另外，保护体系内所涉及的政策、法律、制度、流程、机制等还应具有可操作性，要充分考虑其在执行过程中可能会遇到的各种实际困难，以避免设计先进的制度、政策不能顺利执行的窘境。

第三，在国内完善相关的法律法规，为种业行业发展建起保护墙。目前中国国内关于种业方面的法律主要是《种子法》和不断在修正中的《植物新品种保护条例》，而这对我国种业的健康发展的法律保障是远远不够的。在国内种业行业发展中还存在很多的法律空白，这使得部分不法企业依靠侵占别的企业的研究成果来争夺市场份额，获得较高的经济回报，这将严重挫伤大部分种业企业自主创新的积极性，种子的研发投入其本身就需要很大的资金投入，而侵犯别人的智力成果的犯罪成本低的情况下，大多数企业将选择后者，而不是投入大量的人力、财力和物力来提高自身的创新研发能力，这也将不利于我国种业竞争力的提高和我国种业的健康发展。因此我国相关法律法规部门应高度重视我国种业相关法律体系的完善，加大对侵权行为的处罚力度，利用高额违法成本来降低侵权行为的发生率，为我国种业企业发展建起一道保护墙。

第四，加强农业知识产权司法保护。“逆全球化”背景下，我国处于弱势地位的农业越来越受到严峻挑战，因而加强对农业知识产权保护，除了要健全完善的法律体系外，还要建立多层次高水平的司法体系。最高人民法院曾于2001年和2007年分别制定《关于审理植物新品种纠纷案件若干问题的解释》和《关于审理侵犯植物新品种权纠纷案件具体应用法律问题的若干规定》，前者主要规定案由和管辖等程序性问题，后者主要规定品种权侵权判定问题。

近年来，种业市场品种同质化、仿冒、套牌等问题较为严重，侵权行为易发多发，取证难、鉴定难、认定难问题较为突出。司法实践中，近年来植物新品种权纠纷增幅较大，新情况、新问题不断涌现，亟须统一和规范。人民法院在案件审判中积累了丰富经验，因此有必要进行归纳总结，出台新的较为系统的司法解释，回应司法需求。农业知识产权司法体系应包括农业知识产权案件审判体制、审判规范和各项制度。2021年7月，最高人民法院发布了《最高人民法院关于审理侵害植物新品种权纠纷案件具体应用法律问题的若干规定（二）》（下称《植物新品种权司法解释二》）。根据民法典出台后相关司法解释清理修订工作安排，最高人民法院对上述两个司法解释仅进行了适应性修改。《植物新品种权司法解释二》的修改体现了我国植物新品种保护的以下变化:

变化一：扩展保护范围。《植物新品种权司法解释二》明确品种权保护对象不受繁育方式限制，规定了品种权所保护的繁殖材料不限于申请品种权时申请文件所描述的繁殖方式获得的繁殖材料；形成对侵权行为的全链条打击，该解释构筑起对侵权行为的事前、事中和事后的全链条打击，有效丰富和拓展了植物新品种权的法律保护范围，将我国植物新品种权司法保护水平推到了一个新高度。

变化二：加大保护力度。该解释列举了适用惩罚性赔偿时构成侵权情节严重的具体情形，并对惩罚性赔偿的适用规则进行细化，明确对于多数的情节严重的侵权行为要在计算基数的2倍以上确定惩罚性赔偿数额，实际的赔偿总额最低是补偿性赔偿数额的3倍。

变化三：降低维权难度。一是适时转移举证责任，便利品种权人维权。对于被诉侵权品种繁殖材料使用的名称与授权品种相同的情形，人民法院可以推定被诉侵权品种繁殖材料属于授权品种繁殖材料，将证明二者不属于同一品种的举证责任转移给被诉侵权人。二是充分运用文书提供命令和举证妨碍制度，让不诚信的被诉侵权人承担不利的法律后果。

变化四：完善法律制度。该解释借鉴专利法上的科研例外原则，对于育种领域的科研例外做出规定，明确利用授权品种培育新品种以及利用授权品种培育形成新品种后为品种权申请、品种审定、品种登记需要而重复利用授权品种的繁殖材料的行为，不属于侵权行为，便利育种科研和改进创新。

变化五：规范鉴定程序。《植物新品种权司法解释二》明确了鉴定人、鉴定方法的选择以及重新鉴定的条件等。该解释对实务中农业、林业主管部门向人民法院推荐鉴定人的做法予以认可；对于没有分子标记检测方法进行鉴定的品种，可以采用行业通用方法进行鉴定；规定必须有合理的理由才能申请复检、补充鉴定或者重新鉴定，防止拖延诉讼。

第五，广泛宣传，培养社会农业知识产权保护意识。①在国际贸易中我国种业企业要不断增强知识产权保护意识。法律的作用不仅仅是有法律可以保障，也需要具有法律意识，运用法律工具来保护自身的利益。我国地域辽阔，气候资源丰富、地形复杂多样等多种天然优势造就了我国物种种子资源十分丰富，但我国却在国外物种品种权申请数量并不是很多，部分物种品种权甚至是被别国抢先申请，这主要是我国种业企业在对外贸易中知识产权方面意识不强，这也使得很多我国的物种品种权丧失，遭受市场经济巨大损失。②农产品的生产过程是一个从“田野”到“餐桌”的漫长的过程，要想从源头上克服和应对国际农业知识产权风险，只有增强农民的农业知识产权意识，对农民进行农业生产技术和农业知识产权相关的国内外法律的宣传和培训工作，提高农民的科学文化水平，才能从根本上保证农产品的品质。目前，我国的农民知识水平普遍不高，从事农业生产时，缺乏科学的技术指导和先进的技术支持，对国际市场的相关标准和规定更是不了解。知识经济背景下，农民应该积极参加各种农业知识的教育培训活动，准确及时地掌握先进的农业技术和信息，生产出品质优良、满足市场需要的农产品。③培育农业知识产权保护的国际意识。在日本制定农业知识产权新战略的过程中，突出了对日本农业知识产权的海外保护，并特别设立了情报机构和专门的咨询机构。事实上，无论一国农业知识产权是否发达，都必须树立国际意识，设立相应的海外情报收集机构和维权机构。只有这样，本国的农产品才可以安全有保障的“走出去”，而在遭遇海外侵权时，也可以更加有效地维权。

（3）农业知识产权运用市场化。

从农业知识产权战略发展的角度理解，农业知识产权的保护应该涵盖农业知识产权的全过程，即从其研发、申报、授权及推广应用，制度都应该提供支持与保护。然而从我国农业知识产权的现状来看，知识产权的制度供给多集中在前 3 个阶段，而对于授权后的农业知识产权成果的推广和应用，一方面，制度的供给不足，且这种制度绝大多数为农业知识推广和应用中的侵权纠纷处理;另一方面，制度的执行力度不够，无法使农业知识产权成果迅速推广使用。农业知识产权保护推广使用阶段的制度不足会产生“短板效应”，即使在前 3 个阶段的制度保护所积累的效益也会由于该短板的存在而流失殆尽。农业知识产权的申请审批及授权，只能表明该技术达到了知识产权创造性和新颖性标准，其最终目的还是要通过使用转化为现实的生产力，进而推动农业的发展和现代农业的建立。没有或无法得到有效推广和使用的农业知识产权，并不能实现知识产权制度的价值。

第一，与时俱进创新促进农业知识产权运用战略。农业知识产权应在技术的推广与使用上做战略调整，政府应当出台对应的制度措能确保农业知识产权成果能在农业生产中的推广和应用，这既是农业知识产权政府规制的客观要求，也是农业知识产权战略实施中对现代农业发展的促进。日本制定了致力于推动农业知识产权的创新和应用战略目标，主要包括 3 个领域，并在每个领域均设立了明确指标或任务：①国内研究开发领域，在此领域推进最新技术的研发，②在生产现场，农山渔村领域，日本将积极推进实地技术的形成和应用，并培训专业的农业技术推广人员以促进农业知识产权的发展。 ③加强对区域资源的认识，以推进区域资源的产业化和品牌化。④在海外领域，日本将致力于建立旨在出口的农业品牌。日本的推动农业知识产权创新和运用的战略实践检验是行之有效的，我国可以借鉴引用。

第二，畅通农业知识产权交易机制。我国农业科技创新主要集中在科研单位，在国内授权的农业发明专利中，教学科研单位拥有比例为 45.93%，超过企业和个人的 32.83% 和 21.24%。然而，科研教学单位自身的市场开拓能力有限，只有建立通畅、快捷的农业专利转让交易通道，才能保证科研单位的专利转让给企业，发挥科研单位和经营企业各自的优势，实现农业专利价值的最大化。但是，由于农业专利实施不仅受市场风险的影响，而且受自然因素的影响，使得农业专利具有实施风险大、投资回收周期长等特点。农业专利价值识别的困难性，使得目前的农业专利转让交易主要以分散的个体直接交易为主，缺乏高效的配置机制，且阻碍了农业专利价值的最大化实现。

第三，尝试建立农业知识产权使用费补贴机制。首先应当从价格上进行政府规制，以保证农业知识产权在推广使用过程中不至于因价格门槛而被市场拒绝。在价格制度中，政府可以用直接限价的措施来保证农业知识产权成果的合理定价，也可以采用农业知识产权价格补贴的方式促进知识产权成果的使用。现阶段国家对农业提供各种形式的补贴，如种子补贴、农机具补贴等，其目的在于降低农民的农业生产成本，提高农民的生产积极性。同理，为确保农业知识产权成果的顺利推广，价格补贴制度不失为一种好的制度选择，特别是诸如农药等涉及绿色农业建立及生态环境安全的农业知识产权使用。这种农业知识产权的价格补贴是双渠道的，在不限价的前提下向使用农业知识产权的主体进行补贴，在限价的前提下向农业知识产权人进行补贴。其次，为了保证成果的顺利转化，国家应建立农业知识产权授权后的跟踪机制。长期以来，我国知识产权成果的转化率低，很多发明创造在授权后因各种原因无法使用而被束之高阁。这种局面造成权利人成本与知识产权社会成本的双重叠加，一方面权利人研发、申请成本无法通过知识产权使用收回，另一方面社会主体也因为知识产权垄断而无法进行模仿和复制。

第四，国家应制定金融和税收等各项具体政策，以推进农业知识产权战略纲要和规划的实施。在金融支持上，通过构建农村金融机构主体、创新金融产品、完善贷款管理体制，加大对农业知识产权项目的支持力度；在税收优惠上，对于投资农业专利技术的企业可实行几年为一期的分阶段免税或减税政策，以吸引社会资金进入农业专利实施与发展中，也可允许企业在税前从产品经营额中提取一定比例的技术创新改进费。

第五，积极推进农业知识产权服务业的转型升级，并加强对农业知识产权服务业的监管。①开展农业知识产权服务品牌机构培育，培育一批专业化、品牌化、规模化、国际化的服务机构。特别是支持建设农业知识产权服务业集聚发展，推动农业知识产权产业联盟建设，有效促进知识产权服务业的集聚优势和规模效应。②鼓励农业知识产权服务机构开展“互联网 +”农业知识产权服务模式创新，培育农业知识产权服务新业态。准确把握数字化、智能化、绿色化、融合化发展趋势，在疫情防控常态化前提下，持续拓展农业前沿科技应用场景，培育壮大“互联网 +”农业知识产权新业态新模式，打造我国知识产权经济新增长点。③加强对植物新品种、农业专利、地理标志代理业务的行政监管。加强农业知识服务标准化体系建设，继续对农业知识产权代理机构实行了“双随机，一公开”的监管举措，集中治理专利代理“挂证”，无资质代理等违法行为。建立对农业知识产权服务行业机构、从业人员队伍及运营信息库，加强农业知识产权服务业统计监测和服务行业监管。

（4）农业知识产权管理现代化。

农业知识产权管理具有计划、组织、指挥、协调和控制农业知识产权发展的功能，因此加强农业知识产权管理不仅有利于实现国家知识产权战略，发展现代农业，还有利于应对国际竞争形势，提升我国农产品的国际竞争力。农业知识产权管理应主要包括农业知识产权管理体制、管理流程和管理机制。农业知识产权管理体制主要包括行政管理体制、企业管理体制和农业科研单位管理体制。农业知识产权管理流程主要包，括企业农业知识管理流程、高校农业知识管理流程和科研单位农业知识管理流程。农业知识产权管理机制应主要包括风险应对机制、沟通衔接机制、激励机制和文化培育机制。在政府治理能力现代化视角下，我国农业知识产权管理机制的创新改革应当稳步进行。

第一，深化农业知识产权管理协同。《国家知识产权战略纲要》明确指出，要“深化知识产权行政管理体制改革，形成权责一致、分工合理、决策科学、执行顺畅、监督有力的知识产权行政管理体制”。我国机构改革后，知识产权工作从管理体系上看是隶属于市场监督管理局，但是在职能上相对独立。行政管理体制上进一步完善的工作重点是协调好内部各处室职能之间的关系：①专利管理部门与商标地理标志管理部门的关系，专利管理和商标地标管理的内容和工作重心均有所不同，各地方农业知识产权管理部门应当根据当地产业经济发展的特点，确定工作的优先秩序或齐头并进。②农业知识产权管理部门与其他市场监管部门的关系，农业知识产权管理部门的职能在“放管服”方面，更多地是锦上添花的服务，而其他市场监督管理部门（例如食品、药监等）的职责主要是监管，涉及人的生命安全。市场监管部门在资源投入和管理模式上要做到有所区分。③农业知识产权管理部门与知识产权执法部门的关系。独立的知识产权局或科室主要是知识产权管理服务职能，知识产权执法职能属于市场监管部门，这要求行政管理与行政执法之间要建立很好的协同关系，方可以加强知识产权的严保护的最大效果。

第二，农业知识产权管理信息化。2014年12月10日，国务院办公厅印发了《深入实施国家知识产权战略行动计划（2014—2020年）》，明确提出了要扎实推进侵犯知识产权行政处罚案件信息公开，震慑违法者，同时促进执法者规范公正文明执法。将案件信息公开情况纳入打击侵权假冒工作统计通报范围并加强考核。探索建立与知识产权保护有关的信用标准，将恶意侵权行为纳入社会信用评价体系，向征信机构公开相关信息，提高知识产权保护社会信用水平。高度重视农业知识产权管理的信息化程度，提高工作效率的同时扩大公众的信息反馈，扩展信息反馈渠道和方式，提高社会满意度。同时还要推进农业知识产权运用的现代化改革，着力提高综合运用能力。借助新一轮工业革命中的农业新科技，大力实施"知识产权＋互联网或大数据或区块链或人工智能"等农业知识产权运用计划，进一步提升农业知识产权运用的信息化建设，在农业知识产权的精细化制定、交易新模式、智能化的运用机制等方面创新工作模式。大型农业综合企业及科研机构要对接国家相关平台，运用全国知识产权大数据，加强信息集成、统计监测，提高综合研判和宏观决策水平。强化维权援助、举报投诉等公共服务平台建设。快建设农业知识产权信息公共服务体系，新建一批世界知识产权组织技术与创新支持中心（TISC）、高校国家知识产权信息服务中心。

第三，完善农业知识产权诚信管理制度，构建农业知识产权保护信用系统。农业知识产权信用体系是在农业知识产权领域构建的信用体系，由一系列法律、规则、制度、机构等共同构成的，使农业知识产权的产生、使用、转让等一切活动能够遵守信用原则顺利进行的系统。它以农业知识产权相关法律法规为依据，以农业知识产权信用征信平台为基础，以知识产权信用服务体系为支撑，以树立信用文化理念、发展农业知识产权文化为内在要求，以农业知识产权失信惩戒机制为保障，以维护农业知识产权秩序、促进农业知识产权发展为目的的社会治理机制。其存在能为人们遵守农业知识产权制度提供保障，通过相关机制的作用，遏制失信现象，弘扬知识产权文化，完善农业知识产权制度环境。近年来，我国农产品商标仿冒、侵犯植物新品种权和农业专利权等农业知识产权领域失信现象频发。由于法律法规的不完善和农业知识产权信用体系的缺失，这些侵犯知识产权的行为无法及时得到制止。在这种社会背景下，我国加大农业知识产权侵权行为要坚持打建结合、打防结合，大力加强法律法规、诚信体系等长效机制建设，并持续推进全国农业知识产权系统的信用体系建设。

国务院办公厅2019年8月印发《全国深化“放管服”改革优化营商环境电视电话会议重点任务分工方案》，核心要义是大力推进信用监管，让市场和公民讲诚信，自主承诺。主要内容是要加强社会信用体系建设，大力推进信用监管，推行承诺制，让市场主体和公民讲诚信，自主承诺。对违背承诺、搞虚假承诺甚至坑蒙拐骗的，一经发现要严厉惩罚。

农业知识产权信用体系的构建是一个长期而复杂的过程。即使在短期内能够制定相关政策并搭建起全国性的信息网络平台，但是这并不意味着农业知识产权信用体系的构建已经结束，要制定完善的农业知识产权信用法律制度、培养社会信用意识与知识产权文化，才能够使农业知识产权信用体系有序运转。要让农业企业和个人爱惜自己的信誉，让失信行为得到遏制，让农业知识产权相关市场有序运行，让农业知识产权充分得到社会的尊重，才是构建农业知识产权信用体系的最终目的。

参 考 文 献

[1] 张术麟 . 农业知识产权与乡村产业振兴 [J]. 贵州民族研究，2020，41（01）：34–38.

[2] 汤凌霄 . 产业安全基础理论研究进展 [J]. 湖南商学院学报，2010，17（04）：9–13.

[3] 金成晓，余志刚，俞婷婷 . 我国产业安全研究的历史与发展动态评述 [J]. 财经问题研究，2010（07）：26–33.

[4] 张立 . 经济全球化条件下的中国产业安全问题［D］. 成都：四川大学，2002.

[5] 李成强 . 产业安全理论评介、涵界与展望 [J]. 黑龙江社会科学，2008（03）：70–72.

[6] 赵世洪 . 国民产业安全理论模式研究 [D]. 北京：中央财政大学，1998.

[7] 张秀岩 . 国内产业安全理论研究现状分析 [J]. 人民论坛，2010（29）：112–113.

[8] 李孟刚 . 产业安全理论研究 [M]. 北京：经济科学出版社，2010.

[9] 王允贵 . 产业安全问题与政策建议 [J]. 开放导报，1997（01）：27–32.

[10] 童志军 . 利用外资和国家产业安全 [J]. 中国投资与建设，1996（08）：27–29+32.

[11] 杨公朴，王玉，朱舟，等 . 中国汽车产业安全性研究 [J]. 财经研究，2000（01）：22–27.

[12] 于新东 . 中国加入 WTO 后产业保护和产业安全研究及对策 [J]. 学习与探索，2000（02）：4–12.

[13] 何维达，宋胜洲，等 . 开放市场下的产业安全与政府规制 [M]. 南昌：江西人民出版社，2003.

[14] 李孟刚 . 中国产业安全问题研究 [M]. 北京：社会科学出版社，2013.

[15] 夏兴园，王瑛 . 国际投资自由化对我国产业安全的影响 [J]. 中南财经大学学报，2001（2）：37–41.

[16] 景玉琴 . 产业安全概念探析 [J]. 当代经济研究，2004（03）：29–31.

[17] 许铭 . 中国产业安全问题分析 [D]. 上海：复旦大学，2005.

[18] 杨国亮 . 新时期产业安全评价指标体系构建研究 [J]. 马克思主义研究，2010（06）：63–71.

[19] 刘莉雪，郑凯，刘灵凤 . 对产业安全若干基本概念的探讨 [J]. 北京交通大学学报（社会科学版），2015，14（04）：33–39.

[20] 李孟刚 . 中国产业安全问题研究 [M]. 北京：社会科学出版社，2013.

[21] 许芳，刘殿国 . 产业安全的生态预警机制研究 [M]. 北京：科学出版社，2010.

[22] 付春光，叶泽樱 . 马克思产业安全思想研究 [J]. 学术界，2018（11）：151–161.

[23] 徐辉鸿 . 产业安全中的知识产权风险要素分析 [J]. 南京工业大学学报（社会科学版），2013，12（01）：16–20.

[24] 何维达，等 . 全球化背景下国家产业安全与经济增长 [M]. 北京：知识产权出版社，2016.
[25] MARTIN，TOLCHIN.Buying into American：How foreign money is changing the face of our nation[M]. New York：Times Books，1998.
[26] 曹萍，张剑，熊焰 . 高技术产业安全影响因素的实证研究 [J]. 管理评论，2017，29（12）：50–61.
[27] 王苏生，李金子，黄建宏 . 外资跨国并购对我国汽车产业安全影响的实证分析 [J]. 中国科技论坛，2008（05）：66–69.
[28] 赵元铭 . 产业控制力的实现层次：基于后发国家产业安全边界的审视 [J]. 世界经济与政治论坛，2008（06）：53–58.
[29] YOTHIN. Foreign Direct Investment and Macroeconomic Risk[J]. Journal of Comparative Economics，2007，35（3）：509–519.
[30] LI，LIU. Foreign Direct Investment and Economic Growth： An Increasingly Endogenous Relationship[J]. World Development，2005，33（3）：393–407.
[31] SOLOMON. Foreign Direct Investment，Host Country Factors and Economic Growth[J]. Ensayos Revista de Economia，2011，30（1）：41–70.
[32] KAHOULI，MAKTOUF. The determinants of FDI and the impact of the economic crisis on the implementation of RTAs： A static and dynamic gravity model[J]. International Business Review，2015，24（3）：518–529.
[33] 方芳 . 外商直接投资对我国产业安全的威胁及对策 [J]. 上海经济研究，1997（06）：35–38.
[34] 陈洪涛，潘素昆 . 外商直接投资对中国产业安全的影响研究：基于溢出效应视角 [J]. 中国管理科学，2012，20（S1）：300–303.
[35] 庄惠明，郑剑山 . 中国服务业 FDI 的效应研究：基于技术溢出与竞争排斥视角 [J]. 管理评论，2015，27（02）：26–34+98.
[36] 李昶，李善民，Philip，等 . 跨国并购能促进经济增长吗？：FDI 进入模式、内源投资与东道国经济增长的关系研究 [J]. 管理评论，2015，27（04）：3–12
[37] 汪洋 . 外资扩张与我国产业安全 [J]. 思想战线，2011，37（S1）：116–118.
[38] 吴珊 . 产业安全角度下的品牌控制对策 [J]. 经济纵横，2011（09）：114–116.
[39] 卜伟，谢敏华，蔡慧芬 . 基于产业控制力分析的我国装备制造业产业安全问题研究 [J]. 中央财经大学学报，2011（03）：62–66，91.
[40] 周新苗 . 对外经济开放与中国产业安全研究：福利视角 [M]. 上海：上海交通大学出版社，2014.
[41] 张新民，黄晓蓓，郑建明 . 外资并购与我国产业安全：综述及研究展望 [J]. 国际贸易问题，2012（04）：163–176.
[42] 胡振华，刘欣欣，陈艳 . 国际产业转移对我国产业结构升级的非线性影响机制 [J]. 产经评论，2019，10（02）：83–93.
[43] SACHS. The price of civilization：reawakening American virtue and prosperity[M]. New York：Random House Trade Paperbacks， 2012.

[44] 左世全 . 产业全球化对我国产业安全的影响及对策 [J]. 理论导刊，2011（11）：92–93，100.
[45] 郁德强，左世全 . 国际产业转移对我国产业安全的影响 [J]. 国际经济合作，2011（07）：19–22.
[46] 何维达，梁智昊 . 经济全球化背景下产业安全研究综述与展望 [J]. 中国管理信息化，2012，15（15）：39–43.
[47] 韩冲，屈熠 . 全球价值链分工对中国产业安全的威胁 [J]. 现代管理科学，2015（05）：42–44.
[48] 孙宇 . "一带一路" 倡议与我国产业安全：机理、因素与路径 [J]. 国际贸易，2016（08）：25–28
[49] 周灏 . 中国产业安全的逻辑和路径研究：基于反倾销与产业升级的协同演化 [J]. 社会科学，2018（01）：29–36.
[50] 唐宜红，张鹏杨 . 后疫情时代全球贸易保护主义发展趋势及中国应对策略 [J]. 国际贸易，2020（11）：4–10.
[51] 胡宏雁 . 跨国并购中的国家安全审查问题及应对：知识产权的利益考量视角 [J]. 北方法学，2020，14（06）：116–122.
[52] 成思危 . 只有坚持改革开放 才能确保产业安全：在第二届中国产业安全论坛上的讲话 [J]. 中国国情国力，2007（12）：4–5.
[53] 王学人，张立 . 产业安全问题制度非均衡成因探讨 [J]. 求索，2005（04）：18–20.
[54] 史欣向，李善民，王满四，等 . "新常态" 下的产业安全评价体系重构与实证研究：以中国高技术产业为例 [J]. 中国软科学，2015（07）：111–126.
[55] 刘如，陈志 . 大国竞争时代现代产业体系的三重螺旋战略框架研究 [J]. 中国科技论坛，2020（08）：33–42.
[56] 杨公朴，王玉，朱舟，等 . 中国汽车产业安全性研究 [J]. 财经研究，2000（01）：22–27.
[57] 黄建军 . 中国的产业安全问题 [J]. 财经科学，2001（06）：1–7.
[58] 何维达，何昌 . 当前中国三大产业安全的初步估算 [J]. 中国工业经济，2002（02）：25–31.
[59] 朱钟棣，孙瑞华 . 入世后评价产业安全的指标体系 [J]. 世界贸易组织动态与研究，2006（05）：1–10.
[60] 易明，杨树旺，宋德勇 . 资源环境约束与产业安全评价指标体系重构 [J]. 工业技术经济，2007（09）：119–122.
[61] 白澎 . 中国产业安全的实证研究 [J]. 山西财经大学学报，2010，32（08）：65–76.
[62] 邵念荣，付春光 . 产业安全指标评价体系创新研究 [J]. 商业时代，2011（01）：102–104.
[63] 朱建民，魏大鹏 . 我国产业安全评价指标体系的再构建与实证研究 [J]. 科研管理，2013，34（07）：146–153.
[64] 先恰戈夫 . 经济安全 – 生产、财政、银行 [M]. 国务院发展研究中心国际技术经济研究所，译 . 北京：中国税务出版社，2003.
[65] 李海舰 . 外资进入与国家经济安全 [J]. 中国工业经济，1997（08）：62–66.

[66] 顾海兵 . 当前中国经济的安全度估计 [J]. 浙江社会科学，1997（03）：16–18.
[67] 何维达，何昌 . 当前中国三大产业安全的初步估算 [J]. 中国工业经济，2002（02）：25–31.
[68] 李泳，王爱玲 . 中国重点行业安全评价指标体系研究 [J]. 财经研究，2006（10）：48–59，70.
[69] 王水平 . 基于产业控制力视角的中国零售业安全评估 [J]. 财贸研究，2010，21（06）：32–38.
[70] 张丽淑，樊秀峰 . 跨国企业行为视角：我国零售产业安全评估 [J]. 当代经济科学，2011，33（01）：69–77，126.
[71] 朱建民，魏大鹏 . 我国产业安全评价指标体系的再构建与实证研究 [J]. 科研管理，2013，34（07）：146–153.
[72] 单春红，胡珊珊 . 基于 DEA 模型的我国航空航天业安全评价实证分析 [J]. 中央财经大学学报，2012（05）：59–64，69.
[73] 于谨凯，张亚敏 . 基于 DEA 模型的我国海洋运输业安全评价及预警机制研究 [J]. 西安财经学院学报，2012，25（01）：25–29.
[74] 李孟刚，贾美霞，刘晓飞 . 基于 DEA 模型的中国文化产业安全评价实证分析 [J]. 吉首大学学报（社会科学版），2018，39（05）：45–54.
[75] 曹萍，张剑，陈福集 . 软件产业安全评价指标体系研究 [J]. 管理现代化，2014，34（05）：31–33.
[76] 金成晓，俞婷婷 . 基于 BP 神经网络的我国制造业产业安全预警研究 [J]. 北京工业大学学报（社会科学版），2010，10（01）：8–16.
[77] 吴玉萍 . 基于模糊群决策模型的煤炭产业安全评价研究 [J]. 工业技术经济，2011，30（06）：59–64.
[78] 李冬梅，刘春泓，王竹玲 . 基于灰色关联分析的粮食产业安全评价与比较 [J]. 科技管理研究，2012，32（12）：118–121，133.
[79] 吴爱玲，韩增林，彭飞，等 . 基于集对分析的中国海洋产业安全评价研究 [J]. 资源开发与市场，2016，32（11）：1291–1296，1380.
[80] 黄艳梅 . 体育用品制造业安全评价模型构建与实证分析 [J]. 首都体育学院学报，2017，29（04）：323–327.
[81] 朱学红，邹佳纹，黄健柏 . 基于信息可替代的有色金属产业安全指标体系构建与评估 [J]. 软科学，2019，33（02）：38–42，60.
[82] 汪胡根 . 基于熵权法的我国电站辅机装备制造产业国际竞争力研究 [J]. 经济问题探索，2020（09）：58–64.
[83] 张红宇，易小燕 . 农业产业安全与金融支撑 [J]. 中国农业资源与区划，2020，41（11）：1–5.
[84] 罗浩轩，郑晔 . 中美贸易摩擦下我国农业产业安全深层次困境及破解思路 [J]. 西部论坛，2019，29（01）：11–20.
[85] 马述忠，陈颖，王笑笑 . 农业 FDI 对中国粮食安全的动态影响研究：基于种业研发能力视角 [J]. 管理世界，2013（07）：71–79，187–188.

[86] 万俊毅，曾丽军 . 外资并购与中国农产品的安全保障对策 [J]. 农村经济，2015（10）：24–29.
[87] 高江涛，李红，邵金鸣 . 基于 DEA 模型的中国粮食产业安全评估 [J]. 统计与决策，2020，36（23）：61–65.
[88] 罗浩轩，郑晔 . 中美贸易摩擦下我国农业产业安全深层次困境及破解思路 [J]. 西部论坛，2019，29（01）：11–20.
[89] 蔺子雨 ."逆全球化"背景下我国农产品贸易竞争性提升的策略与实施 [J]. 农业经济，2018（02）：123–125.
[90] 农晓丹 ."逆全球化"形势下农产品贸易壁垒新动向及我国应对策略 [J]. 对外经贸实务，2018（04）：40–43.
[91] 孙立芳，陈昭 ."一带一路"背景下经济开放度如何影响农产品国际竞争力：来自 RCEP 成员国的证据 [J]. 世界经济研究，2018（03）：81–94，136.
[92] 李全中 ."一带一路"建设对我国农业对外发展环境的影响研究 [J]. 中国农业资源与区划，2018，39（06）：23–27.
[93] 张露，罗必良 . 贸易风险、农产品竞争与国家农业安全观重构 [J]. 改革，2020（05）：25–33.
[94] 钱静斐，宋玉兰，原瑞玲，等 . 开放条件下我国棉花产业安全问题及发展策略 [J]. 中国农业资源与区划，2020，41（05）：140–145.
[95] 万宝瑞 . 确保我国农业三大安全的建议 [J]. 农业经济问题，2015，36（03）：4–8，110.
[96] 谭琳元，李先德 . 基于贸易视角的中国大麦产业安全分析 [J]. 中国农业资源与区划，2020，41（04）：117–123.
[97] 高江涛，李红，邵金鸣 . 基于 DEA 模型的中国粮食产业安全评估 [J]. 统计与决策，2020，36（23）：61–65.
[98] 刘志颐 . 大型跨国农业企业国际竞争力比较 [J]. 理论学刊，2020，4（03）：49–57.
[99] 王欢，甘林针，乔娟 . 技术标准对农业国际竞争力的动态影响：直接效应与中介效应 [J]. 国际商务（对外经济贸易大学学报），2019（05）：1–12.
[100] 王琦，冯勇，马志刚 . 中国农产品和农业企业国际竞争力研究 [J]. 经济问题探索，2017（04）：52–59.
[101] 肖文兴 . 加入世贸组织对中国农业安全的影响分析 [D]. 长沙：湖南农业大学，2012.
[102] 田青，王章华 . 农业国际化背景下对发展中国家农业产业安全的思考 [J]. 世界农业，2015（02）：21–26.
[103] 谭琳元，李先德 . 基于贸易视角的中国大麦产业安全分析 [J]. 中国农业资源与区划，2020，41（04）：117–123.
[104] 崔卫杰 . 开放形势下的中国农业产业安全 [J]. 国际经济合作，2015（01）：46–50.
[105] 方晨靓，顾国达 . 农产品价格波动国际传导机制研究：一个非对称性视角的文献综述 [J]. 华中农业大学学报（社会科学版），2012（06）：6–14.
[106] 刘萍，柯杨敏 . 国际农产品价格对中国通货膨胀的传递效应 [J]. 华南农业大学学报（社会科学版），2016，15（02）：81–89.

[107] 彭白桦 . 国际市场影响对国内农产品市场价格的波动影响研究：兼评《中国农产品价格波动与调控机制研究》[J]. 农业经济问题，2016，37（11）：104–105，112.
[108] 张露，罗必良 . 贸易风险、农产品竞争与国家农业安全观重构 [J]. 改革，2020（05）：25–33.
[109] 段凯，蔡克桐，梅军，等 . 加强农业知识产权保护的若干建议 [J]. 农业与技术，2018（23）：173.
[110] 金成晓，余志刚，俞婷婷 . 我国产业安全研究的历史与发展动态评述 [J]. 财经问题研究，2010（07）：26–33.
[111] 张碧琼 . 国际资本扩张与经济安全 [J]. 中国经贸导刊，2003（06）：31–32.
[112] PETER. Burnell. Economic Nationalism in the Third World. Hassocks[M]. Brighton： Harvester Press， 1986.
[113] 萨米尔・阿明 . 不平等的发展 [M]. 北京： 商务印书馆， 1990.
[114] 于新东 . 中国加入 WTO 后产业保护和产业安全研究及对策 [J]. 学习与探索，2000（02）：4–12.
[115] 王允贵 . 产业安全问题与政策建议 [J]. 开放导报，1997（01）：27–32.
[116] PORTER. The Competitive Advantage of Nations[M]. New York： The Free Press， 1990.
[117] 亚当・斯密 . 国民财富的性质和原因研究（下卷）[M]. 北京：商务印书馆，1979.
[118] 胡代光，高鸿业. 现代西方经济学辞典 [M]. 北京：中国社会科学出版社，1996.
[119] 张谦. 战略性贸易政策论 [M]. 太原：山西经济出版社，1999.
[120] 克鲁格曼. 战略性贸易政策与新国际经济学 [M]. 北京：中国人民大学出版社，2000.
[121] 朱满德，高鸣. 科学把握保障农业安全的内涵与取向 [J]. 金融世界，2019（7）：16–17.
[122] 张红宇，易小燕 . 农业产业安全与金融支撑 [J]. 中国农业资源与区划，2020，41（11）：1–5.
[123] 刘乐山 . 中国“入世”后的农业安全问题及其对策 [J]. 喀什师范学院学报，2002（01）：23–26.
[124] 徐洁香，邢孝兵 . 当前我国农业产业安全问题探析 [J]. 商业研究，2005（17）：201–203.
[125] 郑宝华，李东 . 国内农业产业安全问题研究综述 [J]. 农业经济问题，2008（01）：22–25.
[126] WANG. Absolute Protection for Geographical Indications：Protectionism or Justified Rights? [J]. Queen Mary Journal of Intellectual Property，2018，8：73–88.
[127] 李轩，柯莱亚 . 知识产权实施：国际视角 [M]. 北京：知识产权出版社，2012.
[128] 丁超英 . 农业知识产权问题研究：农业知识产权培训讲义 [M]. 北京：知识产权出版社，2017.
[129] 任静，刘丽军，宋敏 . 跨国公司在我国农业领域的技术锁定策略与对策研究 [J]. 中国软科学，2012（01）：39–46.
[130] 陆福兴 . 加强种业知识产权保护 确保国家种业安全 [J]. 中国种业，2016（09）：10–12.
[131] 李孟刚 . 中国产业安全问题研究 [M]. 北京：社会科学文献出版社，2013.

[132] 徐元，知识产权贸易壁垒研究 [M]. 北京：中国社会科学出版社，2012：36.
[133] MASKUS. Intelletual Property Rights in the Global Economy[M].Washington D. C：Institute for International Economics，2000.
[134] SHIN，LEE，PARK. When an Importer's Protection of IPR Interacts with an Exporter's Level of Technology：Comparing the Impacts on the Exports of the North and South[J]. The World Economy，2016，39（6），772–802.
[135] 袁富华，张平，刘霞辉，等 . 增长跨越：经济结构服务化、知识过程和效率模式重塑 [J]. 经济研究，2016，（10）：12–26.
[136] 徐元，知识产权贸易壁垒研究 [M]. 北京：中国社会科学出版社，2012：36.
[137] MASKUS，PENUBARTI. How Trade — Related are Intellectual Property Rights? [J].Journal of International Economics，1995.
[138] SMITH. Are Weak Patent Rights a Barrier to U. S. Exports? [J]. Journal of International Economics，1999，48（1）.
[139] RAFIQUZZAMAN. The Impact of Patent Rights on International Trade：Evidence from Canada[J]. The Canadian Journal of Economics，2002.
[140] MARKUSEN. Contracts，Intellectual Property Rights，and Multinational Investment in Developing Countries[J]. Journalof International Economics，2001，53（1）.
[141] TANAKA，IWAISAKO，FUTAGAMI. Dynamic Analysis of Innovation and International Transfer of Technology through Licensing[J]. Journal of International Economics，2007.
[142] HELPMAN. Innovation，Imitation，and Intellectual Property Rights[J].Econometrica，1993，61（6）.
[143] 郑秉秀 . 国际贸易中的知识产权壁垒 [J]. 国际贸易问题，2002（5）.
[144] 李萍 . 知识产权贸易壁垒研究 [M]. 厦门：厦门大学出版社，2011.
[145] 徐元，知识产权贸易壁垒研究 [M]. 北京：中国社会科学出版社，2012：36.
[146] 周文光、黄瑞华 . 企业自主创新中知识产权风险预警过程研究 [J]. 科学学与科学技术管理，2010（4）.
[147] 洪少枝，尤建新，郑海鳌，等 . 高新技术企业知识产权战略评价系统研究 [J]. 管理世界，2011（10）：182–183.
[148] 黄广龙，余中华，吴昭同 . 基于证据推理与粗集理论的主客观综合评价方法 [J]. 中国机械工程，2001，12（8）：930–934.
[149] 农业农村部国际合作司，农业农村部农业贸易促进中心 . 中国农产品贸易发展报（2020）[M]. 北京：中国农业出版社，2020.
[150] 杨帆，王斌 . 中国农产品国际贸易失衡现状及发展策略 [J]. 改革与战略，2018，34（01）：159–161.
[151] 赵海燕，何忠伟 . 中国大国农业国际竞争力的演变及对策：以蔬菜产业为例 [J]. 国际贸易问题，2013（07）：3–14.
[152] 赵树宽，刘冠宏 . 农业竞争力理论范式探讨 [J]. 当代经济研究，2013（05）：20–26+93.
[153] 国家体改委经济体制改革研究院，中国人民大学，深圳综合开发研究院联合研究组 . 中

国国际竞争力研究报告（1996）[M]. 北京：中国人民大学出版社，1997.
[154] 翁鸣，陈劲松，等 . 农业竞争力研究 [M]. 北京：中国农业出版社，2003：11.
[155] 刘秀琴，黄耀斌，蔡嘉森，等 . 中国农业竞争力国际比较 [J]. 华中农业大学学报（社会科学版），2014（05）：34-39.
[156] 全世文，于晓华 . 中国农业政策体系及其国际竞争力 [J]. 改革，2016（11）：130-138.
[157] 万宝瑞 . 加快提高我国农业竞争力的思考 [J]. 农业经济问题，2016，37（04）：4-8.
[158] 王兆洋 . 中国农产品国际竞争力研究 [D]. 北京：对外经济贸易大学，2007.
[159] 刘小荣 . 安徽省农产品出口竞争力研究 [D]. 合肥：安徽大学，2018.
[160] 马述忠，陈颖，王笑笑 . 农业 FDI 对中国粮食安全的动态影响研究：基于种业研发能力视角 [J]. 管理世界，2013（07）：71-79，187-188.
[161] 张劲柏，侯仰坤，龚先友 . 种业知识产权保护研究 [M]. 北京：中国农业科学技术出版社，2009.
[162] 孙智． 地理标志国际保护新发展的路径分歧及我国选择［J］． 知识产权，2019（1）：88-96.
[163] 陈思，张梦飞 . 欧盟委员会关于农产品和食品质量计划的 1151/2012 法规 [J]. 世界农业，2013（12）：67-72.
[164] 那力，魏德才 . 论 FTA 中的地理标志与中国的选择 [J]. 江淮论坛，2013（04）：120-125.
[165] 王欣蕾 . 从《中欧地理标志协定》看品牌保护对双边贸易的影响 [J]. 中国对外贸易，2020（10）：11-13.
[166] QUALIVITA. R APPO R TO 2018 ISMEA-QUALIVITA sulle produzioni agroalimentari e vitivinicole italiane DOP，IGP e STG［R /OL］.［2018-04-01］. http：/ /www. ismea. it / flex /cm/pages/ServeBLOB. php /L /IT /IDPagina /10497.
[167] IPSOS. The Most Influential Brands 2016［EB /OL］.［2018-04-01］. https：/ /www. ipsos. com/it-it /most-influential-brands-2016
[168] 崔琢 . 推动本土地理标志“走出去”的法律路径探析 [J]. 法制博览，2021（16）：167-168.

附　　录

附录 1：欧盟认定中国 100 个地址标志产品名单

序号	名称	地区	类别
1	安吉白茶	浙江湖州	《欧洲联盟运行条约》（以下简称“《条约》”）附录 1 的其他产品（香料等）——茶
2	安漠濒音	福建安溪	《条约》附录 1 的其他产品（香料等）——茶
3	保山小粒咖啡	云南保山	《条约》附录 1 的其他产品（香料等）——咖啡
4	赣南脐橙	江西赣南	新鲜或加工水果、蔬菜和谷物——水果
5	霍山黄芽	安徽霍山	《条约》附录 1 的其他产品（香料等）——茶
6	郫县豆瓣	四川成都	新鲜或加工水果、蔬菜和谷物——豆酱
7	普洱茶	云南普洱	《条约》附录 1 的其他产品（香料等）——茶
8	山西老陈醋	山西太原	《条约》附录 1 的其他产品（香料等）——醋
9	烟台苹果	山东烟台	新鲜或加工水果、蔬菜和谷物——水果
10	坦洋功夫	福建福安	《条约》附录 1 的其他产品（香料等）——茶
11	白城绿豆	吉林白城	新鲜或加工水果、蔬菜和谷物——豆
12	肇源大米	黑龙江肇源	新鲜或加工水果、蔬菜和谷物——大米
13	婺源绿茶	江西婺源	《条约》附录 1 的其他产品（香料等）——茶
14	福州茉莉花茶	福建福州	《条约》附录 1 的其他产品（香料等）——茶
15	房县香菇	湖北房县	新鲜或加工水果、蔬菜和谷物——蘑菇
16	南丰蜜橘	江西南丰	新鲜或加工水果、蔬菜和谷物——水果
17	苍山大蒜	山东兰陵县（原苍山）	新鲜或加工水果、蔬菜和谷物——大蒜
18	房县黑木耳	湖北房县	新鲜或加工水果、蔬菜和谷物——蘑菇
19	凤岗锌硒茶	贵州凤岗	《条约》附录 1 的其他产品（香料等）——茶
20	库尔勒香梨	新疆库尔勒	新鲜或加工水果、蔬菜和谷物——水果
21	邳州大蒜	江苏徐州	新鲜或加工水果、蔬菜和谷物——大蒜
22	安岳柠檬	四川安岳	新鲜或加工水果、蔬菜和谷物——水果

序号	名称	地区	类别
23	正山小种	福建武夷山	《条约》附录 1 的其他产品（香料等）——茶
24	兴化香葱	江苏兴化	新鲜或加工水果、蔬菜和谷物——脱水香葱
25	六安瓜片	安徽六安	《条约》附录 1 的其他产品（香料等）——茶
26	宜宾芽菜	四川宜宾	新鲜或加工水果、蔬菜和谷物——芥菜（腌制蔬菜）
27	静宁苹果	甘肃静宁	新鲜或加工水果、蔬菜和谷物——水果
28	安丘大姜	山东安丘	《条约》附录 1 的其他产品（香料等）——姜
29	建宁通心白莲	福建建宁	《条约》附录 1 的其他产品（香料等）——莲子
30	松溪绿茶	福建松溪	《条约》附录 1 的其他产品（香料等）——茶
31	罗平小黄姜	云南罗平	《条约》附录 1 的其他产品（香料等）——姜
32	苍溪红心猕猴桃	四川苍溪	新鲜或加工水果、蔬菜和谷物——水果
33	庆元香菇	浙江丽水	新鲜或加工水果、蔬菜和谷物——蘑菇
34	长寿沙田柚	广西沙田	新鲜或加工水果、蔬菜和谷物——水果
35	凤凰单丛	广东潮州	《条约》附录 1 的其他产品（香料等）——茶
36	涪城麦冬	四川三台	新鲜或加工水果、蔬菜和谷物——块茎
37	狗牯脑	江西遂州	《条约》附录 1 的其他产品（香料等）——茶
38	武夷山大红袍	福建武夷山	《条约》附录 1 的其他产品（香料等）——茶
39	晋州鸭梨	河北晋州	新鲜或加工水果、蔬菜和谷物——水果
40	吐鲁番葡萄干	新疆吐鲁番	新鲜或加工水果、蔬菜和谷物——葡萄干
41	安化黑茶	湖南益阳	《条约》附录 1 的其他产品（香料等）——茶
42	嵊泗贻贝	浙江舟山	新鲜鱼类、软体动物、甲壳类动物及其衍生产品——贻贝
43	辽中玫瑰	辽宁辽中	花和其他观赏植物——花
44	横县茉莉花茶	广西横县	《条约》附录 1 的其他产品（香料等）——茶
45	浦江雀舌	四川浦江	《条约》附录 1 的其他产品（香料等）——茶
46	峨眉山茶	四川乐山	《条约》附录 1 的其他产品（香料等）——茶
47	朵贝茶	贵州普定	《条约》附录 1 的其他产品（香料等）——茶
48	五常大米	黑龙江五常	新鲜或加工水果、蔬菜和谷物——大米
49	福鼎白茶	福建福鼎	《条约》附录 1 的其他产品（香料等）——茶
50	吴川月饼	广东吴川	面包、糕点、蛋糕、甜食、饼干及其他烘焙品——糕点
51	兴隆咖啡	海南万宁	《条约》附录 1 的其他产品（香料等）——咖啡

续表

序号	名称	地区	类别
52	绍兴酒	浙江绍兴	米酒类
53	贺兰山东麓葡萄酒	宁夏	红酒
54	桓仁冰酒	辽宁桓仁	红酒
55	烟台葡萄酒	山东烟台	红酒
56	惠水黑糯米酒	麦州惠水	米酒类
57	西峡香菇	河南西峡	新鲜或加工水果、蔬菜和谷物——蘑菇
58	红崖子花生	辽宁兴城	新鲜或加工水果、蔬菜和谷物——花生
59	武夷岩茶	福建武夷山	《条约》附录 1 的其他产品（香料等）——茶
60	英德红茶	广东英德	《条约》附录 1 的其他产品（香料等）——茶
61	剑南春酒	四川绵竹	烈酒
62	高炉家酒（高炉酒）	安徽涡阳	烈酒
63	扳倒井酒	山东高青	烈酒
64	沙城葡萄酒	河北张家口	红酒
65	茅台酒（贵州茅台酒）	贵州遵义	烈酒
66	五粮液	四川宜宾	烈酒
67	盘锦大米	辽宁盘锦	新鲜或加工水果、蔬菜和谷物——大米
68	吉县苹果	山西临汾	新鲜或加工水果、蔬菜和谷物——水果
69	鄂托克阿尔巴斯山羊肉	内蒙古鄂托克	鲜肉（及动物内脏）——羊肉
70	扎兰屯木耳	内蒙古扎兰屯	新鲜或加工水果、蔬菜和谷物——蘑菇
71	岫岩滑子蘑	辽宁岫岩	新鲜或加工水果、蔬菜和谷物——蘑菇
72	东港大黄蚬	辽宁东港	新鲜鱼类、软体动物、甲壳类动物及其衍生产品——贻贝
73	东宁黑木耳	黑龙江东宁	新鲜或加工水果、蔬菜和谷物——蘑菇
74	南京盐水鸭	江苏南京	肉制品（烹制、腌制、熏制等）——鸭肉
75	千岛银针	浙江建德	《条约》附录 1 的其他产品（香料等）——茶
76	泰顺三杯香茶	浙江泰顺	《条约》附录 1 的其他产品（香料等）——茶
77	金华两头乌猪	浙江金华	鲜肉（及动物内脏）——猪肉

续表

序号	名称	地区	类别
78	罗源秀珍菇	福建罗源	新鲜或加工水果、蔬菜和谷物——蘑菇
79	桐江鲈鱼	福建福鼎	新鲜鱼类、软体动物、甲壳类动物及其衍生产品——鱼
80	乐安竹笋	江西乐安	新鲜或加工水果、蔬菜和谷物——蔬菜
81	莒南花生	山东莒南	新鲜或加工水果、蔬菜和谷物——花生
82	文登苹果	山东威海	新鲜或加工水果、蔬菜和谷物——水果
83	安丘大葱	山东安丘	新鲜或加工水果、蔬菜和谷物——蔬菜
84	香花辣椒	河南淅川	新鲜或加工水果、蔬菜和谷物——蔬菜
85	麻城福白菊	湖北麻城	《条约》附录 1 的其他产品（香料等）——茶
86	潜江龙虾	湖北潜江	新鲜鱼类、软体动物、甲壳类动物及其衍生产品——淡水龙虾
87	宜都宜红茶	湖北宜昌	《条约》附录 1 的其他产品（香料等）——茶
88	大埔蜜柚	广东梅州	新鲜或加工水果、蔬菜和谷物——水果
89	桂平西山茶	广西桂平	《条约》附录 1 的其他产品（香料等）——茶
90	百色芒果	广西百色	新鲜或加工水果、蔬菜和谷物——水果
91	巫溪洋芋	重庆巫溪	新鲜或加工水果、蔬菜和谷物——蔬菜
92	四川泡菜	四川	新鲜或加工水果、蔬菜和谷物——泡菜
93	纳溪特早茶	四川泸州	《条约》附录 1 的其他产品（香料等）——茶
94	普洱咖啡	云南普洱	《条约》附录 1 的其他产品（香料等）——咖啡
95	横山大明绿豆	陕西横山	新鲜或加工水果、蔬菜和谷物——豆
96	眉县猕猴桃涛	陕西眉县	新鲜或加工水果、蔬菜和谷物——水果
97	天祝白牦牛	甘肃武威	鲜肉（及动物内脏）——牦牛肉
98	柴达木枸杞	青海海西	新鲜或加工水果、蔬菜和谷物——枸杞
99	宁夏大米	宁夏	新鲜或加工水果、蔬菜和谷物——大米
100	精河枸杞	新疆精河	新鲜或加工水果、蔬菜和谷物——枸杞

附录 2：中国认定欧盟 100 个地址标志产品名单

序号	在欧盟注册的名称	中文名称	国家	类别
1	Ζιβανία / Τζιβανία / Ζιβάνα / Zivania	塞浦路斯鱼尾菊酒	塞浦路斯	烈酒

续表

序号	在欧盟注册的名称	中文名称	国家	类别
2	Českobudějovické pivo	捷克布杰约维采啤酒	捷克	啤酒
3	Žatecký chmel	萨兹啤酒花	捷克	《条约》附录 1 的其他产品（香料等）——啤酒花
4	Rheinhessen	莱茵黑森红酒	德国	红酒
5	Mosel	摩泽尔红酒	德国	红酒
6	Franken	弗兰肯红酒	德国	红酒
7	Münchener Bier	慕尼黑啤酒	德国	啤酒
8	Bayerisches Bier	巴伐利亚啤酒	德国	啤酒
9	Danablu	丹麦蓝纹乳酪	丹麦	奶制品
10	Irish cream	爱尔兰奶油利口酒	爱尔兰	烈酒
11	Irish whiskey / Irish whisky / Uisce Beatha Eireannach	爱尔兰威士忌	爱尔兰	烈酒
12	Σάμος / Samos	萨摩斯甜酒	希腊	红酒
13	Σητεία Λασιθίου Κρήτης / Sitia Lasithiou Kritis	西提亚橄榄油	希腊	油和脂肪（黄油、人造奶油、油等）—橄榄油
14	Ελιά Καλαμάτας / Elia Kalamatas	卡拉马塔黑橄榄	希腊	新鲜或加工水果、蔬菜和谷物—食用橄榄
15	Μαστίχα Χίου / Masticha Chiou	希俄斯乳香	希腊	天然树胶和树脂—咀嚼树胶
16	Φέτα / Feta	菲达奶酪	希腊	奶酪
17	Rioja	里奥哈	西班牙	红酒
18	Cava	卡瓦	西班牙	红酒
19	Cataluña	加泰罗尼亚	西班牙	红酒
20	La Mancha	拉曼恰	西班牙	红酒
21	Valdepeñas	瓦尔德佩涅斯	西班牙	红酒
22	Brandy de Jerez	雪莉白兰地	西班牙	烈酒
23	Queso Manchego	蒙切哥乳酪	西班牙	乳酪
24	Jerez / Xérès / Sherry	赫雷斯 – 雪莉 / 雪莉	西班牙	红酒

序号	在欧盟注册的名称	中文名称	国家	类别
25	Navarra	纳瓦拉	西班牙	红酒
26	Valencia	瓦伦西亚	西班牙	红酒
27	Sierra Mágina	马吉那山脉	西班牙	油和脂肪（黄油、人造黄油、橄榄油等）——橄榄油
28	Priego de Córdoba	布列高科尔多瓦（橄榄油）	西班牙	油和脂肪（黄油、人造黄油、橄榄油等）——橄榄油
29	Alsace	阿尔萨斯	法国	红酒
30	Armagnac	雅文邑	法国	烈酒
31	Beaujolais	博若莱	法国	红酒
32	Bordeaux	波尔多	法国	红酒
33	Burgundy	勃艮第	法国	红酒
34	Calvados	卡尔瓦多斯	法国	烈酒
35	Chablis	夏布利	法国	红酒
36	champagne	香槟	法国	红酒
37	Châteauneuf-du-Pape	教皇新堡	法国	红酒
38	Cognac / eau-de-vie de cognac / eau-de-vie des charentes	干邑 / 干邑葡萄蒸馏酒 / 夏朗德葡萄蒸馏酒	法国	烈酒
39	Comté	孔泰（奶酪）	法国	奶酪
40	Côtes de Provence	普罗旺斯丘	法国	红酒
41	Côtes du Rhône	罗讷河谷	法国	红酒
42	Côtes du Roussillon	露喜龙丘	法国	红酒
43	Graves	格拉夫	法国	红酒
44	Languedoc	朗格多克	法国	红酒
45	Margaux	玛歌	法国	红酒
46	Médoc	梅多克	法国	红酒
47	Pauillac	波亚克	法国	红酒
48	Pays d’Oc	奥克地区	法国	红酒
49	Pessac-Léognan	佩萨克—雷奥良	法国	红酒

续表

序号	在欧盟注册的名称	中文名称	国家	类别
50	Pomerol	波美侯	法国	红酒
51	Pruneaux d'Agen / Pruneaux d'Agen mi-cuits	阿让李子干	法国	新鲜或加工水果、蔬菜和谷物——李子干
52	Roquefort	洛克福（奶酪）	法国	奶酪
53	Saint-Emilion	埃米利永 / 圣埃米利隆	吉伦特	红酒
54	Tokay	托卡伊葡萄酒	匈 牙 利	红酒
55	Aceto balsamico di Modena	摩德纳香醋	意大利	其他产品——调味品
56	Asiago	艾斯阿格	意大利	奶酪
57	Asti	阿斯蒂	意大利	红酒
58	Barbaresco	巴巴列斯科	意大利	红酒
59	Bardolino Superiore	超级巴多利诺	意大利	红酒
60	Barolo	巴罗洛	意大利	红酒
61	Brachetto d'Acqui	布拉凯多	意大利	红酒
62	Bresaola della Valtellina	瓦特里纳风干牛肉火腿	意大利	肉制品（烹制、腌制、熏制等）
63	Brunello di Montalcino	布鲁内洛蒙塔奇诺	意大利	红酒
64	Chianti	圣康帝	意大利	红酒
65	Conegliano – Valdobbiadene - Prosecco	科内利亚诺瓦尔多比亚德尼—普罗塞克	意大利	红酒
66	Dolcetto d'Alba	阿尔巴杜塞托	意大利	红酒
67	Franciacorta	弗朗齐亚科达	意大利	红酒
68	Gorgonzola	戈贡佐拉	意大利	奶酪
69	Grana Padano	哥瑞纳 – 帕达诺奶酪	意大利	奶酪
70	Grappa	格拉帕酒	意大利	烈酒
71	Montepulciano d'Abruzzo	蒙帕塞诺阿布鲁佐	意大利	红酒
72	Mozzarella di Bufala Campana	坎帕尼亚水牛马苏里拉奶酪	意大利	奶酪
73	Parmigiano Reggiano	帕马森雷加诺	意大利	奶酪

续表

序号	在欧盟注册的名称	中文名称	国家	类别
74	Pecorino Romano	佩克利诺罗马羊奶酪	意大利	奶酪
75	Prosciutto di Parma	帕尔玛火腿	意大利	肉制品（烹制、腌制、熏制等）——火腿
76	Prosciutto di Parma	圣达涅莱火腿	意大利	肉制品（烹制、腌制、熏制等）——火腿
77	Soave	苏瓦韦	意大利	红酒
78	Taleggio	塔雷吉欧乳酪	意大利	奶酪
79	Toscano / Toscana	托斯卡诺 / 托斯卡纳	意大利	红酒
80	Vino nobile di Montepulciano	蒙特普齐亚诺贵族红酒	意大利	红酒
81	Originali lietuviška degtinė /	立陶宛原味伏特加	立陶宛	烈酒
82	Steirisches Kürbiskernöl	施泰尔南瓜籽油	奥地利	油脂和脂肪（黄油、人造奶油、油等）——南瓜籽油
83	Polska Wódka / Polish Vodka	波兰伏特加	波兰	烈酒
84	Alentejo	阿兰特茹	葡萄牙	红酒
85	Dão	杜奥	葡萄牙	红酒
86	Douro	杜罗	葡萄牙	红酒
87	Pêra Rocha do Oeste	西罗沙梨	葡萄牙	新鲜或加工水果、蔬菜和谷物——梨
88	Porto / Port / Oporto	波特酒	葡萄牙	红酒
89	Vinho Verde	葡萄牙绿酒	葡萄牙	红酒
90	Cotnari	科特纳里红酒	罗马尼亚	红酒
91	Vinohradnícka oblasťTokaj	托卡伊红酒产区	斯洛伐克	红酒
92	Vipavska dolina	多丽娜红酒	斯洛文尼亚	红酒
93	Suomalainen Vodka / Finsk Vodka / Vodka of Finland	芬兰伏特加	芬兰	烈酒
94	Svensk Vodka / Swedish Vodka	瑞典伏特加	瑞典	烈酒

续表

序号	在欧盟注册的名称	中文名称	国家	类别
95	Scotch Whisky	苏格兰威士忌	苏格兰	烈酒
96	Scottish farmed salmon	苏格兰养殖三文鱼	苏格兰	鱼
97	West Country farmhouse cheddar	西乡农场切德（奶酪）	英国	奶酪
98	White Stilton Cheese/Blue Stilton Cheese	斯提尔顿白奶酪 / 斯提尔顿蓝奶酪	英国	奶酪
99	Genièvre / Jenever / Genever	仁内华	比利时、荷兰、法国、德国	烈酒
100	Ούζο / Ouzo	乌佐茴香酒	希腊和塞浦路斯	烈酒

后　　记

本书借助我主持的教育部规划基金项目“逆全球化”背景下国际农业知识产权风险测度与反制策略研究——基于产业安全视角（编号：19A10490020）的资助。感谢华中农业大学公共管理学院博士后流动站李崇光教授、张安录教授，华中农业大学经济管理学院祁春节教授、陶建平教授、罗小锋教授、李谷成教授等专家和工作人员对我在站期间的关心和支持。

感谢我的工作单位——武汉工程大学法商学院对我研究工作的鼎力支持。尤其要感谢金明浩教授、韩可卫教授、周灏教授、付书科副教授、李小帆副教授、汪琳副教授等对我工作和科研的帮助、支持。感谢我的学生王蝶、李攀桂、周晓彤、周琪参与本课题研究及其贡献。

感谢我的家人与朋友，没有他们一路的支持、理解和鼓励，我难以全身心地投入科研工作。

张艳

2021 年 8 月 4 日